国家社科基金项目"审判程序违法的类型化处理研究"（项目编号：17BFX053）优秀结项成果

审判程序违法的类型化处理研究

占善刚 ◎ 著

中国社会科学出版社

图书在版编目(CIP)数据

审判程序违法的类型化处理研究 / 占善刚著 .—北京：中国
社会科学出版社，2022.7

ISBN 978-7-5203-9981-4

Ⅰ.①审… Ⅱ.①占… Ⅲ.①民事诉讼—审判—研究—中国
Ⅳ.①D925.118.24

中国版本图书馆 CIP 数据核字（2022）第 049112 号

出 版 人　赵剑英
责任编辑　梁剑琴
责任校对　李　剑
责任印制　郝美娜

出　　　版　中国社会科学出版社
社　　　址　北京鼓楼西大街甲 158 号
邮　　　编　100720
网　　　址　http：//www.csspw.cn
发 行 部　010-84083685
门 市 部　010-84029450
经　　　销　新华书店及其他书店

印刷装订　北京君升印刷有限公司
版　　　次　2022 年 7 月第 1 版
印　　　次　2022 年 7 月第 1 次印刷

开　　　本　710×1000　1/16
印　　　张　15.5
插　　　页　2
字　　　数　254 千字
定　　　价　98.00 元

目　　录

引　言

长期以来，我国法制进程中一直存在"重实体、轻程序"的现象，实体公正在中国的法制形态与司法沿革中具有不言而喻的正统性与正当性，而程序公正并未受到与实体公正等量齐观的重视。自中华人民共和国成立开始，经过数十年的探索与试错，已形成具有中国特色的社会主义法律体系，除几部重要的实体部门法外，以三大诉讼法为核心的程序法也先后颁行。在此背景下，尤其是近年伴随我国加快推进法治建设进程，实体公正虽受到一贯重视，程序正当的理念与要求也日益深入人心，过去"重实体、轻程序"的观念和做法在一定程度上被扭转、纠正，理论界与实务部门日益关注并研究审判程序违法及其救济路径。

受"重刑轻民"的法制传统影响，国内早期对审判程序违法及其救济路径的研究，主要集中在刑事诉讼领域，[①] 伴随民事司法改革的推进，严格贯彻《民事诉讼法》的呼声日涨，对于民事审判程序违法及其规制的研究亦随之增多，形成了一些有说服力的见解，如审判程序违法的救济渠道主要为上诉至二审、申请再审和抗诉，通过前述救济渠道获得的结果即为二审法院将案件发回重审、自行作出判决和启动再审，审判程序违法不是发回重审的充分条件；[②] 审判程序违法需达到相当严重之程度，才可

---

① 参见陈瑞华《程序性制裁制度的法理学分析》，《中国法学》2005 年第 6 期；杨杰辉《基于审判程序违法的发回重审研究》，《中国刑事法杂志》2013 年第 3 期；袁锦凡《我国刑事审判程序违法发回重审制度研究——反思与重构》，《现代法学》2015 年第 3 期。

② 参见王福华、融天明《民事诉讼发回重审制度之检讨》，载《民事程序法研究》（第三辑），厦门大学出版社 2007 年版，第 50 页；赵泽君《民事诉讼发回重审的反思与重构——以民事诉讼法修正案草案为视角》，《政法论坛》2012 年第 4 期。

以牺牲判决的安定性、终局性为代价，作为再审事由予以纠正；① 二审法院将案件发回重审的审判程序违法须满足案件存在继续进行言词辩论之必要，侵害当事人上诉权和审级利益等前提条件。②

从已有的研究成果看，学者多将审判程序违法作为二审发回重审、再审事由之一置于发回重审和再审各自的制度框架分别进行讨论，鲜有对审判程序违法及其规制本身做专门的、系统的研究；学界虽已对审判程序违法需达到一定的严重程度才可由二审法院发回重审或启动再审程序这点达成共识，却未对导致二审法院将案件发回重审和启动再审程序的"严重审判程序违法"进行区分；在讨论对于严重审判程序违法的救济的同时，对一般性的审判程序违法并未予以充分的关注。与此不同的是，域外关于审判程序违法的类型划分和救济手段的研究则更加深入和细致，并在审判程序违法的规制上遵循"审判程序违法和救济方式相称"的原理。仅动摇公正审判基础的严重审判程序违法才构成发回重审的审判程序违法事由，对于一般性的审判程序违法则需进一步考察其与判决结果是否成立因果关系进而决定是否采用发回重审的方式进行救济。③ 与此同时，建立程序异议权制度，赋予当事人对诉讼进行中的审判程序违法及时提出异议的权利以保障程序正义。当然，如果当事人针对审判程序违法未及时提出异议则丧失提出异议的机会，该程序瑕疵遂得以治愈从而保障诉讼程序进行的连贯性。④ 旨在纠正确定判决的错误的再审程序，以牺牲判决既判力为代价因而与作为原审程序之延续的上诉审程序具有不同的功能，故对于作为再审事由的审判程序违法有更严格的限定。⑤

笔者认为，正确处理审判程序违法与实体裁判正当之关系，除了考察审判程序违法与实体裁判错误的因果关系外，还需要对审判程序违法作类

---

① 参见李浩《事实认定再审事由的比较与分析——兼析〈民事诉讼法修正案（草案）〉的相关规定》，《江海学刊》2007 年第 6 期；张卫平《再审事由规范的再调整》，《中国法学》2011 年第 3 期；邓辉辉《既判力视角下民事再审制度的进一步改革与完善》，《广西社会科学》2011 年第 11 期；潘剑锋《程序系统视角下对民事再审制度的思考》，《清华法学》2013 年第 4 期。

② 参见占善刚《民事诉讼发回重审的理由比较研究》，《比较法研究》2015 年第 6 期。

③ 参见［日］贺集唱、松本博之、加藤新太郎《民事诉讼法》（Ⅱ），日本评论社 2012 年版，第 57 页。

④ 参见［日］秋山幹男、伊藤真等《コンメンタール民事诉讼法》（Ⅶ），日本评论社 2016 年版，第 676 页。

⑤ 参见［日］小室直人、贺集唱《民事诉讼法》（Ⅱ），日本评论社 1992 年版，第 276 页。

型化处理，对不同性质与不同程度的审判程序违法进行划分，并配以与之相应的救济途径或救济方式。对审判程序违法的类型化处理进行研究，将立足于以上认识，在借鉴域外先进立法和经验的基础上，对我国民事诉讼中审判程序违法的类型和救济途径进行梳理和检讨，俾能明晰我国民事诉讼立法在审判程序违法的类型划分与救济设置上存在的问题，正确界分审判程序违法的形态，科学建构与其相称的救济体系。

第一章 审判程序违法类型化处理的命题构成与正当根据

"命题"指的是贯穿于论著始终的核心主题，是著述探讨或论证的基本问题（general issue）和基本观点（general position）。审判程序违法类型化处理包含了对审判程序违法进行形态划分以及构建审判程序违法的救济体系两个命题。"审判程序违法类型化处理"作为在国内首次研究和使用的命题和术语，有必要对其成立的正当性进行充分的说明和论证。引言部分对此虽有简单交代与阐释，但从命题的完整性和充实性来讲显然是不足的。所以，本章将探讨审判程序违法类型化处理的两大命题构成，并挖掘其正当依据。于全书而言，本章具有"立论"意义，旨在探究审判程序违法类型化处理的正当性。为行文开展便宜，本章首先正面阐释审判程序违法类型化处理的两大命题，至于为何要探讨这两个命题，将作为命题的正当根据随后探讨，笔者将从其法理根据、我国现行规范的应对及司法实务操作的回应，来证成审判程序违法类型化处理的命题构成以及研讨该命题对于深化我国民事诉讼理论研究，完善我国民事诉讼制度以及改进我国民事司法实务操作所具有的意义。

第一节 审判程序违法类型化处理的命题构成

一 审判程序违法的形态划分

民事诉讼程序由当事人与法院互动、累进的诉讼行为构成。后发生的诉讼行为以先前有效的诉讼行为为前提，先前诉讼行为的瑕疵与无效可以致使后续诉讼行为甚至整个诉讼程序无效。为维持程序推进的合法有效，也为避免程序处理的纷乱错杂，遵循程序法定之要求，原则上受诉法院及当事人须严格依循法定的程序、方式实施诉讼行为，禁止诉讼主体于诉讼程序中基于自己意思为诉讼行为，此乃程序法定意义之所在，[①] 也体现了程序正当的内在要求。毋庸讳言，在民事诉讼中，必须对违反程序规范的诉讼行为进行规制，以追求诉讼程序的合法正当，维护程序规范的效力与权威，进而保障当事人的诉讼权利与实体权利。另外，程序安定与诉讼经济亦是诉讼制度的重要价值追求。为追求程序合法与程序安定之间的平衡，对于不符合程序规范的诉讼行为不应一概否认其效力，而应区分违反程序规范的诉讼行为的不同性质与类型作不同之处理，仅当诉讼行为"严重违反法定程序"时方可废弃已经完成的诉讼程序，将案件发回重审或启动再审程序。对审判程序违法进行合理的形态划分，以便配置兼顾程序正当与程序安定的处置手段，构成了审判程序违法类型化处理的应然命题之一，这不仅是立法论上的问题，同时也是解释论上的问题，对此，本书将在后续章节进行详尽探讨。

二　审判程序违法的救济类型

关于审判程序违法的救济，如引言中所述，当下学者多将目光集中于二审发回重审或再审程序的建构上，未能将二者统合起来整体对待并体系化地研究。依据一般诉讼法理，针对审判程序违法的救济情形，再审程序之适用条件应当严苛于第二审程序，可依再审程序予以救济的审判程序违法的范围应当远较可依第二审程序予以救济的审判程序的范围狭小。而依我国现有民事诉讼立法之规定，二审程序和再审程序在功能上缺乏必要的区分。因此，应当将审判程序违法事项作体系划分，何种审判程序违法应适用二审程序予以救济，何种审判程序违法应适用再审程序予以救济应有明确的界限。由于再审程序以牺牲法院判决的既判力为代价，所以，引发再审程序的审判程序违法在"违法性"上相较于二审法院发回重审的审判程序违法而言，性质或程度应该更加"严重"。二审程序作为一审程序的后续审理程序，应当在一审的判决基础上进行审理。为了保障诉讼程序的连贯、通畅，并非所有的审判程序违法事项皆必须适用发回重审，仅仅损害了当事人的审级利益的严重审判程序违法才需要发回重审，一审判决在其他的审判程序违法情形并不需要发回重审，由二审法院自行更正即

---

① 参见［日］兼子一、松浦馨、新堂幸司、竹下守夫《条解民事诉讼法》，弘文堂1986年版，第310页。

可。必须承认的是，在所有的审判程序违法情形中，除开可以经由再审程序和通过二审发回重审予以救济的严重审判程序违法情形以外，还存在一般的审判程序违法，如送达、证据调查程序不合法、传唤方式不合法等。这类审判程序违法在实践中较为普遍，并且根据现行民事诉讼立法，其既不能经由上诉程序予以更正，更不能成为启动再审程序的事由。因而，此类审判程序违法事实上已成为隐形合法的审判程序情形。对于这种一般的审判程序违法，应当在上诉程序和再审程序之外赋予当事人特别的程序救济方式，并且为了保证诉讼程序的安定性，此种特殊程序救济方式应当具有即时行使的特质。

构建审判程序违法救济路径的思路乃是体系对待审判程序违法的救济方式，而不能像已有的研究仅局限于对二审发回重审、再审的程序违法事由的单独考察。在体系性研究中，除需考察设置二审发回重审、再审、程序异议权的制度安排外，尚需考察各救济手段和路径之间的相互关系，彼此应如何配合，对各种形态的审判程序违法予以合理规制的同时又不致叠床架屋。总体而言，审判程序违法救济路径的类型化与审判程序违法的形态划分乃是一脉相承、前后相继之关系。笔者的理论构想是，审判程序违法的形态决定了救济方式的类型，违反程序规范的诉讼行为属于何种类型的审判程序违法决定了其应适用的并且与之相匹配的救济方式。在我国现行民事诉讼法框架下，发回重审与启动再审程序仅是审判程序违法的事后救济途径，诉讼进行中的审判程序违法的救济路径并未建立。我国民事诉讼中需要构建多元化、体系化的审判程序违法救济路径，根据审判程序违法的不同情形赋予不同的救济途径，以实现救济效果的最大化。

总之，本书将审判程序违法的形态划分与审判程序违法的救济类型两大命题统合于"审判程序违法的类型化处理"之下，审判程序违法的形态划分与审判程序违法的救济体系并不是相互分离的两个命题，而是彼此紧密依存的关系。对审判程序违法进行形态划分，是为了对审判程序违法的性质进行正确的定位，以便设置与之相匹配的救济方式。当然，从救济方式的差异中我们也可以反观出审判程序违法的不同形态和性质。

第二节　审判程序违法类型化处理的法理基础

民事诉讼乃是从当事人起诉直至判决作出、生效的完整程序流程，当事人与受诉法院为达到纠纷解决之目的，保障程序流畅地推进，需层层衔接、渐次实施特定的诉讼行为，这些诉讼行为必须符合特定的要件、程式，此即程序法定之要求。在诉讼程序推进的不同阶段，各国民事诉讼立法和制度虽存在一定的差异，但其中蕴含的基本原理与制度性要求则是共通的。正因为如此，比较法上的研究才具有必要和意义，如果否认这一点，比较法研究将无从开展。自清末改制以来，我国开始了法治近现代化历程，作为法治经验上的后发国家，从域外眼光来发现和研究中国问题成为通行的研究范式，其方法即是以比较法上的共通性、共识性经验为样板来观照中国制度设计存在的差异。审判程序违法的类型化处理即是在梳理和总结比较法经验后归纳提出的研究命题，比较法上一些共识性的制度原理和理念构成其立法论上的渊源。这些共识性的制度原理和理念一方面构成了审判程序违法类型化处理命题的正当依据，另一方面也构成了如何对审判程序违法进行类型化处置的解释依据。

一　程序安定与程序正当相平衡

在通常情形下，民事诉讼程序开始于原告起诉，终于判决生效。而如前所述，民事诉讼程序由受诉法院和当事人实施的诉讼行为构筑推进，一方当事人的诉讼行为是以受诉法院已经实施的诉讼行为或对方当事人已经实施的诉讼行为为前提与基础的，此方当事人之所以实施后续诉讼行为也是因为信赖先行的诉讼行为已经发生诉讼法上的效果，后面的诉讼行为发生效力是以此前的诉讼行为合法有效为前提的，在先的诉讼行为如果遭到废弃，则其后的诉讼程序便失去了赖以存在的基础而导致整个诉讼程序被废弃。所以，伴随诉讼程序的展开，无论是法院还是当事人均必须受到已经发生的诉讼行为的约束，其具体的言行一旦在程序上成为过去，即使可以重新解释，也不能随意推翻。① 在评价已经发生的诉讼行为时，如果轻易否认其已经发生的诉讼法效果，必将使诉讼主体的程序利益遭受不可挽回的损失。无论出于诉讼经济考虑还是基于因信赖先前行为而实施后续的诉讼行为的当事人与对方当事人之间的平等保护之考量，② 诉讼程序的推进必将产生强烈的程序安定要求，即在评价已经发生的诉讼行为时，尽量维持其诉讼法上的效力，避免因为废弃该存在程序瑕疵的诉讼行为而致使

---

① 参见季卫东《法律程序的意义》（增订版），中国法制出版社 2012 年版，第 29 页。
② 参见［日］新堂幸司《民事诉讼法》，林剑锋译，法律出版社 2008 年版，第 38 页。

整个诉讼程序无效。

　　基于程序安定性的要求，民事诉讼法规范中出现了行为规范与评价规范相分离的现象。所谓行为规范是指，在考虑将来是否应当实施某行为以及应当实施某行为之际发挥作用的基准；评价规范是指回顾已经实施的行为或已经进行的程序，并考虑赋予其在法的评价之际如何发挥作用的基准。①民事实体法以静态的民事法律关系为规制对象，法院以其作为裁判依据时，仅需考察"法律要件—法律效果"即可，民事法律行为或民事法律事实具备实体法规定的要件，便可发生实体法上的效果，实体法规范主要是以评价规范的角色出现于诉讼裁判中，很少出现行为规范与评价规范相分离的现象。民事诉讼规范则与此不同，其以诉讼主体实施的动态的诉讼行为和程序推进流程为规制对象，在评价和回顾已经发生的诉讼行为与诉讼程序时，除了考察诉讼行为是否符合法定要件、方式外，出于程序安定性要求，还要考量"应当赋予不合要件的诉讼行为何种效力"，从而发生评价规范与行为规范相分离的现象。之所以出现这种差异，是因为民事诉讼法以动态的诉讼行为与诉讼程序为规制对象，而民事实体法规范以静态的民事法律关系为规制对象。显而易见的是，民事诉讼法具有体认程序安定的部门法特性。

　　民事诉讼法在重视程序安定价值的同时，也存在正当程序应当具备且不容逾越的基本要素或要求。②作为受诉法院和双方当事人实施诉讼行为的准则，程序法规范必须恪守正当程序应当具备的基本正义性要求，违反这些程序规范的诉讼行为必须被否定，以维护诉讼程序的基本正当性。③至于哪些程序规范具有维持诉讼程序的"底线正义"的功能，则需要结合具体的规范进行解释确定，此处暂时不予探讨。

　　针对违反民事诉讼法规范的诉讼程序是否应当废弃的问题，比较法的经验是，平衡程序安定与程序正当进行考量与处置。一般而言，仅破坏公正审判原则的严重性质的审判程序违法才构成二审法院将案件发回重审的

---

① 参见［日］新堂幸司《民事诉讼法》，林剑锋译，法律出版社 2008 年版，第 39 页。

② 虽然学界对于正当审判程序包含哪些要素尚存争议，但至少已在以下三方面取得共识：(1) 法官的中立性；(2) 当事人双方的平等性；(3) 诉讼程序的透明度。参见陈桂明《诉讼公正与程序保障》，中国法制出版社 1996 年版，第 12、15 页；孙笑侠《两种程序法的纵向比较》，《法学》1992 年第 8 期；顾培东《社会冲突与诉讼机制》，四川人民出版社 1991 年版，第 90 页；张令杰《程序法的几个问题》，《法学研究》1994 年第 5 期。

③ 参见占善刚、刘洋《民事程序规范层次论》，《河北法学》2020 年第 4 期。

理由，对于一般性的审判程序违法，则需进一步考察其与判决错误是否成立因果关系从而决定是否通过发回重审进行规制。[①] 与此同时，在制度层面赋予当事人程序异议权，由当事人对诉讼进行中的审判程序违法及时提出异议以保障程序正义，当然，当事人如果未及时向法院提出异议则丧失提出异议的机会，该审判程序瑕疵得以治愈以保障诉讼程序连贯性。[②] 再审程序以牺牲判决的既判力为代价来纠正生效判决的错误，与作为原审判程序之延续的上诉审程序具有不同的功能，因而，对引起再审的审判程序违法情形必须更加严格地限定。[③] 在二审发回重审、程序异议权以及再审程序这三种规制手段中，二审发回重审和再审程序以牺牲、废弃已经完结的诉讼程序为代价，即牺牲了程序安定，保全了程序正当；而程序异议权所针对的审判程序违法由于未动摇诉讼程序的正当基础，在不触及实体裁判结果正确性的前提下，如果当事人不及时提出针对审判程序违法的责问或放弃程序异议权，则既有的审判程序瑕疵被治愈，因此，程序异议权首要的追求是程序安定而非程序正当。

　　总而言之，程序安定与程序正当相平衡乃是审判程序违法类型化处理的诉讼法理基础，构成审判程序违法类型化处理的正当依据。是以，对审判程序违法进行类型划分应当遵循程序安定与程序正当相平衡的诉讼法理与制度要求。质言之，因为民事诉讼法存在程序正当与程序安定两种价值的冲突与平衡，所以需要对审判程序违法进行类型化处理。与此同时，程序安定与程序正当相平衡也构成如何对审判程序违法进行形态划分的解释论根据，即针对不同类型的审判程序违法，设置不同的救济方式方法乃是在更注重程序安定还是以程序正当为首要价值之间进行选择。整体而言，审判程序违法在没有达到严重程度的情形下，程序安定是首要的价值追求，已经开展的诉讼程序不必因为存在程序瑕疵而予以废弃。与此相反，审判程序违法如果达到一定严重程度，程序正当便是首位的价值追求，存在程序瑕疵的诉讼程序应当予以废弃。

---

① 参见［日］兼子一、松浦馨、新堂幸司、竹下守夫《条解民事诉讼法》，弘文堂1986年版，第56页。

② 参见［日］笠井正俊、越山和广《新·コンメンタール民事诉讼法》（第2版），日本评论社2013年版，第1000页。

③ 参见［日］秋山幹男、伊藤真等《コンメンタール民事诉讼法》（Ⅶ），日本评论社2016年版，第120页。

二　审判程序违法与救济方式相匹配

除开程序安定与程序正当相平衡的原理，审判程序违法与救济方式相匹配也是各国民事诉讼立法与实务的重要经验和诉讼法理。严重性审判程序违法因违背了效力规范中的强行规范，破坏了审判程序正当"正义底线"，因此，应当通过再审程序或者二审发回重审予以纠正。也即否定该种违反了程序规范的诉讼行为，并废弃由此引致的诉讼程序，而对于轻微或一般性的审判程序违法，则没有必要动用二审程序或再审程序予以规制和纠正。根据前文见解，运用程序异议权制度即足当之。与此同时，由于再审程序的启动以牺牲生效判决的既判力为代价，启动再审程序的审判程序违法须是达到"最严重"程度的审判程序违法，而二审发回重审的审判程序违法则是侵害了当事人审级利益、存在续行言词辩论的必要，但尚未达到引发再审程序的严重程度的审判程序违法。当然，根据"举重以明轻"的解释原理，如果存在可引起再审程序的审判程序违法，则在二审程序中可以之为由将案件发回重审。

审判程序违法与救济方式相匹配在很大意义上乃是与程序安定与程序正当衡平的原理一脉相承的，基于程序安定与程序正当平衡的制度设计，针对一般性的审判程序违法不必通过废弃诉讼程序来追求程序正当，运用程序异议权的制度与机制足以应对。不过，当事人须针对审判程序违法及时提出责问，延迟或放弃程序异议权都会导致既有的审判程序瑕疵被治愈，使得有瑕疵的诉讼行为成为一开始即为有效的诉讼行为。从本质上讲，程序异议权之制度设计乃是有瑕疵的诉讼行为的自我治愈和转化机制，程序异议权制度的运行将使得程序安定得以保障。而对于那些比较严重的审判程序违法，由于触及的是诉讼程序的正当性根基，必须将违反民事诉讼规范的诉讼程序推倒重来，否则审判程序正当性将不复存在。所以，针对严重性的审判程序违法，需要通过二审发回重审或者启动再审程序予以救济。在对审判程序违法形态进行科学划分的背景下，违反程序规范的诉讼行为的形态和程度将与规制和救济手段一一匹配，针对审判程序违法救济的最佳效果也得以实现。

总体而言，程序正当与程序安定相平衡乃是审判程序违法类型化处理所体现的另一价值理念，审判程序违法与救济方式相匹配乃是审判程序违法类型化处理对于诉讼制度设计的具体要求，前者是基本的程序原理，为后者提供解释论的支撑，后者是前者在制度层面的体现。前者抽象，后者较为具象。可以说，审判程序违法与救济方式相匹配的制度原理或者理念最能体现审判程序违法类型化处理命题之要义。在对审判程序违法进行类型划分的基础上，配以与之相称的救济方式，完整地体现了审判程序违法形态划分和救济方式类型配置两个命题。换言之，审判程序违法类型与救济相匹配的原理或制度要求直接将本研究的两个子命题关联起来，使得审判程序违法类型化处理命题在整体上成立。审判程序违法类型与救济方式相匹配的原理或制度要求同时表明，审判程序违法的形态划分与审判程序违法的救济体系并不是相互分离的两个命题，而是彼此依存、紧密关联的两个命题。对审判程序违法进行形态划分，是为了对审判程序违法进行正确的定位，以便设置与之相匹配的救济方式，从救济方式方法的差异中也可以反观出审判程序违法的不同类型和不同性质。两个子命题是总命题的一体两面，对于总命题的构成犹如车之两轮、鸟之双翼，缺一不可。

三　审判程序违法与裁判错误有因果关系

根据审判程序违法与实体裁判结果错误是否成立因果关系来区分不同类型的审判程序违法，进而配置相应的处置方式是审判程序违法类型化处理的另一层意涵。在比较法经验上，各国民事诉讼立法与实践均将审判程序违法与裁判错误具有因果关系作为审判程序违法类型化处理的正当根据之一。因果关系的考量成为审判程序违法的类型化处理中除了程序安定与程序正当相平衡、审判程序违法类型与救济方式相匹配外的另一正当依据，并与程序安定与程序正当相平衡、违法类型与救济方式相匹配在理解适用上交互体现。

从根本上讲，将审判程序违法与实体裁判错误挂钩，考察两者是否具有因果联系进而决定是否废弃违反民事诉讼规范的审判程序之观点，乃是基于"程序工具论"的立场。与此相反，如果认为审判程序违法与实体裁判结果错误无须挂钩，则是基于"程序本位论"或"程序独立论"的立场。"程序本位论"为给程序法"正名"，从"程序乃实体法之母"

"程序法先于实体法而生"的观点来佐证程序应当具有独立于实体的价值。① 但笔者认为，这些论说和观点均是以诉讼法之产生在历史上早于实体法这一观点为依据来佐证诉讼法与实体法具有同等重要的地位甚至认为诉讼法具有比实体法更为重要的地位。笔者认为，这样的观点值得商榷，诉讼法与实体法二者谁先产生或后产生，迄今为止仍然是一个不能证伪也不能证实之命题，认为诉讼法之产生早于实体法并无详实合理的考古学材料作为支撑，所以此观点更可能甚至仅仅为一种推论，以此诉讼法产生早于实体法之观点作为诉讼法比实体法更为重要的论据显然无法令人信服。② 况且，即便考证出诉讼法在历史上确实早于实体法而产生，也不能表明诉讼法具有等同甚至优于诉讼法的地位。诉讼法与实体法谁先产生以及诉讼法和实体法谁更重要属于不同层面之问题，在逻辑上并非互相对应的关系。③ 换言之，即便在人类法律发展史上，程序法先于实体法而产生，也不能从中得出程序法具有独立于实体法的价值之结论。

　　众所周知，受诉法院所作的任何本案判决都涵括两大基本内容：一为

---

① 这些文章就其内容来看大抵可分为两大类。一类文章是对诉讼程序本身所固有之价值进行法哲学上的探讨，陈瑞华的《程序价值理论的四个模式》（载《中外法学》1996 年第 2 期）、《程序正义论》（载《中外法学》1997 年第 2 期）、《论程序正义价值的独立性》（载《法商研究》1998 年第 2 期）等文章可为此类代表。另一类文章则是，对于诉讼法与实体法之间的关系进行正面的陈说。这类文章主要有江伟《市场经济与民事诉讼法学的使命》（载《现代法学》1996 年 3 期）、汤维建《市场经济与民事诉讼法学的展望》（上）（载《政法论坛》1997 年第 1 期）、齐树洁等《民事程序法与实体法关系的省思》（载《法学杂志》1999 年第 1 期）、陈光中等《论诉讼法与实体法的关系》（载《诉讼法论丛》1998 年第 1 卷）等。前三篇文章探讨的是民事诉讼法与民事实体法之间的关系，并且江文与汤文只是分别在其文章的第二部分民事实体法与民事诉讼法与第一部分摆正实体法与程序法之关系中对民事诉讼法与民事实体法之间的关系进行了阐述，陈文所探讨的则是刑事诉讼法与刑事实体法之间的关系。

② 国内学者在此问题上所作的上述界说，在笔者看来盖以日本学者谷口安平在其《程序的正义与诉讼》（中译本，中国政法大学出版社 1996 年版）一书中所提出的诉讼法乃是实体法发展之母体之观点为张本，谷口阐说这一观点的一个重要依据就是在他看来历史上诉讼法早于实体法而产生（该书第 68 页）。不过，谷氏于此并无翔实论述且无具体材料以佐证。据笔者之悬揣，其似乎蹈袭了英国法律史学家梅因在其法律人类学著作《古代法》一书中通过考订大量有关古代罗马材料而得出的关于实体法与诉讼法之间关系之观点。梅因在其著作中认为，在古代社会的简单机构中情况类似的情形中可能比现在还要普遍，而在一系列的类似案件中就有可能采用彼此近似的审判，我们由此就有了一种习惯的胚种或者雏形，这是在"地美士第"或判决的概念之后的一种概念（参见［英］梅因《古代法》，沈雁深译，商务印书馆 1997 年版，第 3 页）。不过，梅因在其后来之著作《古代法及惯习》中修正了这一观点，转而主张判决的产生晚于惯习（参见［日］穗积陈重《法律进化论》，黄尊三等译，中国政法大学出版社 1997 年版，第 16 页）。

③ 参见占善刚《民事诉讼法与民事实体法之关系探析——从法院裁判之生成角度分析》，《法制与社会发展》2000 年第 5 期。

受诉法院所认定之事实，二是判决主文。事实认定构成判决主文的基础。虽然无论是支持（全部或者部分），抑或驳回（全部或部分）当事人所提出的诉讼请求，均是受诉法院适用民事实体法所生之结果。围绕当事人所提出的诉讼请求，需要何种事实主张或证据方法作为支撑皆由实体法中"法律要件——法律效果"之结构所决定的。换言之，无论当事人的请求、主张、举证，还是法院的诉讼指挥乃至最终的判决形成，都以实体法规范为诉讼行为的内容，程序法规制的乃是诉讼行为的要件、方式，离开实体法所定的案件实质内容，诉讼法所规制的诉讼行为便成为无源之水、无本之木。在此意义上，"程序工具论"可以成立。如果本案判决结果正确，但审判程序未有瑕疵或者违反程序规范的诉讼行为与裁判结果错误之间不存在因果联系，那么对被奉为纠纷解决基准的本案判决就不应因程序瑕疵而被废弃。所以，针对违法的诉讼行为也即审判程序违法不应一概废弃，而应当对其进行类型划分，如此方能兼顾程序正当与程序安定，正确处理实体正当与程序合法之关系。至于如何在考察因果关系的基础上，对审判程序违法如何进行合理的类型划分，将在后续章节一一详尽探讨。

第三节　审判程序违法类型化处理的规则应对

"审判程序违法"并未见于《民事诉讼法》和《最高人民法院关于适用〈中华人民共和国民事诉讼法的解释〉》（以下简称《民事诉讼法解释》）中，两大主要民事诉讼法规范源中表达"审判程序违法"含义的语词为"违反法定程序"与"严重违反法定程序"，① 以上规则中除《民事诉讼法》第二百三十七条第（三）项，属于仲裁审判程序违法不在"审判程序违法"

---

① 分别见于《民事诉讼法》第二百三十七条第（三）项"对依法设立的仲裁机构的裁决，一方当事人不履行的，对方当事人可以向有管辖权的人民法院申请执行。受申请的人民法院应当执行。被申请人提出证据证明仲裁裁决有下列情形之一的，经人民法院组成合议庭审查核实，裁定不予执行：……（三）仲裁庭的组成或者仲裁的程序违反法定程序的……"、第一百七十条第（四）项"第二审人民法院对上诉案件，经过审理，按照下列情形，分别处理：……（四）原判决遗漏当事人或者违法缺席判决等严重违反法定程序的，裁定撤销原判决，发回原审人民法院重审……"、《民事诉讼法解释》第三百二十五条"下列情形，可以认定为民事诉讼法第一百七十条第一款第四项规定的严重违反法定程序：（一）审判组织的组成不合法的；（二）应当回避的审判人员未回避的；（三）无诉讼行为能力人未经法定代理人代为诉讼的；（四）违法剥夺当事人辩论权利的"、第三百三十三条"第二审人民法院对下列上诉案件，依照民事诉讼法第一百六十九条规定可以不开庭审理……（四）原判决严重违反法定程序，需要发回重审的"。

之列，其余法条所指均属"审判程序违法"范畴。研读条文内容后不难发现，我国民事诉讼现行规范主要规制的是"严重违反法定程序"，亦即"严重的审判程序违法"，对于"轻微"或"一般性"的审判程序违法，立法和现行规范并未给出规制条款。循此逻辑，可以认为我国民事诉讼法规范层面将审判程序违法划分成两种性质和类型，一为严重性审判程序违法；二是与严重性审判程序违法相对应的"一般性审判程序违法"，由此应当思考的是，"一般性的审判程序违法"与"严重审判程序违法"的划分与识别标准是什么？如何确立这样的解释或区分标准？对一般性审判程序违法与严重的审判程序违法分别应当设置怎样的规制方式手段？现行规范所列严重违反法定程序的情形与设置的规制方法乃至识别标准合理吗？如果能将以上问题一一回答，那么便可以对审判程序违法类型化处理的命题置于我国民事诉讼制度和理论中进行考察并形成体系化的科学认识，提炼出我国民事诉讼现行规范严重违反法定程序条款面临的问题并提出合理的改进方案。围绕对以上问题的思考，笔者将对我国民事诉讼所涉审判程序违法的条款与制度作总体上的问题梳理与概括。

一　一般性审判程序违法缺乏规制手段

犹如一个硬币的两面，既然"严重违反法定程序"在立法上有明文规定，那么遵循反面解释之原理，轻微或一般性的审判程序违法在规范与实践层面当如何界定？又根据文义解释的严格要求，既然民事诉讼立法正面列举了"严重违反法定程序"的若干情形，不属于法条所列情形的审判程序违法，是否就构成轻微或一般性的审判程序违法？而针对轻微或一般性的审判程序违法，是否可以不予规制或者能否比照援用法定的严重违反法定程序的规制手段进行规制？

基于程序法定的内在要求并且出于诉讼法规范的公法属性，无论受诉法院还是当事人都应当依照法定的要件、方式实施诉讼行为，生成诉讼程序，禁止受诉法院和当事人基于自身的意思推动诉讼程序的开展，否则诉讼程序的推进将变得杂乱、无序，统一的诉讼程序将无从形成。① 凡未遵循法定方式、要件实施的诉讼行为即构成违反程序规范的诉讼行为，应当受到否定性评价并给予相应的规制，否则民事诉讼法的公法属性和程序法

---

① 参见［日］秋山幹男、伊藤真等《コンメンタール民事诉讼法》（Ⅶ），日本评论社2016年版，第243页。

定之要求都将无从体现。无论"轻微"或"一般性审判程序违法"还是"严重违反法定程序"在性质上都是违反程序规范的诉讼行为，对此，我国民事诉讼立法虽然仅明文规定了"严重违反法定程序"应受到规制，但并不意味着"轻微"或"一般性审判程序违法"不在规制之列。对于严重的法定程序的违反和"轻微"或"一般性审判程序违法"均应受到规制和纠正乃是前文所述程序正当的基本要求，尽管依照前述审判程序违法类型与救济方式方法相匹配原理，不同类型和程度的审判程序违法的规制纠正方法手段有所差异。

如前所述，由于《民事诉讼法》和《民事诉讼法解释》对于"严重违反法定程序"的若干情形进行了列举和规定，凡不属诸如"遗漏当事人""违法缺席判决"等法定的审判程序违法情形的便必然不属于"严重审判程序违法"的范畴，从文义的反面解释来讲，其似乎均可以归为"一般性"或"轻微的"审判程序违法情形。由于民事诉讼立法仅规定了针对严重审判程序违法可以用二审发回重审和再审手段予以规制，一般性的审判程序违法由于未被列入严重的审判程序违法之列，故而不能启用二审发回重审或再审进行规制。于是，一般性的审判程序违法在事实上虽然存在，但在规范与制度层面并未得到反映和规制，在实务操作中间，这些非属严重审判程序违法的"一般性"审判程序违法处于事实上违法却得不到规制和纠正的"隐形合法"状态。遵循程序法定之要求，对如此的审判程序违法状态不应当置之不理，而是应当布设必要的规制手段。

针对受诉法院和对方当事人的违反程序规范的诉讼行为，在比较法上确立有程序异议的制度和机制予以规制。所谓程序异议权是指一方当事人享有在诉讼程序进行中指责对方当事人和受法院实施的诉讼行为违法进而主张其无效的权利。[①]虽然程序异议权规制对象为违反程序规范的诉讼行为，但由于针对较为严重的审判程序违法，诉讼制度上设有二审和再审的规制手段，换言之，针对严重的审判程序违法，当事人既可通过二审和再审寻求救济，亦可以行使程序异议权提出责问，但由于二审程序和再审程序纠正的是比较严重的审判程序违法，作为严重性质审判程序违法反面的一般性审判程序违法，并不能借由二审和再审进行规制，当事人仅能依据

---

① 总体上而言，大陆法系各国或地区民事诉讼立法之所以普遍在民事诉讼中确立程序异议权制度，主要是基于以下两个方面的考量：第一，保障民事诉讼程序合法、妥当地推进。第二，维护诉讼程序的安定性，实现诉讼经济原则。

采取程序异议权的方式提出责问。亦即，在没有程序异议权的诉讼制度背景下，一般性的审判程序违法缺乏必要规制手段。①

---

　　① 以上观点可能遭受的质疑是，我国民事诉讼立法上确立了诸多异议权条款，可否从相关条文中找到程序异议权的制度根据？笔者认为，从我国民事诉讼法规范的诸多"异议权"的条款中并不能得出我国《民事诉讼法》规范层面确立有程序异议权制度，下面将通过相关条款的分析一一说明。从宽泛的意义上讲，程序异议权制度确实属于异议制度的一种，我国现行《民事诉讼法》规定了四种异议制度，分别是第一百二十七条所规定的当事人对管辖权的异议、第二百一十六条所规定的债务人对支付令的异议、第二百二十五条所规定的当事人、利害关系人对违法执行行为的异议以及第二百二十七条所规定的案外人对执行标的的异议。这些异议或针对诉讼行为的内容而提出，或针对当事人的主张不当而提出，均非程序异议权层面上的异议，不是针对诉讼行为应当遵循的要件、方式而提出的异议。具体而言，受诉法院是否对案件享有管辖权，乃是根据确定管辖法院的要素或"连接点"在诉讼程序开启前进行事先确定，管辖权异议的内容为受诉法院对本案不享有管辖权，并非主张某个诉讼行为不合诉讼法规范要求的要件、方式；债务人针对支付令的异议主张的是对债权债务实体存有异议，亦非针对某个诉讼行为的要件和方式；对执行行为的异议乃是于执行程序中所发生的异议，对象为执行法院的执行行为，更非针对某个诉讼行为的要件和方式；针对执行标的的异议也是如此，发生于诉讼程序之外，对象为案件实体，与诉讼行为无涉。在德国《民事诉讼法》中，前述四项异议制度乃是采取不同的立法用语，分别为"Unzuständigkeit geltend zu machen""Widerspruch gegen den Mahnbescheid""Erinnerung gegen Art and Weise der Zwangsvollstreckung""Drittwiderspruchklage"，均未采用程序异议权的意义上的"verfahrensrügen"。由此可进一步得出结论，即我国的《民事诉讼法》虽然规定了其他类型的异议权或异议制度，却并没有同时规定程序异议或程序异议权制度。自1991年《民事诉讼法》正式颁行以来，民事诉讼立法虽历经2007年、2012年两次修改，但程序异议权制度在立法上一直付之阙如。为廓清"严重违反法定程序"以外的违反诉讼程序的诉讼行为之范围，我们有必要结合现行《民事诉讼法》第一百七十条、第二百条的规定对"严重违反法定程序"的内涵作进一步的探讨。也即二审和再审所规制的"严重违反法定程序"以外的"一般性审判程序违法"即是程序异议权的主要规制对象，如果能对"严重违反法定程序"有较为明确的界定，依反面解释"一般性审判程序违法"也就不言而明了。无论我们对"严重违反法定程序"作怎样的识别与界定，有一点可以肯定，那就是可以经由上诉程序、再审程序予以救济的现行《民事诉讼法》第一百七十条所例示规定的"原判决遗漏当事人""违法缺席判决"两项情形、最高人民法院《民事诉讼法解释》第三百二十五条所明确列举的"审判组织的组成不合法"等四项情形、《民事诉讼法》第二百条所规定的"审判组织的组成不合法或者依法应当回避的审判人员没有回避"等四项情形仅属于审判程序违法的一部分甚至可以说是极小的部分。其他的审判程序违法情形如受诉法院依据法定方式送达诉讼文书、传唤当事人、受诉法院未遵守法定程序调查证据、当事人未按法定方式实施诉讼行为等不属于"严重违反法定程序"情形而仅可称为"一般性的审判程序违法"不仅不能经由上诉、再审程序予以纠正，而且由于程序异议权的缺失也很难在民事诉讼程序进行中得到及时的改正。这也就意味着，在我国的民事诉讼中，无论是受诉法院还是当事人，虽然其所实施的诉讼行为违反了诉讼程序，但只要尚未达到"严重违反法定程序"的程度，更准确地讲，只要不属于现行《民事诉讼法》第一百七十条、第二百条或最高人民法院《民事诉讼法解释》第三百二十五条所明确规定的"严重违反法定程序"情形之一，便不会在继起的诉讼程序中被确认违法，从而致使该诉讼行为处于尽管不合法事实上却可以发生诉讼法上的效力的不正当状态。也即，由于程序异议权的缺失，"严重违反法定程序"以外的诉讼审判程序违法状态并不能当然地消除，毋庸讳言，在这样的制度安排下，我们显然没有坚实的理由期待我国的民事诉讼程序可以一以贯之地合法、妥当地运行。

综合以上分析可知，在我国现行民事诉讼制度的框架下，"严重违反法定程序"主要通过二审发回重审和再审制度予以救济，而作为"严重违反法定程序"范畴之外的"一般性审判程序违法"缺乏必要的规制手段。在现行制度框架下，根据审判程序违法类型与救济手段相称的原理，如能对二审发回重审和再审涉及的审判程序违法情形和原理形成较为明确的划分和判定，按照反面解释的原理，凡不构成"严重违反法定程序"即构成一般性质的审判程序违法，审判程序违法形态划分之命题即可完成。换言之，如果制度设计上明确了二审发回重审和再审审判程序违法事由的识别和判定标准，严重性审判程序违法的情形和范围便可以确定，作为其反面的"一般性审判程序违法"的情形和范畴便可以获得反向确定。故以下将围绕引发二审发回重审和再审启动的审判程序违法事由作讨论。

二　发回重审的审判程序违法事由功能错位

（一）二审发回重审的一般原理

1. 发回重审构成第二审法院自行裁判的例外

在当今大陆法系各国或地区的司法体制中，无论是采取三审终审制还是两审终审制，第二审法院作为上诉法院均为事实审法院，与此相应，第二审程序均乃事实审程序。[①] 在民事诉讼中，基于不利益变更禁止原则的规制，[②] 第二审法院对于上诉人诉请撤销的一审判决仅可在上诉人声明不服的范围内就判决是否适当[③]组织双方当事人进行言词辩论并作相应的裁判。第二审法院经过审理，如果认为上诉人的上诉无理由，应判决驳回上诉人的上诉请求。由于判决的理由不具有既判力，因而第二审法院如果认为一审判决虽基于其新认定的理由不正当而基于其他理由仍为正当时，仍

[①] 第二审程序乃是事实审程序，但并不表明第二审法院仅仅审理案件的事实问题。事实上，无论是采取三审终审制还是两审终审制，第二审法院不仅应审查第一审法院认定事实有无不当，也应审查第一审法院适用法律有无错误。

[②] 不利益变更禁止原则是指第二审法院只能在上诉人声明不服的范围内撤销、变更第一审法院的裁判，不能逾越此范围作出对上诉人更为不利的裁判。上诉不利益变更禁止原则确立的基础是处分权主义。参见［日］河野正宪《民事诉讼法》，有斐阁2009年版，第812页。

[③] 从理论上讲，裁判的适当包括裁判结果也即实体形成（事实的认识与法律的解释及适用）正确与诉讼程序也即实体形成过程正当两个方面。无论是法院的裁判结果错误还是诉讼审判程序违法，均应赋予当事人请求上级法院继续审理予以救济的机会，以确保裁判结果具有正当性并保证国民对司法的信赖。参见［日］藤田广美《讲义民事诉讼》，东京大学出版会2011年版，第569页。

应驳回上诉人的上诉请求。① 第二审法院如果认为上诉人的上诉有理由，则应当撤销、变更原判决。由于第二审程序乃事实审程序，更由于第二审程序为第一审程序的续行程序，② 因而对第二审法院来讲，无论其是驳回上诉的上诉请求还是撤销、变更原判决均须以第一审言词辩论终结时所形成的诉讼资料为基础，斟酌其在第二审程序中所收集到的新的诉讼资料（包括当事人在第二审程序中提出的新的诉讼资料以及第二审法院对一审中已经存在却未为第二审法院判断的诉讼资料），并以第二审的言词辩论终结时为基准时对上诉人的上诉请求作相应的判断。为妥当地实现这一目的，第二审法院根据案件审理的需要可以甚至必须自行调查收集必要的证据。③ 第二审法院即便认为第一审判决程序存在瑕疵，也可以在消除瑕疵的基础上自行判决。④ 域外立法对此多有明确的规定。⑤ 一言以蔽之，第二审法院作为事实审法院，其所践行的第二审程序乃第一审程序的续行程

----

① 参见［日］新堂幸司《新民事诉讼法》，弘文堂 2005 年版，第 821 页。日本《民事诉讼法》第三百〇二条第二款及我国台湾地区"民事诉讼法"第四百四十九条第二款分别对此作了明确的规定，其内容分别是："即便第一审判决依其理由不当，根据其他理由仍为正当时，必须弃却控诉""原判决依其理由虽属不当，而依其他理由认为正当者，应以上诉为无理由"。

② 在大陆法系各国或地区，第二审程序基本上采取继续审理制的审理构造，认为第二审程序乃是第一审程序的续行程序。当事人在第一审程序中所实施的诉讼行为在第二审程序中继续保持其效力。除此以外，当事人还可以在第二审中提出新的攻击防御方法（包含事实主张与证据）。当然，近年来为促进诉讼，避免事实审的审理重心从第一审转移至第二审，大陆法系各国或地区民事诉讼均采取严格的继续审理制，规定当事人仅可在特定的条件下始能于第二审中提出新的诉讼资料。参见德国《民事诉讼法》第五百二十九条、第五百三十一条；日本《民事诉讼法》第一百五十七条、第二百九十八条；我国台湾地区"民事诉讼法"第二百四十七条、第四百四十八条。

③ 如前所述，在大陆法系各国或地区，第二审程序基本上采取继续审理制的审理构造，认为第二审程序乃是第一审程序的续行程序。当事人在第一审程序中所实施的诉讼行为在第二审程序中继续保持其效力。除此以外，当事人还可以在第二审中提出新的攻击防御方法（包含事实主张与证据）。当然，近年来为促进诉讼，避免事实审的审理重心从第一审转移至第二审，大陆法系各国或地区民事诉讼均采取严格的继续审理制，规定当事人仅可在特定的条件下始能于第二审中提出新的诉讼资料。参见德国《民事诉讼法》第五百二十九条、第五百三十一条；日本《民事诉讼法》第一百五十七条、第二百九十八条；我国台湾地区"民事诉讼法"第二百四十七条、第四百四十八条。

④ 参见［日］斋藤秀夫《注解民事诉讼法》（2），第一法规出版株式会社 1982 年版，第 200 页。

⑤ 如德国《民事诉讼法》第五百三十八条第一款明确规定："控诉法院应当调查收集必要的证据并对本案自行裁判。"又如日本《民事诉讼法》第三百〇五条规定："控诉法院认第一审判决不当时，必须撤销之。"同法第三百〇六条规定："第一审判决程序违反法律时，控诉法院必须撤销第一审判决。"再如，我国台湾地区"民事诉讼法"第四百五十条规定："第二审法院认上诉有理由者，应于上诉声明之范围内，为废弃或变更原判决之判决。"

序，由此决定了第二审法院对于上诉案件，即便认为上诉人的上诉有理由而应当撤销第一审判决，原则上也须自行作出裁判。① 一言以蔽之，在继续审理制的制度背景下，第二审程序乃是第一审程序的继续，当以一审程序中的诉讼资料为裁断基础，结合其在二审程序中收集的诉讼资料，自行作出裁断，发回重审仅仅是自行判断的例外处置。

2. 发回重审必须以案件有必要在第一审程序中由当事人进行进一步的言词辩论为前提

如上所述，在民事诉讼中，由于第二审法院乃事实审法院，第二审法院作为事实审法院原则上应当对上诉人诉请撤销的一审判决从事实认定、法律适用及判决程序三个方面进行审查并自行作裁判，此系第二审法院的职责，并且这样做也能实现诉讼促进这一程序利益。即便第二审法院为了实现纠正一审判决的错误这一目的需要进行必要的证据调查甚至将证据调查的任务完全转移到第二审程序中来亦是如此，发回重审仅仅是自行判断的例外处置。② 与此相反的是，如果第二审法院针对上诉案件自行作裁判将会牺牲当事人的审级利益，则第二审法院必须例外地将案件发回到原审法院重新审理而不能自行作裁判。因为在当事人的审级利益未能得到保障的情形下，法院遽然作裁判，不仅会动摇审级制度的根基，而且会影响裁判的真实性从而最终影响人民对裁判正当性及司法制度的信赖。故相比于追求加快诉讼程序所带来的程序利益，当事人的审级利益显然更值得重视及维护。所谓审级利益，一般是指当事人所具有的经由两个事实审法院的合法审判之程序上的地位。就民事诉讼而言，当事人的审级利益具体体现为当事人在不同审级的法官面前展开攻击防御并以此为基础受合法裁判的程序利益。在民事诉讼中，基于言词原则的规制，受诉法院必须以当事人在言词辩论中呈现出来的诉讼资料为基础作裁判。因而可以合乎逻辑地认为，就第一审民事案件而言，如果作为裁判基础的事实及证据没有或未能全部地呈现于当事人的言词辩论中导致一审法院作出实体裁断所依据的诉讼资料不充分，即可认为当事人的审级利益受到了全部或部分的侵蚀。在此种情形下，为维护当事人的审级利益，第二审法院即有必要将案件发回

---

① Zimmermann, ZPO, § 538, Rn. 1, 9. Aufl., 2011；［日］中野贞一郎、松浦馨、铃木正裕：《新民事诉讼法讲义》，有斐阁 2011 年版，第 613 页；骆永家：《新民事诉讼法》（Ⅱ），台湾三民书局 2011 年版，第 291 页。

② Beck'scher Online-Kommentar ZPO, § 538, Rn. 6, 12. Aufl., 2014.

到原一审法院重审以便其组织当事人就案件作进一步的言词辩论。此几乎成为域外立法之通例。① 一言以蔽之，发回重审必须以案件有必要在第一审程序中由当事人进行进一步的言词辩论为前提。

（二）对我国立法文本的规范分析

我国民事诉讼规范对于严重性审判程序违法的规定见于《民事诉讼法》第一百七十条第一款第（四）项以及《民事诉讼法解释》第三百二十五条，② 从立法技术上讲，第一百七十条规范运用了例示规范。所谓例示规范是指，立法者在制定法律条文时，在追求条文简洁的同时，为避免挂一漏万，先列举数项情形作出具体例示，再于列举事项后以一概括术语作出总结。条文前端所举例事项被称为例示事项，末端概括者为概括事项，作为概括事项具体体现的数个例示事项应当具备同质性，该同质性即是概括事项所提炼出来之例示事项的共性特质。这样的立法技术便于司法者在例示事项与概括事项的比对中找到指引与参照，避免遇到例示事项以外新情形时，法官行使裁量权的尺度不统一，同时缓和制定法有限条文与社会生活无限发展之间的矛盾。以例示规范的立法技术观察第一百七十条，"遗漏当事人""违法缺席判决"等六种情形即为例示事项，"严重违反法定程序"属于概括事项。结合前文发回重审审判程序违法事由的特质，以上六种审判程序违法的具体例示均可以导致作为裁判基础的诉讼资料未能完整适法地呈现于口头辩论中，需要将案件发回重审以弥补言词辩论的缺失，"严重违反法定程序"也当反映这一特质。

然而，笔者认为，该条规范未符合例示规范的要求，例示事项中除了违法缺席判决一项符合要求外，其他五项例示分属性质不同的审判程序违

---

① 如德国《民事诉讼法》第五百三十八条第二款规定："在进一步的言词辩论是必要的情形下，控诉法院可以在撤销原判决与程序的基础上将案件发回到一审法院重审。"日本《民事诉讼法》第三百〇七条规定："控诉法院，撤销第一审驳回原告起诉的判决之场合，必须将事件发回至第一审法院，但是，事件无另行进行辩论的必要时，不在此限。"同法第三百〇八条第一款规定："前条本文规定的场合以外，控诉法院撤销第一审判决的场合，关于事件有进一步辩论的必要时，须将案件发回到第一审法院。"我国台湾地区"民事诉讼法"第四百五十一条第一款规定："第一审程序有重大瑕疵者，第二审法院得废弃原判决，而将事件发回原法院，但以因维持审级制度认为必要时为限。"

② 《民事诉讼法》第一百七十条第一款第（四）项规定："原判决遗漏当事人或者违法缺席判决等严重违反法定程序的，裁定撤销原判决，发回原审人民法院重审。"《民事诉讼法解释》第三百二十五条规定："下列情形，可以认定为民事诉讼法第一百七十条第一款第四项规定的严重违反法定程序：（一）审判组织的组成不合法的；（二）应当回避的审判人员未回避的；（三）无诉讼行为能力人未经法定代理人代为诉讼的；（四）违法剥夺当事人辩论权利的。"

法，与案件存在续行言词辩论必要之间并无必然联系。具体而言，"遗漏当事人"引发二审程序应仅限于必要共同诉讼，因为在普通共同诉讼中，由于诉讼标的不是"合一确定"，法院针对普通共同诉讼人无论是分开判决还是合一判决均为适法判决，而当事人适格是诉的合法要件，必要共同诉讼人未能全体参加诉讼即为诉不合法，如果一审法院疏于审查未针对全体必要共同诉讼人作出判决，二审法院应当驳回起诉而非发回重审，"无诉讼行为能力人未经法定代理人代为诉讼的"也与此相同，因为缺乏诉的合法要件二审法院应当驳回起诉而不是发回重审；"审判组织不合法""应当回避的审判人员未回避"与损害当事人审级利益及未能充分展开言词辩论之间并无必然联系；"违法剥夺当事人辩论权利"的表现形式不一，司法界定面临模糊与不确定，本质上可以说是多种审判程序违法造成的客观后果而非具体可见的违反程序规范的诉讼行为，因而不宜作为具体例示；仅"违法缺席判决"导致当事人言词辩论的缺失，存在续行言词辩论的必要，符合发回重审例示规范的要求。与此同时，"严重违反法定程序"也仅为描述性语词，不能概括提炼发回重审之制度趣旨。如果采用例示规范，笔者认为，《民事诉讼法》第一百七十条第四款修改时，对二审发回重审的审判程序违法事由应当增加存心续行言词辩论和侵害当事人审级利益的前置要件，[①] 与此同时，《民事诉讼法解释》第三百二十五条即行废止。

三　再审的审判程序违法事由层次失衡

针对我国现行《民事诉讼法》第二百条规定的再审事由，早有学者基于再审的补充性与谦抑性，逐条分析再审事由在历次修法中间的成败得失，目前的主流观点认为，再审事由应当采用具体明确的表达方式进行规定，

[①]　在采行三审终审的诉讼体制下，一审二审程序皆为事实审程序，第三审程序为法律审程序。与此不同的是，在我国两审终审的诉讼制度体制下，将第二审程序定位为事实审，进而将发回重审必须以案件有必要在第一审程序中由当事人进行进一步的言词辩论为前提作为二审发回重审的要件可能面临的最大质疑是，由于我国采行两审终审，若第一审程序与第二审程序皆为事实审程序，法律审的功能将会落空。对此，需要注意的是事实审，并不意味着第二审法院仅审查事实认定问题不审查法律适用。事实上，无论一审程序还是二审程序均需要既认定事实又适用法律。事实审与法律审的审级区分仅仅在三审终审体制中，设置第三审法院作为专门的法律审级的司法环境下才有意义。二审终审的诉讼体制并不妨碍第二审法院继续进行审理的功能。继续审理制的改革重点在于建立一审事实认定对二审法院的拘束力，二审法院对于一审法院已经审查完毕的诉讼资料不行复审。与此类似的观点，可参见傅郁林《论民事上诉审程序的功能与结构》，《法学评论》2005 年第 4 期。

尽可能压缩甚至杜绝法官通过再审事由启动再审程序的自由裁量空间，避免再审的泛用与误用，对再审事由应当作适当的删减调整。① 笔者认为，这样的观点正确可采，可以从以下阐述中进一步"补强"其合理性。

在采行三审终审的国家与地区，第三审为法律审，当事人提起再审之诉必须主张判决违反法令，且错误解释宪法或法律（违反法令）对判决结果造成了影响，证明违反程序规范的诉讼行为与违反法律（违反法令）之间存在因果关系。但对于审判组织不合法、该回避的审判人员未回避、代理权不合法三类重大瑕疵，一旦出现以上情形，无论其是否对裁判结果造成影响，均可启动上告审程序。也即，无论以上三种审判程序违法情形事实上是否对裁判结果违反法令之间存在因果联系，均可以成为当事人的上诉理由，所以被称为"绝对上告理由"，各国民事诉讼立法在上告理由与再审事由的条文中均涉及这三种审判程序违法事由。②

由于民事再审程序的启动以牺牲生效判决的既判力为代价，引发它的违反程序规范的诉讼行为所违背的程序规范一定是强行规范，致使整个诉讼程序与裁判结果失去正当性基础，危及国民对诉讼制度的信赖。另外，从判决生成的角度来讲，只有通往或者生成判决的诉讼程序具备正当性，其产出和生成的判决才具备正当性，绝对上告理由中所涉及的审判程序违法情形动摇了程序赖以生存的基本正当性要求，其产出的裁判必然不能视为正当。也正是基于此种考量，一旦绝对上告理由所示审判程序违法情形出现，无论事实上是否造成裁判结果的错误，均可以启动再审程序废弃原来的生效判决，其中"潜在"的判断即是违法诉讼程序所生成的裁判结果

---

① 参见张卫平《再审事由规范的再调整》，《中国法学》2011 年第 3 期；李浩《再审的补充性原则与民事再审事由》，《法学家》2007 年第 6 期；潘剑锋《程序系统视角下对民事再审制度的思考》，《清华法学》2013 年第 4 期。

② 以《日本民事诉讼法》为例，其第三百三十八条规定的再审事由有十项：（一）未依法组成裁判所；（二）依法不能参与判决的法官参与判决；（三）欠缺法定代理权、诉讼代理权、代理人欠缺作出诉讼行为的必要授权；（四）参与判决的法官作出与按年相关的职务上的犯罪行为；（五）因他人应受刑事处罚的行为而作出自认或妨碍提出影响判决的攻击或防御方法；（六）以伪造或变造的文书以及其他物件作为证据作出判决；（七）证人、鉴定人、翻译人、宣誓的当事人或法定代理人的虚伪陈述作为判决的证据时；（八）作为判决基础的民事或刑事判决以及其他裁判或行政处分被此后的裁判或行政行为变更；（九）对影响判决的重要事项未予判断时；（十）申请再审的判决与以前的确定判决相抵触。其中，第（一）到（三）项的再审事由同时属于程序存在重大瑕疵的上告事由；第（四）至（八）项等属于判决基础资料存在重大瑕疵的再审事由，第（九）项指法官未对当事人提出的且对判决结果造成影响的攻击防御方法（事实与证据）作出判断，第（十）项涉及与确定判决既判力相抵触的问题，与审判程序违法无关。

不正当。在比较法上，无论德国、日本还是我国台湾地区，引发再审的审判程序违法事由与绝对上告理由重合，对应到我国规定相当于"审判组织的组成不合法""应当回避的审判人员未回避""无诉讼行为能力人未经法定代理人代为诉讼或者应当参加诉讼的当事人，因不能归责于本人或者其诉讼代理人的事由，未参加诉讼的"三种审判程序违法的情形。之所以将引发再审的审判程序违法事由限定为以上三种，正如前述的，因为这三种类型的审判程序违法触及程序的底线正义，动摇国民对于程序正当底线要求的期待，即便终局判决已经作出，也当予以废弃，以维护程序必须遵守的基本正当性要求。另外，由于再审具有谦抑性，再审事由具有法定性和限定性，再审事由的认定与适用杜绝法官自由裁量权的行使，法定的再审事由必须仅限于列举的几种，法官不能做扩大解释，不能在法定再审事由之外再行认定新的再审事由。综上，再审事由的设定需要满足以下两项要求：一是再审事由的设置必须明确具体，排除法院的自我裁量；二是引发再审启动的审判程序违法须是属于严重的审判程序违法类型。以下对于我国民事诉讼再审事由的分析将循此逻辑和要求进行审视。

我国《民事诉讼法》第二百条列举的涉及审判程序违法的再审事由除审判组织不合法、该回避的审判人员未回避、代理权不合法三种外，尚包括"原判决、裁定认定事实的主要证据未经质证的""对审理案件需要的主要证据，当事人因客观原因不能自行收集，书面申请人民法院调查收集，人民法院未调查收集的""违反法律规定，剥夺当事人辩论权利的""未经传票传唤，缺席判决的""原判决裁定遗漏或超出诉讼请求的"这五项。[①]笔者认为，这五项审判程序违法与前三种各国通例式的审判程序违法再审

---

① 《民事诉讼法》第二百条规定的十三项再审事由分别为：（一）有新的证据，足以推翻原判决、裁定的；（二）原判决、裁定认定的基本事实缺乏证据证明的；（三）原判决、裁定认定事实的主要证据是伪造的；（四）原判决、裁定认定事实的主要证据未经质证的；（五）对审理案件需要的主要证据，当事人因客观原因不能自行收集，书面申请人民法院调查收集，人民法院未调查收集的；（六）原判决、裁定适用法律确有错误的；（七）审判组织的组成不合法或者依法应当回避的审判人员没有回避的；（八）无诉讼行为能力人未经法定代理人代为诉讼或者应当参加诉讼的当事人，因不能归责于本人或者其诉讼代理人的事由，未参加诉讼的；（九）违反法律规定，剥夺当事人辩论权利的；（十）未经传票传唤，缺席判决的；（十一）原判决、裁定遗漏或者超出诉讼请求的；（十二）据以作出原判决、裁定的法律文书被撤销或者变更的；（十三）审判人员审理该案件时有贪污受贿，徇私舞弊，枉法裁判行为的。（一）、（二）、（三）属于作为判决基础的证据资料存在缺陷，不涉及程序规范的违反，（六）一般指实体法律适用错误，也与审判程序违法无关，（十二）涉及前提性裁判文书效力与本案裁判的关系，（十三）涉及审判人员职务犯罪，都与本案诉讼审判程序违法之间无必然联系。

事由并非同一层次，五项审判程序违法再审事由并不符合再审事由的前述两项特质。① 引发再审程序启动的审判程序违法情形应当仅限于审判组织构成不合法、应当回避的审判人员未回避、代理权不合法此三项。

综上可知，我国现行民事诉讼规范针对审判程序违法的规制并未因应审判程序违法类型化处理的应然法理和制度要求。规范层面的失范突出表现在：一般性审判程序违法缺乏规制手段、二审发回重审的审判程序违法事由设置不合理、引发再审的审判程序违法事由不合再审事由的应然要求三个方面。总体上而言，针对审判程序违法的识别与规制，我国民事诉讼制度在规范层面未体现出程序错误与救济方式相匹配、程序合法与程序安定相平衡的设计原理。因此，探讨审判程序违法类型化处理，用以填补修正现行民事诉讼制度的失范、缺漏便具有了现实意义和正当性。

第四节　审判程序违法类型化处理的实践回应

司法实务是理论研究的问题源，欲对学理和法规范的实际适用有真切的把握，就必须全面深刻地了解我国民事司法实务。一般而言，了解司法实务的方法有两种。一是通过阅读、比对裁判文书，知悉实务裁判观点；二是通过与法官访问交谈，了解其裁判观点的形成过程。前者可以对司法实务有比较全面的掌握，了解司法实务中不同的裁判观点；后者可以直观真切地了解法院裁判观点形成的过程。笔者主要采取第一种实务考察方法，在裁判文书来源上，以"聚法案例"为主，辅之以"中国裁判文书网"的部分案例。笔者以"审判程序违法"为关键词在以上两大平台检索，得到民事裁判文书2万余份。笔者随机摘取了2000余份裁判文书作为样本进行分析，后面相关章节在说明实务具体问题时，将会运用到其中的实例。这些样本虽然不是我国涉及审判程序违法的全部裁判文书，但就本书的研究主题而言，已然具有一定代表性了。总体而言，各级受诉法院针对审判程序违法的处理分歧、相异，下面将通过几则实例予以说明。

一　审判程序违法实务处理多歧

案例1：某借贷纠纷案一审期间，法院向被告甲送达了证据交换与开

---

① 参见占善刚、刘洋《民事程序规范层次论》，《河北法学》2020年第4期。

庭审理的诉讼文书，并要求甲将上述诉讼文书转交另外两被告。甲向法院明确表示无法转交后，一审法院将诉讼文书留置在甲处，视作对另外两被告的送达。二审中，甲就此主张"一审判决审判程序违法"作为上诉理由，二审法院认为，一审法院通过甲转达诉讼文书或者留置送达并不影响当事人的诉讼权利，更未造成当事人实体权利的损害，甲提出的"审判程序违法"的上诉理由不能成立，依法予以驳回。①

案例2：某合资、合作开发房地产合同纠纷，当事人陈某因长期侨居国外，授权代理律师程某办理国内诉讼事宜，依据《民事诉讼法》第五十九条第三款之规定，我国公民从国外寄交或转交授权委托书的，须经中华人民共和国驻该国使馆证明。② 二审法院认为，陈某应在一审程序中就其向程某出具的授权委托书进行证明，一审法院确认陈某未履行法定证明程序的授权委托书有效，认可程某的相关诉讼代理行为的效力属于"程序严重违法"，遂以《民事诉讼法》第一百七十条第四款"严重违反法定程序"为由，发回重审。③

案例3：某建设工程施工合同纠纷，被告一审中向法院提出工程造价的鉴定申请，一审法院未予回应。被告以此为由提起上诉，二审法院认为，提出鉴定申请是当事人的一项诉讼权利，无论同意与否应当以法律文书的形式作书面回应，一审程序因此具有瑕疵，被告的上诉理由成立，于是依照《民事诉讼法》第一百七十条第一款第（四）项"严重违反法定程序"之规定，裁定撤销原判决，发回重审。④

案例4：某抵押合同纠纷，原告诉请被告返还借款，一审法院认为原被告之间不存在真实的借贷关系，双方往来款项系属"项目预期利益"，因此判令被告给付原告该款项。二审法院认为，依据旧《最高人民法院关于民事证据的若干规定》第三十五条，⑤ 一审法院应当告知当事人可以变更诉讼请求，一审法院未释明告知被告变更诉讼请求，径行判令海盛公

---

① 参见最高人民法院（2007）民二终字第210号民事判决书。

② 该款具体内容为："侨居在国外的中华人民共和国公民从国外寄交或者托交的授权委托书，必须经中华人民共和国驻该国的领事馆证明。"

③ 参见最高人民法院（2017）最高法民终643号民事裁定书。

④ 参见浙江省高级人民法院（2013）浙民终字第36号民事裁定书。

⑤ 该条款的具体内容为："诉讼过程中，当事人主张的法律关系的性质或者民事行为的效力与人民法院根据案件事实作出的认定不一致的，人民法院应当告知当事人可以变更诉讼请求。当事人变更诉讼请求的，人民法院应当重新指定举证期限。"此规定目前虽已经失效但就本书关注的问题而言，作为审判程序违法的研究素材并无问题。

司偿还该债务的做法，损害了当事人的诉讼权利和实体权利，违反法定程序，于是依据《民事诉讼法》第一百七十条第一款第（三）项和第（四）项之规定，裁定撤销原判决，发回重审。[①]

二 审判程序违法实务处理多歧之症结

法院未依法送达法律文书将产生何种法律效果，当事人就法院不合法送达当如何进行救济，衡量"审判程序违法"是否应当以当事人实体权利受损为标尺（案例1）；诉讼代理人具备合法有效的代理权是其代理当事人开展诉讼活动的前提，如果代理人自始便不具备合法的代理权，基于此所产生的诉讼代理行为将不发生程序法上的效力，法院如果对此作出本案判决是否属于"严重违反法定程序"的情形（案例2）；针对当事人的证据调查申请，法院不进行书面回应是否属于"严重违背法定程序"（案例3）；法院与当事人对案件的法律关系或事实基础认定不一致时，未释明当事人变更诉讼请求径行裁判是否违背法定程序（案例4）。我国民事司法实务中诸如此类的"问题点"即可归入"民事审判程序违法"范畴，实务中的审判程序违法情形与案例远不止以上四种，但透过以上四个案例的展示可以对我国民事司法实务中的"审判程序违法"的识别与处置形成直观的认识，想见纷繁复杂的实务状况，很明显，受诉法院对于审判程序违法的认识和处理存在误区与失范的处置。[②]

---

① 参见辽宁省高级人民法院（2016）辽民终86号民事裁定书。

② 案例1涉及送达瑕疵是否构成严重的审判程序违法情形。笔者认为，送达的首要功能在于"告知"，受到法院"告知"的当事人才有机会参与到诉讼程序中来，就自身请求提出主张与证据。如果对当事人欠缺合法有效的送达，诉讼法上很多效果将不会发生。大陆法系通说甚至认为诉状合法送达被告是诉讼系属的起算点。法院依照法定方式进行文书送达是其职责所在，违背法定送达方式的送达即是送达瑕疵，构成审判程序违法，不过如果违法的送达方式依然达到"告知"效果，当事人的诉讼参与权并未因此受到影响，则没有必要推翻已经经过或完结的诉讼流程，以维护程序安定与诉讼经济。当然，如果法院的违法送达没有达到"告知"效果，则应另当别论。在此情况下，当事人没有机会参与诉讼程序的机会，根本无法行使诉讼权利，自应发回重审来救济当事人。案例1中，虽然法院的送达行为未符合民事诉讼法规范的要求，但并未妨碍其"告知"效果的实现，甲未因为瑕疵送达而丧失参加诉讼的机会，所以没有必要将原来的诉讼程序废弃后推倒重来。不过，二审认为不构成审判程序违法的"裁判理由"值得推敲。如二审法院裁判中所言，一审法院的瑕疵送达行为未造成甲实体权利受损，其主张的"审判程序违法"不能成立。对此，应当思考的是，审判程序违法的判断是否当以实体权利受损与否作为判断依据，进一步应当追问的是，审判程序违法与实体判断错误的因果关系在审判程序违法的识别与处理中当具备怎样的位置与功能？案例2涉及诉讼代理权的合法有效与审判程序违法之 （转下页）

　　以上讨论了司法实务操作中间涉及审判程序违法的四个案例，从中提炼和体现出的涉及审判程序违法的考量因素正如前文所述，即审判程序违法与实体裁判错误因果关系、程序法规范的效力以及程序合法与程序安定的平衡的法理。就纷繁复杂的实务状况而言，四个案例远不足以概括司法实务中涉及审判程序违法的全部情形和状况，但同类实务案例中间体现的诉讼法理以及相应的制度化要求应当是共通的。对四个司法实例的评析至少表明，受诉法院在识别审判程序违法这一问题上未遵循前后一致、逻辑连贯的判断标准，对审判程序违法的处理也存分歧，造成审判程序违法的识别与处置上的样态各异的实务操作。

　　笔者认为，造成上述问题的根源在于未对审判程序违法类型化处理这一命题形成科学性、体系性认识，以此指导实践自然不免出现样态各异的实务操作。在裁判文书网上公布后，这种"同案不同判"的现象将会被

（接上页）间的关系。从理论上讲，诉讼代理人代理当事人所为的诉讼行为发生诉讼法上的效果以诉讼代理人取得合法有效的代理权为前提，如果代理人欠缺合法代理权，依托代理权所实施的诉讼行为当属无效，二审法院撤销原判发回重审的处理结果并无不妥。不过，在解释论上应充分论证其属于《民事诉讼法》第一百七十条所规定的"严重违反法定程序"，而不应直接给出严重违反法定程序的定论，似乎依据代理权合法有效前提下诉讼代理人所代理的诉讼行为方发生诉讼法上效果之原理进行论证可以证成其属于"严重违反法定程序"。案例3涉及受诉法院不回应当事人的证据调查申请是否构成审判程序违法的问题。在采行辩论主义的民事诉讼中，原则上证据方法由当事人提出，当事人提出证据方法的调查申请后由法院决定是否进行证据调查，禁止法院依职权调查证据。因为通过证据调查认定案件事实是专属法官的职权，调查何种证据方法来认定案件事实由法官自主裁量，诉讼规范对此并不作强行要求，理论上讲，法院是否响应当事人证据调查申请启动证据调查程序以满足证据调查必要性为合法性要件，如果法官认为欠缺证据调查必要性则不启动证据调查。并且，为避免程序行进的拖沓与迟延，法院驳回当事人证据申请不为证据调查，毋庸单独作出驳回证据申请之裁定，仅需在判决理由中作出说明即可。案例3中，受诉法院认为未对当事人鉴定申请作出书面裁定即属于严重违背法定程序进而发回重审的裁判观点显然难以成立。案例4涉及受诉法院未根据释明规范，对当事人进行变更诉讼请求的释明是否构成审判程序违法。释明是指通过法院对当事人的发问、指示，引导当事人提出适切的诉讼请求、事实主张或证据方法。释明在民事诉讼的各项制度中比较特殊。一方面，它牵涉当事人是否充分参与程序中来，关系到当事人基本程序保障，在突袭裁判防止、促进纠纷解决、实现实质正义上具有重要价值，另一方面，由于它的界限与程度难以把握，用之得当可以惠及纠纷解决与司法公正，用之失范则伤及司法中立与司法权威。所以，释明自始即面临"激烈的争议"，实务者对此常有动辄得咎之感，多数法官担心不当释明会使法官丧失中立地位，"出力不讨好"。或许是出于这样的原因，案例4中受诉法院对诉讼请求变更的释明抱持消极态度，并认为未进行该种释明不违背法定程序。但笔者坚持认为，由于诉讼请求直接关联当事人事实主张与证据方法的提出，引导当事人提出适切的诉讼请求对案件争点整理与纠纷的迅速解决意义重大，并且当时有效的《最高人民法院关于民事诉讼证据的若干规定》第三十五条第一款"应当告知"的释明的规范在性质上属于强行规范，不存在法院基于自身意思缓和适用释明的空间，所以法院未进行诉讼请求变更的释明当属严重违背法定程序的情形。

不断发现、扩大，诉讼裁判的公正与公信力也将不断遭受质疑。在这样的背景下，从审判程序违法类型化处理命题出发，厘定审判程序违法类型的科学标准，廓清审判程序违法的形态，并配以与之相称的救济方式，建立科学的审判程序违法救济体系对于深化我国民事诉讼理论研究，完善相关程序规范，统一实务操作具有重要的现实意义。

第二章　审判程序违法类型化处理中的因果关系考量

第一章探讨了审判程序违法类型化处理的正当根据，目的在于将审判程序违法类型化处理所包含的两个命题进行证立。因为是首次在国内提出和使用"审判程序违法类型化处理"的概念与表达，所以在第一章中对其进行了充足的正当性论证，意在将审判程序违法命题充分证立。在对审判程序违法进行充足的证立后，便需对审判程序违法进行类型化处理的考量因素和制度要求进行具体化探讨，以获致审判程序违法类型化处理的具体制度安排，否则对该命题的探讨将仅停留于理论层面，无从体现其对制度建设和实践操作的积极指导意义。

在民事诉讼中，第二审法院针对上诉人提起的上诉理由，应当遵循继续审理制①的基本要求，以第一审程序言词辩论终结时的诉讼资料为基础，结合其在第二审程序中获取的诉讼资料，对上诉人的上诉请求作出相应的判断。上诉无理由者驳回其上诉请求（维持原裁判），上诉有理由者支持其上诉请求（撤销原裁判），此乃各国民事诉讼确立的第二审裁判的基本框架。面对繁多且复杂的民事诉讼案件，法院应保持自身判断标准的一致性以维护其司法权威性，特别是在涉及审判程序的问题上法院尤应保持处置方式的适当性及连贯性而适用相对统一的判断基准。我国现行《民事诉讼法》仅规定"严重的审判程序违法"可导致撤销原判决发回重审的适用，无法完全解决司法实践中存在的各式各样且程度不同的审判程

①　二审撤销原判决后有三种选择，分别是自行裁判、发回重审和移送。有关二审的构造分别有覆审主义、事后审查主义以及续审主义，现今大陆法系民事诉讼第二审程序普遍采用继续审理主义。参见［日］菊井维大、松村俊夫《法律学体系コンメンタール民事诉讼法》（Ⅱ），日本评论社1971年版，第501—502页；［日］新堂幸司《新民事诉讼法》（第6版），弘文堂2019年版，第926—927页。

序违法行为。我国民事诉讼立法一直以来对审判程序违法规制中的因果关系的重要性认知所产生的偏差，引发了诸多问题，亟待修正。

第一节　从因果关系标准到严重的审判程序违法标准之流变

在我国民事诉讼立法过程中，关于第二审法院如何处置第一审审判程序违法的规定，由最初的 1982 年《民事诉讼法（试行）》强调的因果关系判断标准，发回重审与自行裁判双重处置方法的规定，逐渐演变为现行《民事诉讼法》规定的只有严重的审判程序违法方能发回重审的规定（演变过程见表 2-1），现行立法规定是长期以来司法实践错误认知的立法反映并且仍在延续，例如 2015 年《民事诉讼法解释》第三百二十五条对严重的审判程序违法的解释直接将列举性规定改为了限定规定。

表 2-1　二审法院关于审判程序违法的判断标准及处置方式之演变

法律、司法解释	判断标准	处置方式	影响
1982 年《民事诉讼法（试行）》	因果关系	发回重审自行裁判	
1991 年《民事诉讼法》	因果关系	发回重审	限制自行裁判对于审判程序违法的规制手段
1992 年《民事诉讼法意见》	严重的审判程序违法	发回重审	通过司法解释改变了因果关系的判断标准
2012 年《民事诉讼法》	严重的审判程序违法	发回重审	司法解释规定的严重的审判程序违法标准进入立法
2015 年《民事诉讼法解释》	六种严重的审判程序违法	发回重审	进一步地限定了审判程序违法的范围（将列举规定改为限定规定）

一　1982 年《民事诉讼法（试行）》的基本认知

1982 年《民事诉讼法（试行）》将可能影响案件正确判决的审判程序违法与认定事实不清、证据不足作并列规定，只要符合其一，第二审法院便可以撤销原判决，发回重审或自行裁判。[①] 认定事实不清、证据不足

---

① 1982 年《民事诉讼法（试行）》第一百五十一条第一款第（三）项规定："违反法定程序可能影响案件正确判决的，裁定撤销原判，发回原审人民法院重审，也可以查清事实后改判。"

的共同点在于该情形大概率会导致原判决错误，此规定将可能影响案件正确判决的审判程序违法与之作并列规定，很显然，也是认为此种审判程序违法符合"导致原判决错误"的标准。

1982 年的立法文本与传统大陆法系的规定非常相似，且有符合中国国情的特别考虑。虽然德国及日本《民事诉讼法》在第二审程序的设置中均没有以明确的立法用语直接规定审判程序违法与原判决结论存在因果关系，但是其立法在上告审中明确规定了审判程序违法规制中的因果关系，作为第三审的上告审所适用的处置原则应可适用于作为第二审的控诉审中。而且，学说与判例均认为仅当与判决结论成立因果关系的审判程序违法方构成第二审法院撤销原判决并自行裁判之程序瑕疵，[①] 其因果关系的判断标准早已建立，并无特别强调之必要。据此可知，在传统大陆法系国家及地区，无论是实体结果错误还是审判程序违法均统一地适用同一因果关系判断标准。与此不同的是，1982 年《民事诉讼法（试行）》明确规定了审判程序违法与原判决结论的因果判断标准，虽然传统大陆法系国家、地区并无刻意强调的必要，但是 1982 年《民事诉讼法（试行）》可能考虑到我国采用两审终审制，改革开放初期司法实践水平参差不齐，在第二审法院如何处置第一审审判程序违法时法律明文化因果关系的判断标准，可谓符合我国司法实务操作现实的前瞻性措施。诚然，程序不可能完全独立于实体存在，程序正义的最终目的仍需落实于保障实体正义的实现，并非所有的审判程序违法行为都具备通过上诉程序加以规制的价值，故而旧法在设置审判程序违法规制时考量了第二审程序的裁判方式并着重

---

① 在日本，即便第一审法院在审判过程中违反了诉讼程序，但只要没有达到剥夺当事人审级利益的严重程度，控诉法院即可在消除程序瑕疵的基础上自行判决而不必将案件发回重审。参见［日］兼子一、松浦馨、新堂幸司、竹下守夫等《条解民事诉讼法条》（第 2 版），弘文堂 2014 年版，第 1595 页；［日］新堂幸司《新民事诉讼法》（第 6 版），弘文堂 2019 年版，第 933 页。在德国，一审程序存在重大瑕疵且由于该瑕疵导致必须进行范围广泛或者费用高的证据调查构成其第二审法院发回重审的理由。根据其解释，第一审诉讼程序存在重大的程序瑕疵并不足以导致第二审法院将案件发回重审，必须是由于该瑕疵导致裁判达不到可以作出的程度时，才可以认为基于重大的程序瑕疵造成了证据调查的必要性。参见占善刚《民事诉讼发回重审的理由比较研究》，《比较法研究》2015 年第 6 期。在我国台湾地区，第一审之诉讼程序有重大瑕疵者，第二审法院得废弃原判决，而将该事件发回原法院。但以认为维持审级制度有必要时为限。学者据此认为，若第二审已于程序上及实体上补正瑕疵而辩论者，基于继续审理制度之原理，自无发回原法院为判决之必要。参见姜世明《民事诉讼法》（下），台湾新学林出版股份有限公司 2015 年版，第 436—438 页；李淑明《民事诉讼法：特殊与救济程序》，台湾元照出版社 2017 年版，第 292、293 页。

强调因果关系之判断标准。①

　　1982 年《民事诉讼法（试行）》第一百五十一条第一款第（三）项是既符合民事诉讼制度理论且兼顾我国国情的规定，"可能影响案件判决"的表述在明确第二审法院撤销原判决应以审判程序违法与原判决结论成立因果关系为前提的同时，也具有一定时代先进性及科学性，"可能"一词更是对此种因果关系采"盖然性说"还是"可能性说"的一种明确。

二　1991 年《民事诉讼法》的初次改变及其影响

　　1991 年《民事诉讼法》改变了 1982 年《民事诉讼法（试行）》的既可发回重审也可查清事实后改判的规范，将审判程序违法情形作为唯一的发回重审理由，使得第二审法院对第一审程序中可能影响案件正确判决的审判程序违法只能通过发回重审的方式加以纠正。② 1991 年《民事诉讼法》的此种立法转变背离了发回重审制度的宗旨，对后来的民事诉讼立法产生了深远影响。

　　引发第二审程序发回重审的理由应满足两个条件：其一，发回重审构成第二审法院自行裁判的例外；其二，在第一审程序中，存在由当事人进行进一步的言词辩论之必要。③ 在民事诉讼中，第二审程序是事实审程序，是第一审程序的续行，基于继续审理制度为保障当事人能够就其诉讼资料接受两个事实审法院的判断之要求，第二审法院认为上诉理由成立而裁断撤销第一审判决后，原则上应自行裁判。④ 当且仅当存在维护当事人审级利益的必要时方能发回重审。1991 年《民事诉讼法》有关审判程序

①　有关程序的价值的研究，有两个较为极端的理论，一是程序工具主义，二是程序本位主义。由于我国民事诉讼中重实体、轻程序的现象较为突出，强调程序工具价值，故而部分学者在研究程序价值时有矫枉过正的倾向，往往陷入程序本位主义的泥淖，例如"目前我国审判实践中所存在的程序规范对法院审判行为约束软化之全部怪症，均可程度不同地在这一立法败笔中找到病因。因此民事诉讼法从根本上治愈此类怪症，必须导入新型的程序价值观念，在对各项民事诉讼制度与程序规范进行具体设计、安排时，全方位地体现出诉讼程序所内含的独立价值追求"，参见赵钢、占善刚《我国民事诉讼法对法院审判行为约束软化的若干表现及其矫正》，《武汉大学学报》（哲学社会科学版）1998 年第 2 期。

②　1991 年《民事诉讼法》第一百五十三条第一款第（四）项规定："原判决违反法定程序，可能影响案件正确判决的，裁定撤销原判决，发回原审人民法院重审。"

③　参见占善刚《民事诉讼发回重审的理由比较研究》，《比较法研究》2015 年第 6 期。

④　参见［日］河野正宪《民事诉讼法》，有斐阁 2009 年版，第 818 页；［日］斋藤秀夫《注解民事诉讼法（6）上诉》，第一法规出版株式会社 1982 年版，第 202 页；［日］小林秀之《法学讲义民事诉讼法》，弘文堂 2018 年版，第 364—365 页。

违法发回重审理由的设定背离以上两个基本要求，在对一审审判程序违法规制上，实际上否定了第二审程序采取自行裁判的方式对第一审程序中的审判程序违法行为进行规制。在审判程序违法的规制中，将本应成为例外选择之发回重审作为常规手段加以适用，不合理地消减了第二审程序通过自行裁判，消除第一审审判程序瑕疵的义务。基于继续审理制的构造，第二审法院应当在综合第一审及第二审程序中获得的所有诉讼资料重新认定案件事实并且以此事实认定为基础作出裁判，也应当消除第一审程序中存在的审判程序违法行为，并在排除审判程序违法后自行裁判。

1991 年《民事诉讼法》的改变是后来司法实践中第二审法院以审判程序违法为由发回重审现象泛滥的根源，导致长期以来实践认为审判程序违法只能通过发回重审加以规制，忽略了第二审自行更正，自行裁判的重要性。此外，1991 年《民事诉讼法》对于发回重审的审判程序违法理由亦存在问题，没有体现发回重审制度旨在维护当事人审级利益的旨趣。"可能影响案件正确判决的审判程序违法"仅仅是第二审法院撤销原一审判决的理由，并非构成二审法院发回重审的事由。第二审法院因审判程序违法撤销原判决后，应当对案件是否有发回重审的必要进行另外的判断，仅当成就存在保护当事人审级利益必要条件下方可发回重审。

1992 年最高人民法院《关于适用〈中华人民共和国民事诉讼法〉若干问题的意见》（以下简称 1992 年《民事诉讼法意见》）第一百八十一条对"可能影响案件正确判决的审判程序违法"以"列举+兜底"的条文模式进行了规定，先列举出三种情形的审判程序违法事由后在兜底条款中首次提出"严重违反法定程序"之概念。值得注意的是，由于该条款采用了例示规范的立法方法，故而其中的"严重违反法定程序"即是该条款对"可能影响案件正确判决"的解读与诠释，自此以后，至少在司法实践中，第二审法院对第一审审判程序违法规制时采取的判断标准便由"可能影响案件正确判决"的因果关系标准转换为"严重的审判程序违法"标准。

三　2012 年修法的错误认知

自 1991 年《民事诉讼法》及 1992 年《民事诉讼法意见》开始到现在，在第二审法院如何规制第一审审判程序违法问题上，立法及司法实践存在根深蒂固的错误认知，其无法正确理解因果关系标准的内涵，亦不能正视第二审法院自行裁判的重要性，此种错误认知不断发展最终在 2012 年《民事诉讼法》修法时达到了顶峰。2012 年《民事诉讼法》第一百七十条第一款第（四）项对第二审法院以审判程序违法为由发回重审的情形进行了规定，即"原判决遗漏当事人或者违法缺席判决等严重违反法定程序"。与 1992 年《民事诉讼法意见》相同，此项规定以例示规范的立法技术确定了第二审法院发回重审的程序性事项，自此法律条文上第二审法院发回重审的程序性事项标准彻底变为"严重的"审判程序违法。

修法意见认为，原《民事诉讼法》未对引发二审发回重审的审判程序违法事由作具体列举，仅将发回重审的判断标准限定为"原判决违反法定程序，可能影响案件正确判决"的最大问题，其设置的条件模糊，缺乏可操作性，容易造成司法实践中的两种倾向：一是只要原判决具有审判程序上的瑕疵，不论是否构成严重的审判程序违法，均将其作为二审发回重审的理由，造成二审发回重审的滥用；二是重实体轻程序，过分强调"可能影响案件正确判决"的判断标准作为二审发回重审的前置要件，当原审裁判出现重大程序瑕疵时，在未认定其"可能影响案件正确判决"前不敢发回重审。[①] 立法者进行这样修改是为保证二审法院适用法律的确定性，抑制和减少恣意发回重审现象的发生。[②] 2012 年修法认为旧法的规定导致了法官肆意发回重审的现象，为限制此种现象在修法时删去"可能影响案件正确判决"的判断标准，将第二审法院以审判程序违法为由发回重审的条件限制于"严重违反法定程序"的认定和框架之中。2012 年修法认为发回重审滥用的原因是原来的判断标准过于模糊，留给法官自由裁量权的空间过大。然而，笔者认为，二审发回重审被滥用的根本原因在于：1991 年《民事诉讼法》第一百五十三条第一款第（四）项削除了第二审法院采取自行裁判对第一审审判程序违法进行纠正的方式，因此第二审法院只能够以审判程序违法为由发回重审。2012 年修法错误地将"发回重审滥用"的原因归结为二审法院在认定"可能影响案件正确判决"时具有较大的自由裁量空间造成主观随意性较大，可是"严重的审

---

① 参见江必新主编《新民事诉讼法理解适用与实务指南》，法律出版社 2012 年版，第 643—644 页。

② 参见全国人大常委会法制工作委员会民法室编《中华人民共和国〈民事诉讼法〉条文说明、立法理由及相关规定》，北京大学出版社 2012 年版，第 281 页。

判程序违法"的标准自 1992 年《民事诉讼法意见》即已建立，可见当时已经存在一定的将第二审法院发回重审的程序性事由归于严重的审判程序违法之倾向，但依然没能有效遏制发回重审的泛滥现象，① 修法的逻辑显然无法自洽。修法将司法实践中长期以来的"严重"标准写入立法。这表明，2012 年修法对"可能影响案件正确判决"存在错误认识，长期以来实务界对于"可能影响案件正确判决"的理解并非因果关系的判断标准，而是严重的审判程序违法的判断标准。不仅如此，学界亦多不能理解"可能影响案件正确判决"的正确意涵。②

修法时有意见认为，对于严重违反法定程序的上诉案件采取发回重审的方式进行规制和纠正是各国民事诉讼法的通例，③ 修法曲解了其他国家及地区民事诉讼体系中所谓"重大的程序瑕疵"的内涵，将其简单粗暴地等同于我国现行《民事诉讼法》中的严重的审判程序违法。根据德国相关判例及解说，重大瑕疵并非指第一审法院单纯"严重"或"较高程度"地违反了诉讼程序，而是指由于程序瑕疵的存在导致第一审法院所作的判决欠缺合法性进而不能作为第二审法院判决的基础。④ 根据日本相关解释，审判程序违法与原判决结论错误之间具备因果关系，即是说该种审判程序违法的严重程度必须达到能够变更判决结论的程度。⑤ 换言之，此种重大程序瑕疵必须是导致第一审判决错误的直接原因，着重强调审判程序违法与原判决结论之间的因果关系。

对传统大陆法系国家的第三审上诉（上告）理由进行研究，可发现重大的程序瑕疵范围绝非等同于严重的审判程序违法的范畴。在传统大陆

---

① 参见张卫平《最高人民法院民事诉讼法司法解释要点解读》，中国法制出版社 2015 年版，第 294 页。

② 如赵泽君教授在《民事诉讼发回重审制度的反思与构建——以民事诉讼法修正案草案为视角》一文中认为，"可能影响案件正确判决"太过模糊，赋予第二审法院极大的自由裁量权。参见赵泽君《民事诉讼发回重审制度的反思与构建——以民事诉讼法修正案草案为视角》，《政法论坛》2012 年第 4 期。但亦有学者对被删除的"可能影响案件正确判决、裁定"进行正确的理解，参见朱金高《再审事由的深度透析》，《法律科学》2013 年第 5 期。该文就再审事由中的同样表述的立法变迁进行针砭，并得出 2012 年删除该种表述明显忽视了要求因果关系要件的回复原状之诉的再审事由的结论。

③ "将法律明文规定的、重大的程序瑕疵作为撤销原判并发回重审的理由是许多国家和地区民事诉讼法普遍坚持的共同立场"，参见潘勇锋《论新〈民事诉讼法〉对二审案件处理方式的完善》，《清华法律评论》2013 年第 1 期。

④ 参见占善刚《民事诉讼发回重审的理由比较研究》，《比较法研究》2015 年第 6 期。

⑤ 参见［日］中村宗雄《民事诉讼要论》，敬文堂 1982 年版，第 491 页。

法系民事诉讼制度中，绝对上告理由是法律直接拟制法律违反与原判决结论之间的因果关系的情形，而绝对上告理由中绝大部分均为审判程序违法事由，原因在于相较于实体法违反而言，审判程序违法与原判决结论存在因果关系的证明较为困难且模糊，在涉及重要的审判程序时倘若仍将此种证明责任分配给当事人，无益于维持国民对裁判的信赖，且无法达到救济当事人的民事诉讼目的，故各国在建立上告理由时均列举若干之于诉讼程序较为重要的程序事项，立法直接拟制此若干事项与原判决结论错误之间存在因果关系。上告乃是向第三审法院进行的上诉，其可规制的审判程序违法行为的程度理应高于第二审法院可规制的审判程序违法行为的程度，因此绝对上告理由亦应成立第二审法院发回重审的理由且无须当事人证明因果关系。绝对上告理由中判决法院的构成违法、不应参与判决的法官参与判决、专属管辖权的违反、未经合法代理、违反口头辩论公开①的规定属于审判程序违法事项，而我国《民事诉讼法》第一百七十条对严重的审判程序违法采用例示规范的立法方式，列举遗漏当事人、违法缺席判决两项，2015 年《民事诉讼法解释》第三百二十五条对"严重的审判程序违法"进行了解释，认为其还包括"审判组织的组成不合法""应当回避的审判人员未回避""无诉讼行为能力人未经法定代理人代为诉讼""违法剥夺当事人辩论权利"四种情形，由此可见我国法律语境中所谓"严重的审判程序违法"应当属于传统大陆法系上告审程序中，法律拟制因果关系存在的审判程序违法情形，其严重程度理当比"重大的程序瑕疵"高，范围理应比"重大的程序瑕疵"窄，根据相关解释，此种重大的程序瑕疵是指除绝对上告理由之外的审判程序违法，如辩论主义的违背、释明义务的违反、证据能力判定错误等。② 然而我国现行法修法时混同"重大的程序瑕疵"与"严重的审判程序违法"的概念及范畴，进而过度限制第二审法院以审判程序违法为由发回重审的范围显然是错误的。

四　2015 年《民事诉讼法解释》第三百二十五条的曲解

从立法技术角度考虑，2012 年《民事诉讼法》第一百七十条第一款

---

① 德国《民事诉讼法》第五百四十七条；日本《民事诉讼法》第三百一十二条；我国台湾地区"民事诉讼法"第四百六十九条，2018 年 11 月 28 日"法源法律网"，https://db. lawbank. com. tw/FLAW/FLAWDAT0201. aspx？lsid＝FL001362，2020 年 5 月 10 日。

② 参见［日］高桥宏志《重点讲义民事诉讼法》（下）（第 2 版补订版），有斐阁 2014 年版，第 715 页。

第（四）项构成例示规范，只要是与"遗漏当事人或者违法缺席判决"处于同一性质和层面的审判程序违法即可适用本条发回重审的处置，然而2015 年《民事诉讼法解释》却将该款解释为限制规范，即是出于严格适用发回重审的目的，防止法院肆意扩大发回重审的范围滥用发回重审进而损害当事人权益的考虑，① 2015 年《民事诉讼法解释》删除了1992 年《民事诉讼法意见》第一百八十一条第（四）项"其他严重违反法定程序"的兜底规定，② 根据相关解释，2015 年《民事诉讼法解释》第三百二十五条的规定使得仅仅法律规定的六项事由属于严重违反法定程序的范畴，不存在其他的情形，第二审法院不得运用自由裁量权，认定其他的严重违反法定程序为由，以其他严重违反法定程序的情形和事由裁定撤销原判决，发回重审。③ 于是，在现行规范的框架下，我国第二审法院发回重审的审判程序违法事由实际上仅为2012 年《民事诉讼法》第一百七十条第一款第（四）项列举的两种情形以及2015 年《民事诉讼法解释》第三百二十五条规定的四种情形。相比2012 年《民事诉讼法》第一百七十条的规定，2015 年《民事诉讼法解释》第三百二十五条进一步将第二审法院发回重审的程序性事由严格限制在六种情形内（以下简称"六种严重的审判程序违法行为"）。

我们认为，此规定乃对《民事诉讼法》的错误解读，2012 年《民事诉讼法》已然出于限制第二审法院发回重审范围的目的，将审判程序违法的条件限缩在严重的审判程序违法的范围内，在此背景下，2015 年《民事诉讼法解释》的规定删除原有兜底条款，对"严重的审判程序违法"标准的范畴作进一步限定，实际上将法律规定的例示规范改为限定规范，对于司法解释是否能够对法律作此种解释的问题本书暂不予探讨。2015 年《民事诉讼法解释》第三百二十五条规定的"六种严重的审判程

---

① 参见李相波《关于〈民事诉讼法〉司法解释第二审程序修改内容的理解与适用》，《法律适用》2015 年第4 期。

② 参见江必新等编著《新民事诉讼法司法解释修改要点及争议问题解读》，中国法制出版社2015 年版，第53 页；沈德咏主编《最高人民法院民事诉讼法司法解释理解与适用》，人民法院出版社2015 年版，第865 页。

③ 参见江必新主编《新民事诉讼法解释法义精要与实务指引》，法律出版社2015 年版，第768 页。

序违法行为"（违法剥夺当事人辩论权利除外①）是外国立法体系中的"绝对上告理由"，而绝对上告理由的严重程度高于上告理由，且无须证明因果关系的成立，其违法程度当然高于第二审法院发回重审的审判程序违法理由。由于我国采取两审终审制，并没有与国外上告制度相对应的第三审程序，故而第二审法院发回重审的理由设置若和国外绝对上告理由一般严格，既不符合诉讼制度的基本理论，也不能满足实践需求。此种将本就设置得过于严格的标准解释得更为严苛的做法，彻底否定了第二审程序之于第一审审判程序违法规制的机能，导致第二审程序逐渐丧失其规范审判程序违法行为的功能。

第二节　因果关系标准缺失导致的实践问题

2012 年修法是为了遏制发回重审泛滥的现象，但究其本意应当是将本不属于第二审法院发回重审规制的程序瑕疵剔除，建立良好的第二审法院发回重审机制，然而良好的运行机制仰仗着科学的判断标准，遗憾的是，2012 年修法重新确立的"严重的审判程序违法"这一标准并非良药，表面上看似能对发回重审泛滥的现象起到一定的作用，但其以牺牲相当程度的第二审法院对第一审审判程序违法行为的规制机能为前提，导致司法实践出现诸多问题。

一　第二审法院自行纠正功能失灵

从第二审法院裁判方式及其所占比例分析（见表 2-2②），自 2012 年《民事诉讼法》第一百七十条修法以来，在可能涉及审判程序违法的案

---

① 剥夺当事人辩论的权利可以认为是二审发回重审的另一个条件"剥夺当事人审级利益"的表现，但是审判程序违法与剥夺当事人审级利益应当是二审发回重审的并列条件，而非选择性条件，且"剥夺当事人辩论的权利"的表述亦存在一定问题。

② 数据来源于中国文书裁判网，以 2019 年数据为例加以说明数据采集方式。截至 2020 年 5 月 13 日，以在"中国裁判文书网"中以"案件类型：民事案件；案由：民事案由；法院层级：全部；裁判日期：2019 年 1 月 1 日到 2019 年 12 月 31 日；全文：审判程序违法；审判程序：民事二审"共搜索到 2994 个案件。在此结果中进行二次检索，分别以"判决结果：维持""判决结果：发回""判决结果：撤销"为条件分别搜索到 2444 个、220 个、639 个结果，因此维持原判的数据为 2444 个，发回重审的数据为 220 个，改判的数据为 639-220=419 个。

件中，第二审法院自行裁判的比例为10.08%—16.78%，① 而发回重审的比例为5.18%—7.88%。当然，并不存在一个判断第二审法院自行裁判构成例外的标准值，但是通过发回重审以及自行裁判这两种裁判方式的所占比例可以看出，二审发回重审的案件数量仅为自行裁判案件数量的50%，显然不符合二审裁判以自行裁判为原则以发回重审为例外的制度性要求。

表 2-2　　　　　2013—2019 年全国第二审法院裁判方式及其比例　　（件）

年份	第二审结案	维持原判及其比例		发回重审及其比例		改判及其比例		发回重审占改判的比例
2019	2994	2444	81.63%	220	7.35%	419	13.99%	52.51%
2018	2553	2055	80.49%	171	6.70%	409	16.02%	41.81%
2017	2276	1807	79.39%	163	7.16%	382	16.78%	42.67%
2016	1802	1459	80.97%	142	7.88%	257	14.26%	55.25%
2015	635	529	83.31%	46	7.24%	64	10.08%	71.88%
2014	521	460	88.29%	27	5.18%	61	11.71%	44.26%
2013	104	89	85.58%	6	5.77%	12	11.54%	50.00%

从当事人的角度对 2019 年的数据样本②进行分析时发现，当事人以审判程序违法为由作为上诉理由时，极少有当事人请求第二审法院自行裁判，③ 绝大多数当事人以审判程序违法为由提出上诉时，均要求第二审法院发回重审。对上诉人提出的上诉理由作进一步分析发现，上诉人及其诉讼代理人在上诉理由中存在两种倾向，一是上诉人并未提出具体的审判程

---

① 由于此种搜索可能会导致当事人提及审判程序违法，而法院因其他原因发回重审的情形也记入在内，故而实际比例应当低于 10.08%—16.78%。

② 本书就 2019 年全年涉及审判程序违法的案件进行抽样调查，截至 2020 年 5 月 13 日在"中国裁判文书网"中以"案件类型：民事案件；案由：民事案由；法院层级：全部；裁判日期：2019 年 1 月 1 日到 2019 年 12 月 31 日；全文：审判程序违法；审判程序：民事二审"共搜索到 2994 个案件，根据地域，每个地域取奇数页码进行调查（如北京总共 80 个案例，每页显示 10 个案例，取奇数页码共 40 个案例）共调取 1570 个案件。由于中国裁判文书网的后台持续上传案件，故而其案件数会发生改变。

③ 1570 个案件中，以"纠正"以及"改判"为关键词在上诉人提出的上诉理由中进行检索，共检索出 37 个案件。

序违法行为或其提出的审判程序违法并非审判程序违法，① 二是上诉人倾向于将本不该成立发回重审的审判程序违法作为严重的审判程序违法而提起上诉，希望第二审法院采用发回重审的处置方式。② 为什么在我国的民事司法实践中，当事人倾向于以"严重违反法定程序"为由，请求第二审法院发回重审，鲜有当事人请求第二审法院对其认为的审判程序违法进行纠正或改判？抛开其他非法律性原因，笔者认为，此现象的发生与我国《民事诉讼法》第一百七十条有关第二审法院裁判的理由与方式的规定密不可分。

《民事诉讼法》第一百七十条规定了第二审法院自行裁判的适用情形，即"原判决、裁定认定事实错误或者适用法律错误"，按照文义解释，适用法律错误应当包括适用实体法律错误和适用程序法错误，审判程序违法应当符合"适用法律错误"这一情形。但是，由于同条第（四）项已经对严重的审判程序违法规定了发回重审的规制手段，故而有意见认为此种规定会导致法院不必为非严重的审判程序违法承担任何诉讼上的法律后果，③ 由此也可以看出学者及法官在看待审判程序违法以及适用法律错误时习惯将二者分离，故而多数意见亦默认"适用法律错误"仅仅指实体法适用错误，并不包括程序法适用错误。而在司法实践中，以适用法律错误为由依法改判、撤销或者变更原判决的第二审裁判中，实体法律适

---

① 1570 个案件中，未提出具体审判程序违法的案件数量为 109 个；提出理由并非审判程序违法的案件数量为 82 个，如第一审驳回起诉而当事人以第一审未开庭而提出审判程序违法、上诉人认为案件应当提交审判委员会讨论而并没有讨论等。在进行数据研究时，我们将属于法院裁量权的案件并未列入提出理由并非审判程序违法的范畴中，虽然对于法院具有裁量权的程序行为法院不应构成审判程序违法，但是因为此类案件数量较多，在我国现实情况下有必要将其单独进行讨论的必要，故而未将其列入此处所谓"提出理由并非审判程序违法"范围内。

② 对这 1570 个案件以"发回重审"为检索条件共检索出 753 个结果，即便去除法院发回重审的 106 个案件，仍然有 647 个案件。

③ 参见赵钢、占善刚《我国民事诉讼法对法院审判行为约束软化的若干表现及其矫正》，《武汉大学学报》（哲学社会科学版）1998 年第 2 期；孙山、易利娟《重审中"发"与"回"的审级表达及其诉讼解构——从民事裁判的质量标准上诠释司法行为的妥当性》，《天津法学》2012 年第 2 期；其中赵钢教授与占善刚教授的观点是以"可能影响案件正确裁判"为前提的，但是其当时观点依然认为是不达到某种严重程度（如 1992 年《民事诉讼法意见》第一百八十一条的情形）就无须承担诉讼法上的责任。

用错误的案例占据着绝大多数比例，而程序法适用错误的案例十分鲜见。①"严重的"审判程序违法这一条件设置使得实践中认为审判程序违法仅能通过发回重审加以规制，如此一来，当事人及其诉讼代理人只能将本可以通过第二审程序自行纠正的审判程序违法作为严重的审判程序违法情形请求第二审法院发回重审。不难想象，此种现象将会导致法官审查审判程序违法时的懈怠局面，由于上诉人存在以审判程序违法为由请求发回重审的情形，对于大多数第二审法院而言，其只需审查此种行为是否构成严重的审判程序违法即可，缺少了第二审法院是否需要加以纠正的判断阶段。加之上诉人提出的审判程序违法中多数情形并非需发回重审的审判程序违法，对于那些非严重的审判程序违法，第二审法院对其仅仅以"虽程序存在瑕疵，但并不属于《民事诉讼法》规定的严重违反法定程序的情形"②为由而驳回其上诉请求，并没有对相关审判程序违法行为加以实质性纠正。当然，实践中也有少数第二审法院在判决时会运用因果关系的判断标准，③但是此种情形极其鲜有，且其都是作为第二审法院驳回上诉人上诉请求的理由而存在，故而无法据此得出我国第二审程序规制第一审审判程序违法机制较为完善的结论。

此外，我国法院特有的案件评估体系的存在使得第二审法院对于自行裁判以及发回重审本就非常谨慎，甚至可以说以指标为基准对案件是否改判、是否发回重审进行判断。案件评估体系中发回重审、改判案件的指标

---

① 2020 年 10 月 20 日在中国裁判文书以"案件类型：民事案件 案由：民事案由 理由：适用程序法 审判程序：二审 裁判日期：2019-01-01-2019-12-31"为搜索条件进行检索，共检索到 11 个结果，其中仅（2019）内 01 民终 3382 号案件与（2019）晋 05 民终 51 号案件为本书所研究对象，且仅（2019）晋 05 民终 51 号案件中第二审法院根据适用程序法错误为由撤销原判决，自行判决。与此相对的是，2019 年涉及审判程序违法的案件数量为 2994 个，可见我国民事诉讼实践中"适用法律错误"事实上演变为适用实体法错误。

② 1570 个案件中，在法院判决理由中以"《中华人民共和国民事诉讼法》第一百七十条""《最高人民法院关于适用〈中华人民共和国民事诉讼法〉的解释》第三百二十五条"以及"不属于《中华人民共和国民事诉讼法》中规定的严重违反法定程序事由"为关键词，共检索出 122 个案件是法院以上诉人提出的审判程序违法并非《民事诉讼法》第一百七十条第一款第（四）项以及《民事诉讼法解释》第三百二十五条规定的严重的审判程序违法的情形而驳回上诉人的上诉请求。

③ 具体表述为"虽然第一审法院程序存在瑕疵，但判决结果正确，故而对上诉人的上诉请求不予支持"。2020 年 10 月 20 日在中国裁判文书以"案件类型：民事案件 案由：民事案由 理由：程序存在瑕疵，但判决结果 审判程序：二审 裁判日期：2019-01-01-2019-12-31"为搜索条件进行检索，共检索到 9 个结果，该 9 个案件均以判决结果正确为由而驳回上诉人的上诉请求。

（以下简称"发改率"）于法院而言是一种负向指标，不仅会导致第一审法院为了降低"发改率"而在第一审程序进行时就向第二审法院进行请示现象的发生，间接损害了当事人的审级利益，还会使得第二审法院有"选择性"地发回重审或改判案件。① 民事诉讼案件纷繁复杂，第二审法院是否改判或发回重审的前提是第一审判决存在不当，此种不当可能是法官引起的，也可能是由于其他情形引起的，"发改率"不具有统计学上的意义，此种指标性任务只会对法官的判断造成负面影响，即应当撤销原裁判的却不撤销，应当发回重审的却不发回。在此背景下，对于非《民事诉讼法》规定的所谓"严重的审判程序违法"，必须重视的是法院根本没有任何动力去判断程序是否违法，更无暇顾及是否需要自行裁判。

二　审判程序违法辨识能力弱化

我国立法者认为应当通过限制发回重审的理由（尤其是审判程序违法事由）抑制法院恣意发回重审的现象属于方法选择错误，此种方式严格地限定了因审判程序违法发回重审的事由，进一步削减了司法实践对审判程序违法处置方式的正确认知，法院以"上诉人提出的审判程序违法事由并非法定的审判程序违法事由"驳回上诉请求的情形②频繁发生，相当比例的审判程序违法事项事实上并未得到第二审法院的判断。③ 即便是由第二审法院进行处置的情形下，也呈现出识别标准混乱，适用方式不一致的特征。对 2019 年取样的 1570 个案件进行数据调研发现，审判程序违法的表现形态多元，处理方式存在较大差别，以下根据审判程序违法的表现形式对其进行分类，分析现阶段法院对不同形态的审判程序违法行为的辨识能力。

（一）有关民事法律关系主体的审判程序违法行为

1. 有关审判组织的审判程序违法行为

当事人提出的有关审判组织的审判程序违法行为的判决书共 80 份，

---

① 参见郑肖《案件质量评估的实证检视与功能回归——以发回重审率、改判率等指标为切入点探讨》，《法律适用》2014 年第 1 期。

② 1570 个案件中，有 122 个案件是法院以上诉人提出的审判程序违法并非《民事诉讼法》第一百七十条第一款第（四）项以及《民事诉讼法解释》第三百二十五条规定的严重的审判程序违法的情形而驳回上诉人的上诉请求。

③ 1570 个案件中，共有 171 个判决中并没有对上诉人提出的审判程序违法事项进行回复。

第二审法院对该类审判程序违法的处置方式有：作出发回重审的判决有 5 份，作出驳回诉讼请求的判决有 53 份，没有作出答复的判决有 17 份（具体情形见表 2-3）。以审判不一为例，绝大多数法院并没有支持上诉人的上诉理由，如（2019）豫 15 民终 3537 号、（2019）豫 01 民终 21895 号案件中第二审法院认定"上诉人提出开庭的法官与判决书署名法官并非同一人，但未提供相应证据加以证明，故本院不予采信"。然而此类审判程序违法行为属于法院依职权应当调查的事项，不应要求当事人对其进行证明，而应以法庭笔录证明之。

表 2-3　　　　有关审判组织的程序违法的表现形式、
数量及被发回重审的情形

表现形式	数量（件）	二审法院发回重审的情形
审判不一（庭审法官与作出判决的法官不一致）	22	（2019）鄂 01 民终 7784 号案件、（2018）川民终 1210 号案件：合议庭变更后仍由原合议庭作出判决
合议庭组成人员变更后未通知	6	
合议庭变更后未重新组织庭审	1	
合议庭组成人员未通知	4	
回避	30	（2019）琼 02 民终 785 号案件、（2019）琼 02 民终 784 号案件：法官助理及书记员回避
法官偏颇	5	
开庭通知与庭审人员不一致	1	
法官资格	1	（2019）湘 04 民终 2414 号案件：非员额法官参与审判
其他	10	

2. 有关当事人及其诉讼代理人的审判程序违法行为

当事人提出的有关当事人及其诉讼代理人的审判程序违法行为的判决书共 207 份，第二审法院对该类审判程序违法的处置方式有：作出发回重审的判决有 16 份，作出驳回诉讼请求的判决有 173 份，没有作出答复的判决有 15 份（具体情形见表 2-4）。（2018）湘 12 民终 926 号案件中，第二审法院认定"一审法院准许实习律师程姣作为诉讼代理人单独出庭违反了相关规定，但这属于轻微的程序瑕疵，本院予以纠正，但本案可以不予发回重审"。实习律师作为诉讼代理人单独出庭构成"未经合法代理"①的事由，且是法院依职权应调查的事项，本案中诉讼代理资格存在问题可能导致被代理人的诉讼权利并未得到充分行使，故而应当撤销原判发回重审。

表 2-4　　有关当事人及其诉讼代理人的程序违法的表现形式、数量及被发回重审的情形

表现形式	数量（件）	二审法院发回重审的情形
遗漏当事人	101	（2019）津 02 民终 7605 号、（2019）黑 01 民终 9120 号等共 13 个案件
追加当事人违法	8	（2019）甘 09 民终 662 号案件中一审判决追加品尚苏美公司为被告且判由品尚苏美公司承担责任错误
当事人不适格	45	（2019）豫 15 民终 3740 号案件中一审起诉状记载的原告是潢川通达汽车运输有限公司，一审庭审笔录显示参加庭审的也是潢川通达运输有限公司，而一审判决载明的原告却是德银融资租赁有限公司，卷宗中未见德银融资租赁有限公司提起诉讼的任何证据，故一审判决认定主体错误，违反了法定程序
未追加诉讼参加人	32	
追加诉讼参加人违法	8	
诉讼代理人资格问题	14	（2019）辽 01 民终 15207 号一审庭审中，被上诉人没有提供宋孟杰具备诉讼代理人资格的证明材料，而且上诉人在一审庭审中已经明确就宋孟杰诉讼代理资格的问题提出了异议。故一审判程序违法，对本案作发回重审处理

（二）诉讼行为

1. 当事人的诉讼行为——举证②

当事人提出的有关举证的审判程序违法的判决书共 384 份，第二审法院对该类审判程序违法的处置方式有：作出发回重审的判决有 6 份，第二审法院重新进行程序而排除违法程序的判决有 18 份，作出驳回诉讼请求

---

①　代理权等的缺失是指声称为代理人（包括法定代理人和诉讼代理人）的人进行诉讼行为却无代理权，未成年人或者成年被监护人本人进行诉讼行为，被保佐人、被辅助人、法定代理人进行诉讼行为必须获得授权而未获得等。因这些情形下，当事人的程序权利并未能够得到保障，当事人并未充分行使诉讼行为，其主张并未在诉讼中得到充分体现的可能性较高，足以构成诉讼程序的重大违法而成立上告理由。参见［日］河野正宪《民事诉讼法》，有斐阁 2009 年版，第 825 页。

②　有关当事人的诉讼行为表现为举证、反诉、变更诉讼请求，由于反诉、变更诉讼请求的行为的案件有 30 个，作为分析对象数据较少无法体现本部分主题故而在此部分不进行具体分析。

的判决有 278 份，没有作出答复的判决有 76 份（具体情形见表 2-5）。在有关证据的审判程序违法方面，法院的处置方式尤其凸显出混乱的特点，主要表现在：证据调查申请未被同意的情形中有法院发回重审的情形，但是证据调查未得到回复的情形中法院却是以自行排除的方式加以纠正。在第二审认为对上诉人提出的证据调查应当进行调查的前提下，未得到回复的违法程度应当高于未被同意的违法程度，那么未得到回复的处置方式的严重程度应当高于或等于未被同意的违法程度，实践中的处置方式却违背了比例原则。此外，证据调查审判程序违法的处置态度亦是如此，证据未质证、鉴定审判程序违法的具体情形中，有的法院处置方式是发回重审，亦有法院重新进行程序以排除该违法程序。

表 2-5　　　　有关证据的程序违法的表现形式及法院处置方式

分类	表现形式	数量（件）	发回重审的情形	重新进行程序而排除违法程序
有关举证行为的审判程序违法	证据调查申请未得到回复	9		（2019）桂 09 民终 165 号案件：鉴定申请未得到回复
	证据调查申请未被同意	115	（2019）黑 81 民终 487 号（2019）湘 04 民终 2414 号案件：申请鉴定未被同意	
	逾期举证的证据	10		（2019）京 02 民终 11053 号案件：拒收逾期举证证据；（2019）陕 07 民终 317 号、（2019）陕 07 民终 349 号案件：采纳逾期举证的证据
	拒收证据	2		
	举证责任分配	1		
	影响举证权利的审判程序违法行为	4		
可采性（证据能力）	法院主动调查证据	11		
	证据调查审判程序违法	104	（2019）辽 14 民终 632 号案件：选定鉴定机构违法；（2019）青 02 民终 312 号案件：鉴定审判程序违法；（2019）青 02 民终 282 号、（2019）青 02 民终 233 号案件：证据未质证	（2019）冀 04 民终 4044 号案件：应调查证据未调查；（2019）晋 04 民终 1857 号、（2019）晋 11 民终 1104 号等共 10 个案件：证据未质证；（2018）浙 01 民终 375 号案件：鉴定审判程序违法
	证据突袭	1		

续表

分类	表现形式	数量 （件）	发回重审的情形	重新进行程序 而排除违法程序
关联性 （证据力）	证据采纳问题	56		（2019）鲁13民终5506号、 （2019）豫01民终20325 号：证据采纳问题
其他		71		

2. 人民法院的诉讼行为——送达和期间①

当事人提出的有关送达和期间存在审判程序违法的判决书共127份，第二审法院对该类审判程序违法的处置方式有：作出发回重审的判决有9份，作出驳回诉讼请求的判决有101份，没有作出答复的判决有17份。发回重审的9份案件的理由主要有送达审判程序违法，合议庭组成人员变更未通知、开庭传票未合法送达、举证通知书未合法送达等。有关期间与送达程序，当事人若对其提出的事实能够尽到疏明义务，法院即应当核实一审法院的送达行为是否合法。如（2019）冀10民终3316号案件中开庭通知未送达、（2019）黑02民终258号案件中送达给公司职员、（2019）冀07民终3213号案件中开庭前一日通知开庭时间的行为若属实，且因该审判程序违法行为导致上诉人未能参与庭审，则其属于审判程序违法行为，第二审法院应当对此作出判断，而这三个案件中法院均未对此作出裁判。有关公告送达的案件中，如（2019）鲁02民终6275号案件，上诉人认为法院先进行公告送达后进行邮寄送达的行为违法，法院也应当核实一审卷宗确认公告送达以及邮寄送达的时间，然而在判决书中却没有这样的描述，无法断定一审法院公告送达是否违法。

综上，2012年修法非但无法达到其修法的最初目的，还会弱化法官对审判程序违法的识别能力。司法实践中，对于非"六种严重的审判程序违法行为"尚未形成统一的处置方式及判断标准，辨识审判程序违法行为的能力较低。单一的"严重"标准在司法实践中逐渐演变为纯粹的"排除"标准，极大地削弱了法院裁量权的适用可能性，且"严重"之标准也无法满足司法实践的现实需求，因此建立审判程序规制中的因果关系标准成为规范民事审判程序的重要一环。

---

① 有关法院的诉讼行为表现为送达与期间、中止审理、合并审理、管辖权异议、超请求等，因为送达问题比较典型，其他问题并不涉及法院辨识能力强弱问题，故而此处选择送达和期间制度进行说明。

第三节　因果关系标准的理论基础

民事判决的正当性是民众接受司法裁判的基础，然而法官的判断难免有误，因此为保障因不正当判决而遭受了不利益的当事人，诉讼制度赋予当事人上诉的权利。第二审程序作为第一审程序的延续，其主要任务在于发现第一审判决的错误并予以纠正，此种错误既包含对于第一审原告请求的判断错误，也包括诉讼程序适用错误。① 第二审法院在认定第一审判决存在错误时原则上应撤销原判决自行裁判，只有在案件存在进一步辩论的必要时才能发回重审。第一审判决错误构成第二审法院撤销原判决的内因，无论是实体判断错误还是审判程序适用错误都需满足与原判决结论成立因果关系的要求。

一　第二审法院撤销原判决应满足因果关系要件

当事人上诉必须声明对原判决的不服，只有上诉人声明之不服有理由时第二审法院方能撤销原判决，② 通常情况下，只有原判决主文存在错误，且此错误与当事人提起之不服存在因果关系时，法院才能据此撤销原判决，此处隐含了一个内在条件，即当事人所声明之不服与原判决结论之间存在因果关系。由于事实认定错误以及实体法适用错误经常导致判决主文错误，二者与判决主文之间的因果关系判断较为简单，因此第二审法院对此种情形进行判断时时常运用因果关系判断标准。然而审判程序法适用错误与此不同，程序法的适用场合及情形决定了程序法与判决之间并不具备特别强烈的内在联系，在第二审法院对当事人提出的第一审审判程序违法行为进行处置时，往往忽略考虑审判程序违法与原判决结论之间是否存在因果关系，故而大陆法系各国在立法或解释时均强调审判程序违法与原判决结论之间的因果关系。

以审判程序违法为由撤销原判决发回重审存在两种立法例，一是只有在第一审审判程序有重大瑕疵且事件有进一步辩论必要时，第二审法院方能发回重审，换言之，能够导致第二审法院撤销原判决发回重审的程序瑕疵需满足两个基本要件：该瑕疵为重大瑕疵且事件有进一步辩论的必要，

---

① 参见［日］伊藤真《民事诉讼法》（第4版补订版），有斐阁2014年版，第696页。

② 参见［日］小山昇《民事诉讼法》，青林书院1979年版，第553、556页。

如德国《民事诉讼法》第五百三十八条第二款第（一）项以及我国台湾地区"民事诉讼法"第四百五十一条第一款。^① 根据相关解释，此种"重大程序瑕疵"指的是能够引起原判决错误的程序瑕疵，更准确地说是指第一审违背了诉讼程序规范之规定，其违反程序规范的诉讼行为与形成的判决内容成立因果关系。^② 德国以及我国台湾地区仅对发回重审的情形进行了规定，但这并不等同于其排除了第二审法院以自行裁判的形式纠正其他审判程序违法的可能。^③ 可见，若审判程序违法于原判决结论有影响，亦能接受第二审法院的判断，最终是否能够被改判由第二审法院根据案件而定。

第二种立法则是将判决存在不正当性规定为撤销原判决的条件，再对发回重审的条件作特别规定，^④ 如日本《民事诉讼法》第三百〇五条、第三百〇六条及第三百〇八条。日本《民事诉讼法》及司法实务界将第二审程序的审理和裁断划分为两个阶段，在第一阶段，二审法院需要判断判决是否存在不正当性，根据日本相关判例及见解，并非所有的审判程序违法均能导致原判决被撤销，只有审判程序违法达到维持原判决存在不正当的程度方能撤销，也就是该审判程序违法于判决结果有影响时方能撤销原判决，^⑤ 日本民事诉讼对于审判程序违法是否可以致使撤销原判以该审判

---

① 我国台湾地区"民事诉讼法"第四百五十一条第一款，2018 年 11 月 28 日"法源法律网"，https://db.lawbank.com.tw/FLAW/FLAWDAT0201.aspx? lsid=FL001362，2020 年 5 月 10 日。

② 参见林东法《民事诉讼法》（下），林东法出版社 2008 年版，第 49 页；陈荣宗、林庆苗《民事诉讼法》（下），台湾三民书局 2015 年版，第 42—43 页；陈计男《民事诉讼法论》（下），台湾三民书局 2017 年版，第 297 页。

③ 德国《民事诉讼法》第五百三十八条第一款明确提出"控诉法院应当调查收集必要的证据并对本案自行裁判"。根据我国台湾地区相关判例，"第二审法院对于第一审诉讼程序有重要瑕疵之判决应否发回，得酌情定之，并非必须发回"，对其"民事诉讼法"第四百五十一条进行反面解释，如果没有维持审级制度之必要，第二审法院对于合法之上诉，应当自行调查审判，不得因为第一审诉讼程序有重大瑕疵即废弃其判决，而将事件发回原法院。参见我国台湾地区"最高法院"1939 年上字第 1740 号判决。我国台湾地区"最高法院"2009 年台上字第 84 号判决。详见姜世明《民事诉讼法》（下），台湾新学林出版股份有限公司 2015 年版，第 436 页。

④ 发回重审根据法院是否具备裁量权进而分为必要的发回重审以及任意的发回重审，必要的发回是指第二审法院撤销第一审法院所作的起诉不合法的判决而将事件发回重审；任意的发回是指在除必要的发回外若第二审法院认为对于该事件有进一步辩论必要时可以发回重审。参见［日］小林秀之《ポロブレム・メソッド新民事诉讼法》，判例タイムズ社 2005 年版，第 484—485 页。

⑤ 参见［日］笠井正俊、越山和广《新・コンメンタール民事诉讼法》（第 2 版），日本评论社 2013 年版，第 1062 页；［日］秋山幹男、伊藤真等《コンメンタール民事诉讼法》（Ⅵ），东京日本评论社 2014 年版，第 243 页。

程序违法与第一审判决不当之间存在因果关系为前提。第二阶段判断是否
需要发回重审，第二审法院若认为事件有进一步辩论的必要则可以发回重
审。由于许多第一审审判程序的法律违背程度并未达到剥夺当事人审级利
益的情形，因此第二审法院应在第二审审理当中重新进行该程序或在排除
该审判程序违法行为的基础上自行判断，第二审法院认定原判决结论确有
不当且与此审判程序违法相关，则应当以此审判程序违法为由撤销原判决
自行裁判；若认定原判决结论正确，日本学说大多认为并没有需要因该审
判程序违法特意撤销原判决的必要，① 而判例则认为需要在撤销原判的基
础上判断是否需要发回重审。②

　　上述立法例均认可撤销原判须以审判程序违法与原判决结论之间成立
因果关系为前提，在我国则更需要坚持撤销原判以因果关系成立为前提的
立场，原因在于：第一，从我国《民事诉讼法》的历次修改可以看出，
无论是实务界还是理论界长期以来均忽略因果关系判断标准的重要性，间
接导致因果关系判断标准在我国审判程序违法规制中的缺失，使得第二审
法院撤销原判决的判断标准较为模糊。第二，基于继续审理制的审级构
造，第二审法院的判决须以第一审言词辩论终结时所形成的诉讼资料为裁
判基础，斟酌其在第二审程序中新收集到的诉讼资料，并以第二审言词辩
论终结为基准时对上诉人的上诉请求作出相应的判断，③ 第二审法院撤销
原判决后原则上应当自行裁判，采取发回重审仅仅作为例外的处置方式而
存在。④ 上诉审法院需对第一审程序进行事实与法律两方面的审理，出于
维护程序法定原则的立场，除职权调查事项外，还需对当事人提出的审判

---

　　① 参见［日］贺集唱、松本博之、加藤新太郎《民事诉讼法》（Ⅲ），日本评论社2012年
版，第55页。

　　② 日本大审院（战前日本最高法院）昭和12年（1937年）10月4日判例，《大审院民事
判例集》第16卷，第1488页；日本最高法院昭和29年（1954年）4月27日判例，《最高裁判
所民事判例集》第13号，第685页。

　　③ 参见占善刚《民事诉讼发回重审的理由比较研究》，《比较法研究》2015年第6期。

　　④ 参见［日］兼子一、松浦馨、新堂幸司、竹下守夫《条解民事诉讼法条》（第2版），
弘文堂2014年版，第1589页；［日］中野贞一郎、松浦馨、铃木正裕《新民事诉讼法讲义》，有
斐阁2011年版，第610、613页；［日］小岛武司《要论民事诉讼法》，中央大学出版社1977年
版，第338页；［日］吉村德重、竹下守夫、谷口安平《讲义民事诉讼法》，青林书院1982年
版，第383页；［日］斎藤秀夫编《注解民事诉讼法（6）上诉》，第一法规出版株式会社1982
年版，第189页；［日］小林秀之《ポロブレム・メソッド新民事诉讼法》，判例タイムズ社
2005年版，第484页；占善刚《民事诉讼发回重审的理由比较研究》，《比较法研究》2015年第
6期。

程序违法进行审查，在认定第一审审判程序于原判决结论有影响而撤销原判决时，自行斟酌是否需要发回重审，若该审判程序违法可通过第二审法院排除或补正的方式消除其违法性则无再发回重审之余地。① 基于此我国在构建审判程序违法规制体系时需明确自行裁判是第二审法院撤销原判决后的原则性选择。第三，在传统大陆法系国家及地区，抗告的存在使得法律规定可进行抗告的程序性事项均可及时通过抗告规制，② 而在仅对三种裁定可进行上诉的我国并不存在此类完整的抗告制度。对于我国当事人而言，无论针对程序性事项还是针对实体性事项均需要待第一审法院终局判决作出后，以上诉的形式声明不服，故我国应以更加严谨、科学的态度制定第二审法院的裁判方式及裁判情形，显然现行法简单罗列的规定并不符合此种要求。

二　特殊情形下因果关系存在的法律拟制

审判程序违法与实体法适用错误虽同为违反法律的情形，但二者在证明难易度上存在较大差异，具体而言实体法适用错误与原判决结论的因果关系更为具体，判断较为容易，而审判程序违法与原判决结论之间的因果关系较为抽象，③ 当事人很难证明若无此种审判程序违法则原判决的结论（当事人的胜败）将会完全不同于这一因果关系，即便当事人进行了此种证明，由于该种判断因人而异且模糊性强，作出该种判断本身具有极大难度。民事诉讼程序必须合法，只有以最小限度的条件充分维持程序的合法性后方能赋予判决以正当性。④ 为维护民众对司法裁判的信任、保护当事人的权利、维持法的秩序，各国对于构成民事诉讼基础的制度原则均予以特殊对待，拟制其与原判决结论之间存在因果关系，只要符合相关程序事

---

① 参见［日］贺集唱、松本博之、加藤新太郎《基本法コンメンタール民事诉讼法》（Ⅲ），日本评论社 2012 年版，第 55 页；林家祺、刘俊麟《民事诉讼法》，台湾书泉出版社 2014 年版，第 596 页。

② 所谓抗告，是指对判决以外的裁定、命令的独立的上诉。简单来说，若将所有有关程序进行的事项或由审理派生的事项的违法性判断均交由上级审处理，会导致程序变得复杂而有违诉讼经济原则，为能够迅速、稳定、适当地推动诉讼进行，故而对与本案无关联或关联性特别弱、可以与本案相分离的事项，认可其独立的上诉手段。参见［日］安西明子、安达容司《民事诉讼法》，有斐阁 2012 年版，第 248 页。

③ 参见［日］上田徹一郎《民事诉讼法》（第 7 版），法学书院 2011 年版，第 610 页；［日］中野贞一郎、松浦馨、铃木正裕《新民事诉讼法讲义》（第 3 版），有斐阁 2018 年版，第 665—666 页。

④ 参见［日］河野正宪《民事诉讼法》，有斐阁 2009 年版，第 827 页。

由（即绝对上告理由），第二审法院就应当发回重审或上告审法院就应当
受理该上告申请。① 德国《民事诉讼法》第五百四十七条规定了六种绝对
上告理由，日本《民事诉讼法》第三百一十二条第二款规定了六种绝对
上告理由，我国台湾地区"民事诉讼法"第四百六十九条②规定了六种判
决当然违背法令之事由，此类事由均属于违反诉讼程序之重大事由，原则
上有此类事由者，即可以该事由之存在为上诉理由，而该上诉为有理由，
不问此事项之存在对原判决之结果有无因果关系，不允许被上诉人提出反
证证明该项事由之存在与原判决结果无因果关系，且不允许就该因果关系
为相反之推定。③

　　在采取三审终审制的德日民事诉讼中，由上告审程序规制的重要的审
判程序违法的范围事实上广于我国第二审法院发回重审的审判程序违法事
由，包括判决程序④、绝对上告理由以及再审事由。对于这些重要的审判
程序违法，上告审法院无须顾虑因果关系是否存在即可据此进行上告审的
审理，至于其他审判程序违法行为并非不能以上告审程序加以规制，而是
设置了证明因果关系这一前置条件。虽然我国立法中不存在绝对上告理
由，但是我国现行《民事诉讼法》以及 2015 年《民事诉讼法解释》第三
百二十五条规定的"六种严重的审判程序违法行为"（违法剥夺当事人辩
论权利除外）实际上成立传统大陆法系国家民事诉讼制度中的绝对上告
理由，故而对于这些成立绝对上告理由的审判程序违法也应当通过上诉程
序进行规制，并且推定其与原判决结论之间存在因果关系。⑤

　　此外，日本在其第二审程序中单独就判决成立程序违法拟制了其与原
判决结论之间的因果关系。所谓判决成立程序，并非意指第一审判决作出
前的所有诉讼程序，而仅仅代指第一审诉讼程序中有关"判决成立"的

---

　　① 参见 ［日］ 松本博之、上野泰男《民事诉讼法》（第 6 版），弘文堂 2010 年版，第
771—772 页；［日］ 秋山幹男、伊藤真等《コンメンタール民事诉讼法》（Ⅵ），日本评论社
2014 年版，第 282 页。
　　② 参见我国台湾地区"民事诉讼法"，2018 年 11 月 28 日"法源法律网"，https：//
db．lawbank．com．tw/FLAW/FLAWDAT0201．aspx？lsid＝FL001362，2020 年 5 月 10 日。
　　③ 陈荣宗、林庆苗：《民事诉讼法》（下），台湾三民书局 2015 年版，第 64 页。
　　④ 判决成立程序违法乃是日本首创，德国未有此类规定，我国台湾地区将其纳入重大的程
序瑕疵范围。
　　⑤ 至于"违法剥夺当事人辩论权利"这一事由，我们认为此事由设置较为不妥，详见占善
刚、薛娟娟《"违法剥夺当事人辩论权"不应作为再审事由》，《时代法学》2019 年第 1 期。

程序，① 主要包括判决的成立、② 判决书的作成、③ 判决的宣告④等，判决必须合法成立并合法宣判，出于判决公益性的考虑，判决审判程序违法有害于判决的有效性故而即使判决结论正当也不具备维持该判决的基础，⑤日本立法者将判决程序单独立法，对于判决审判程序违法的情形即便上诉法院再次作出的判决与原判决完全一致上诉法院也应当撤销原判决。有学者认为判决程序不当应准用绝对上告理由，其理由在于法律对于此类诉讼法规中较为重要的规则拟制了与判决结果之间的因果关系。⑥ 我国台湾地区主流观点则认为判决程序不当属于重大的程序瑕疵的一类。⑦

第四节　因果关系的证明

一　因果关系的证明性质

根据适用法律错误的样态，可将审判程序违法分为原判决作出的判断违反法律的情形（判断上的错误）和原审的审判程序违反诉讼法规的情形（程序上的错误）。⑧ 对于适用法律错误能否成立，通常要求该法律错误与原判决结论（判决主文）之间具备因果关系。⑨ 这一要求对于实体法违反来说不成问题，但对于程序法违反来说存在一定实现难度。本书所探究的第二审法院对第一审审判程序违法的因果关系判断标准与侵权法中因果关系有相似之处，均需从事实层面判断违法行为与损害（判决错误）之间是否能够建立法律上的因果关系，但在证明上存在显著差别，因果关系的建立在传统民法中属于自由心证的范畴，实体法建立违法行为与损害之间存在因果关系相对而言较为容易，但是审判程序违法与原判决结论之

---

① 日本大审院昭和 15 年（1940 年）12 月 24 日判例，《大审院民事判例集》第 19 卷，第2402 页。

② 日本《民事诉讼法》第二百四十九条。

③ 日本《民事诉讼法》第二百五十三条、第二百五十四条，日本《民事诉讼规则》第一百五十七条。

④ 日本《民事诉讼法》第二百五十条、第二百五十二条。

⑤ 参见［日］贺集唱、松本博之、加藤新太郎《民事诉讼法》（Ⅲ），日本评论社 2012 年版，第 52 页。

⑥ 参见［日］新堂幸司编《讲座民事诉讼⑦上诉·再审》，弘文堂 1985 年版，第 259 页。

⑦ 参见陈计男《民事诉讼法论》（下），台湾三民书局 2017 年版，第 298 页。

⑧ 参见［日］小室直人《上诉制度の研究》，有斐阁 1961 年版，第 205 页以下。

⑨ 参见［日］小岛武司《要论民事诉讼法》，中央大学出版社 1977 年版，第 354 页。

间的因果关系的联系较难建立，故此证明要求与其他证明责任应有所区分，它并非传统证据法中的严格证明责任，而是当事人的说服责任，当事人至少需要提出具体的审判程序违法行为并声明其对原判决的不服，具体而言此种因果关系证明要求当事人侧重证明原判决存在错误，说服法官原判决的错误可能与该项审判程序违法行为相关。只要其能动摇第二审法院对于原判决正确性的判断，如由于第一审法院于最终口头辩论对某证人进行调查时证人未出庭仅提供了书面陈述，第一审法院判决以该书面陈述为基础判断时，此种行为违背了证据调查的直接原则，该当事人在第二审法院可以提出由于第一审法院证据调查违法，导致第一审法院对该事实认识存在错误，故而第二审法院对此证据调查应当加以排除或重做该证据调查程序，基于此，第二审法院若认定第一审判决有误，应以审判程序违法为由撤销一审法院作出之判决。

二　因果关系的证明标准

因果关系的证明标准存在"可能性说"和"盖然性说"两种对立观点。日本 1926 年《民事诉讼法》所规定的上告理由为"对判决有影响的显著的法令违反"，根据该条文解说此种因果关系的证明标准必须达到盖然性的要求。根据盖然性说，法条明确要求当事人能够证明审判程序违法与原判决结论之间因果关系成立，仅达到没有该审判程序违法判决结论"可能"不同的程度并非法条所要求之证明标准，而是需要达到若没有该审判程序违法判决结论"大概"不同的程度。① 日本 1890 年《民事诉讼法》仅规定法令违反与原判决结论之间可能存在因果关系，后基于限制上告案件的目的要求审判程序违法与原判决结论之间的因果关系具备盖然性。② 与此相对的可能性说认为对于审判程序违法不应强调高度盖然性的要求，③ 应同改正前一样采取可能性说。可能性说认为，因果关系判断的重点应当在如若没有审判程序违法将作出何种正当判决，而根据上告审的法律审性质，不能进行事实审理的上告审法院无法调查审判程序违法对原

① 参见［日］铃木正裕、铃木重胜、福永有利、井上治典《注释民事诉讼法》（Ⅷ），有斐阁 1998 年版，第 253 页；［日］新堂幸司编《讲座民事诉讼》（7），弘文堂 1985 年版，第 257—259 页。

② 参见［日］斋藤秀夫《民事诉讼法概论》，有斐阁 1982 年版，第 573 页。

③ ［日］笠井正俊、越山和广《新·コンメンタール 民事诉讼法》（第 2 版），日本评论社 2013 年版，第 1077 页。

审判决造成何种影响，无法单纯依据法律审区分可能性与盖然性，况且可能性与盖然性的区别在于心证上的细微差别，不过是"量"的问题，二者界限难以划分，强行区分不符合上告制度的机能及本质，尚有阻碍上告审审理之虞。因此不应过于重视法律条文"显著"之表述，只要无法排除审判程序违法与判决结论之间因果关系成立的可能性就应当认其上告理由成立。

在采取两审终审制的我国究应采取何种标准比较合适？我们认为，在我国因果关系的证明标准宜采用可能性标准。理由如下：第一，1982年《民事诉讼法（试行）》即采用了可能性标准说，条文表述为"可能影响案件正确判决"。虽然不能盲目沿用已废止之立法，但是该种立法被废止的理由有欠妥当，该被废条文较符合审判程序违法规制的原理。第二，考虑到证明审判程序违法与原判决结论之间的因果关系的难度问题，可能性说比较适合当下的中国。况且可能性说与盖然性说的界限较为模糊，属于法官自由心证的范围，若是立法采用盖然性说反而有导致法官将本应发回重审的案件自行裁判之虞，反而有害于当事人诉讼权利的保障。第三，诚然日本旧法采盖然性说，但日本学界对此持否定态度，其通说乃是采可能性说，实务部门进行操作时仍然以可能性说作为判断标准。日本旧法的盖然性标准建立在成立上告理由的基础上，在采取两审终审制下的我国，第二审程序有关审判程序违法规制中的因果关系的证明标准不应达到日本第三审程序的证明标准的强度，况且日本理论界实务界对此亦持可能性说，足以证明审判程序违法规制中的因果关系采可能性标准较为适宜。

第五节　对我国现行规范的反思与重构

一　对我国现行规范的总结与反思

如前文所述，我国民事诉讼立法于规范层面在对待审判程序违法导致实体裁判错误是否当为发回重审前置要件问题上经历了确立因果关系要件到废止因果关系的变化，并且在规范层面也未确立二审发回重审的审判程序违法应当满足该审判程序违法导致言词辩论缺失、侵害当事人审级利益的要件，现行的立法所择取的审判程序违法情形仅突出了违法程度的严重性，未考察以上应然的程序法理和制度安排要求，将审判程序违法与实体裁判、当事人的审级利益割裂开来。如此立法将导致在实务操作中间，司法者仅审视审判中是否存在法定的审判程序违法情形而忽视了对审判程序违法与实体裁判结果是否具有因果关系以及审判程序违法是否导致了当事人审级利益受损，原审审理未尽，其结果便是"过分"强调诉讼程序的合法性，未将诉讼程序的合法性考察与实体裁判正确有机联系起来，陷入"唯程序合法论"之中，与本书一以贯之的实体法与程序法的应然关系，程序正当与程序安定的应然法理相悖，最终背离运用诉讼程序来解决纠纷，实现和达成实体裁判的初衷。

笔者认为，审判程序违法与裁判结果错误的因果关系考察是是否应当废弃原来诉讼程序所有应当考量因素中最为重要的考量因素。它关系到如何正确处理程序与实体的关系，将审判程序违法导致实体裁判结果错误作为废弃原来诉讼程序和裁判结果的前置要件，而非单纯强调和坚持程序符合诉讼程序规范，避免陷入"唯程序"的错误理念与处置中。总而言之，民事诉讼程序的最终目的在于达成作为解决当事人纠纷基准的终局判决，如果法院的最终判决事实认定正确，对实体法的理解适用也准确无误，则可以认为受诉法院所作实体判决结果正确，符合当事人纠纷解决之期待，可以视作当事人之间纠纷解决之基准，若诉讼程序发生了不至于导致实体裁判错误的瑕疵，则不必须将原来审判程序及其所生成的判决予以废弃。

如前所述，2012 年修法重新确立的"严重的审判程序违法"这一标准并不合理，虽然其表面上看似能对发回重审泛滥的现象起到一定的作用，但这种作用在一定程度上牺牲了第二审程序对第一审审判程序违法行为的规制功能，换言之，此种作用的发挥全凭一刀切式地杜绝不属于法律列举的审判程序违法进入发回重审程序，是一种机械式的标准，法条列举中的审判程序违法才是"严重审判程序违法"，未列入法条中的审判程序违法不能界定为"严重审判程序违法"，没有考察审判程序违法与实体裁判错误的因果联系，此种立法技术和立法模式乃是一种对严重违反法定程序的误解，易导致司法实践僵化地判定和适用法定的"严重违反法定程序"情形，忽视了审判程序违法与实体裁判错误的关联。下面就我国规范当中忽视因果关系作为考量因素在规范层面的体现与造成的问题做简要分析。

　　如前所述，从立法技术上说，2012 年修法时，《民事诉讼法》第一百七十条第一款第（四）项当属于例示规范，只要是与"遗漏当事人或者违法缺席判决"处于同一严重层面的审判程序违法即可适用本条发回重审，然而 2015 年《民事诉讼法解释》却将该款变为了限制规范，出于严格限制发回重审的目的，防止法院肆意扩大发回重审的范围而损害当事人权益的考虑，① 2015 年《民事诉讼法解释》删除了 1992 年《民事诉讼法意见》第一百八十一条第（四）项"其他严重违反法定程序"的兜底规定。② 虽然《民事诉讼法》第一百七十条以"等严重违反法定程序"字眼标识了法官在判定严重违反法定程序时享有一定裁量权，但官方解释倾向于认为，2015 年《民事诉讼法解释》第三百二十五条的规定使得仅仅法律规定的六项事由属于严重违反法定程序的范畴，不存在其他的情形，第二审法院不得以其他严重违反法定程序的事由裁定撤销原判决，发回重审。③ 于是，我国二审发回重审的程序性事由实际上仅为 2012 年《民事诉讼法》第一百七十条第一款第（四）项列举的两种情形以及 2015 年《民事诉讼法解释》第三百二十五条规定的四种情形。综合两个条文来看，现行《民事诉讼法》第一百七十条的规定，与《民事诉讼法解释》第三百二十五条的条文趣旨，乃是将第二审发回重审的程序性事由严格限制在六种情形内（以下简称"六种严重的审判程序违法行为"），压缩甚至杜绝法官的自由裁量空间。

　　笔者认为，《民事诉讼法解释》第三百二十五条乃系对《民事诉讼法》第一百七十条的错误解读，2012 年《民事诉讼法》已然出于限制二审发回重审的范围将审判程序违法的条件限缩在严重的审判程序违法的范围内，此标准与大陆法系国家民事诉讼立法中间的"重大的程序瑕疵"的识别标准虽在表述上有所差异，但其立法旨趣是相同的，均要求重大的严重的程序瑕疵才能引发二审发回重审，但由于我国规范未采取审判程序违法与实体裁判错误的考量因素，且采取以列举审判程序违法情形来限制

---

　　① 参见李相波《关于〈民事诉讼法〉司法解释第二审程序修改内容的理解与适用》，《法律适用》2015 年第 4 期。

　　② 参见江必新等编著《新民事诉讼法司法解释修改要点及争议问题解读》，中国法制出版社 2015 年版，第 53 页；沈德咏主编《最高人民法院民事诉讼法司法解释理解与适用》，人民法院出版社 2015 年版，第 865 页。

　　③ 参见江必新主编《新民事诉讼法解释法义精要与实务指引》，法律出版社 2015 年版，第 768 页。

法官自由裁量的立法模式。所以，此种标准实际上比大陆法系"因果关系判断标准"狭窄许多。在此背景下，2015 年《民事诉讼法解释》第三百二十五条更以限定列举的方式对此种严重的审判程序违法的范畴和情形进一步限定。如此一来，"严重违反法定程序"情形与范围的界定便更加狭窄了。

在"六种严重的审判程序违法行为"当中，违法剥夺当事人辩论权利的审判程序违法情形和表现多样①在大陆法系民事诉讼立法体系中乃与"绝对上告理由"近似。所谓绝对上告理由指，在采取三审终审制的大陆法系国家或地区，第三审程序一般被称为上告审，其性质为法律审，当事人提起上告必须主张二审判决违背法令，且违背法令的事由须于二审裁判结果存在因果关系才能启动第三程序。但对于诸如审判组织组成不合法等重大程序瑕疵，因动摇了裁判结果的正当性根基，一旦出现即视为与二审裁判违背法令之间存在因果关系或者说无论其与二审判决有无因果关系，均可称为上告理由，此即为"绝对上告理由"。从理论上讲，绝对上告理由违法性的严重程度要高于上告理由，因而无须证明因果关系的成立。由于我国采取两审终审制，并没有与国外上告制度相对应的第三审程序，故而如果第二审发回重审的理由设置，如同国外第三审的理由一般严格，既不符合诉讼制度的基本理论，也不符合实践需求。此种将本就设置得过于严格的标准解释得更为严苛的做法，彻底违背了第二审程序对第一审程序进行规范的初衷，导致第二审程序丧失规范审判程序违法行为的功能。在不变革审级制度的前提下，通过二审发回重审可能是一时的权宜之计。

二　因果关系规范的重构

如前节所述，笔者认为，2012 年修法非但不能达到其修法的最初目的，还会弱化法官对审判程序违法识别能力，司法实践中若是存在《民事诉讼法》第一百七十条以及 2015 年《民事诉讼法解释》第三百二十五条所列举的严重违法情形之外的情形，法院对其审判程序违法行为能否发回重审没有统一的判断标准，辨识违法程序的能力较低。一方面，单一的"严重"标准在实践中进一步演变成纯粹的"排除"标准，几乎剥夺了法

---

① 可以认为，剥夺当事人辩论的权利是二审发回重审的另一个条件"剥夺当事人审级利益"的表现，但是审判程序违法与剥夺当事人审级利益应当是二审发回重审的并列条件，而非选择性条件。

院的自由裁量权；另一方面，"严重"之标准也无法满足司法实践的现实需求，只能导致司法实践的混乱适用局面，因此亟须建立第二审判断第一审审判程序违法的统一标准机制以应对司法实践日益增长的需求。我国民事诉讼立法应当回到之前将审判程序违法与实体裁判错误存在因果联系作为如何处置审判程序违法考量因素这一大陆法系通行的科学立法模式。这种转变不光是立法选择问题，长远来看，对于树立实体法与程序法相互关系之正确观念也是有益的。

　　从根本上讲，将审判程序违法与实体裁判错误挂钩，考察两者是否具有因果联系进而决定是否废弃违法审判程序之观点，乃是基于"程序工具论"的立场。与此相反，如认为审判程序违法与实体裁判结果错误无须挂钩则是基于"程序本位论"或"程序独立论"的立场。"程序本位论"为给程序法"正名"，从"程序乃实体法之母""程序法先于实体法而生"的观点来佐证程序独立于实体的价值。如果对此观点作一推演，则可能会认为即便实体裁判错误与审判程序违法不存在因果联系，但由于程序具有独立价值，对未导致实体裁判错误的审判程序违法也应当进行纠正和规制。不过，在本质上，无论当事人的请求、主张、举证诉讼行为，还是法院的诉讼指挥乃至最终的判决作出诉讼行为，都以实体法规范为诉讼行为的内容，程序法所规制的乃是诉讼行为的要件、方式，离开实体法所定的案件实质内容，诉讼法所规制的诉讼行为便成为无源之水、无本之木。设若当事人提出的请求没有实体法为权益依托和依据，其请求以书面方式提出还是口头形式提出还有意义吗？判决主文不确定实体权利义务归属与分配，还能作为当事人纠纷解决的基准吗？概言之，脱离实体内容的诉讼行为不能成立也无法成立，诉讼程序也因此无法进行下去。所以，在此意义上，笔者认为，"程序工具论"可以成立，如果本案判决结果正确，但审判程序未有瑕疵或者违反程序规范的诉讼行为与裁判结果错误之间不存在因果联系，那么对被奉为纠纷解决基准的本案判决就不应因程序瑕疵而被废弃。当然，如前文所述，诉讼程序具备一些基本的正当性要素不容泯灭，一旦缺失，程序赖以正当化的"底线正义"便不复存在。如发生应当回避的审判人员未回避等情形，即便实体裁判结果正确也当废弃，此即"程序独立价值"的体现。基于如上的总结、反思与观点，笔者认为，我国民事诉讼立法应当复归 1982 年《民事诉讼法（试行）》之立场，违反法定程序可能影响案件正确判决的，裁定撤销原判，发回原审人民法院重审，也可以查清事实后改判。

笔者认为，审判程序违法与实体裁判错误的因果关系考察以及因为审判程序违法造成的当事人审级利益受损和言词辩论缺失，应当在规范层面有所反映。如前文所述，《民事诉讼法》第一百七十条第一款第四项宜适时修改为，"判决遗漏当事人或者违法缺席判决等严重等侵害当事人审级利益需要进一步进行言词辩论的，裁定撤销原判决，发回原审人民法院重审"。与此同时，在立法论上，必须回归先前的立法，将审判程序违法导致裁判结果错误的因果关系作为考察是否撤销原判的另一要件，可于第一百七十条下加入第五款：违反法定程序可能影响案件正确判决的，裁定撤销原判，发回原审人民法院重审，也可以查清事实后改判。两者的适用顺序如下：如果受诉法院认为裁判结果错误确系某审判程序违法所导致，则应废弃原审判程序，发回重审，不必考察当事人审级利益是否受损、是否需要续行言词辩论；若审判程序违法与实体裁判结果错误的因果关系不能明确，但受诉法院认为某违反程序规范的诉讼行为导致当事人审级利益受损，需要继续言词辩论，也应当废弃原来的审判程序和裁判结果，发回重审。当然，某种审判程序违法，既可能损害当事人审级利益，存在续行言词辩论必要时，往往导致审理不尽，认定案情的诉讼资料未能全部呈现于诉讼程序中，这样的裁判结果很可能失真，在此情形下，两个条件和要件都满足了，废弃原来诉讼程序和裁判结果，发回重审自没有异议。在再审程序中，也当持此适用顺位和观点。我国民事诉讼中因果关系规范重构的要点如下：

（一）第二审法院撤销原判以审判程序违法与判决结果错误成立因果关系为前提

如前所述，由于事实认定错误以及实体法适用错误往往直接导致判决主文存在错误，故而事实认定与判决主文之间的因果关系很容易便能够得以判断，因此在这两种情形下第二审在进行判断时常会运用因果关系标准加以判断。程序法适用错误与此不同，程序法的适用场合及情形决定了程序法与实体判决之间并不具备特别强烈的内在联系，在第二审对当事人提出的第一审审判程序违法进行处置时，前文所述的大陆法系德国、日本及我国台湾地区的民事诉讼立法或解释论，均特别强调审判程序违法与判决错误之间必须存在因果联系始能发回重审。笔者认为，为了纠正一直以来的错误司法理念，正确处理审判程序违法与实体裁判错误的因果关系，更加需要贯彻树立撤销原判需以一审审判程序违法与实体判决结果错误存在因果关系为前提的理念和要件。

在第二审程序采取继续审理制构造的背景下，第二审法院不应区别对待审判程序违法与实体错误。若上诉人的上诉有理由，第二审法院原则上应撤销原判自行裁判，若有维护当事人审级利益的必要则应当发回重审。具体到第二审法院撤销原判的判断标准，各国民事诉讼立法均是采因果关系的判断标准。在此问题上，我国1982年《民事诉讼法（试行）》明确了第二审法院处理第一审审判程序违法时采因果关系的判断标准，然而现行《民事诉讼法》曲解了其他国家及地区立法所谓"重大的程序瑕疵"的内涵，将其等同于我国法律语境中的"严重的审判程序违法"，基于严格限定发回重审范围的修法考虑，将"因果关系"标准修改为"严重的审判程序违法"之标准。这不仅造成了实务中的错误适用，弱化了实践对于违反程序的辨识能力，还进一步加剧了轻视二审自行裁判的现象。我国立法将来修正时，应回归到将审判程序违法与判决错误存在因果关系作为撤销原判决的前提要件之路径，将"可能性"作为此种因果关系的证明标准。

（二）我国法中因果关系法律拟制的情形

如前所述，审判程序违法与实体违法虽同为违反法律的情形，但二者在与实体裁判结果因果关系的证明和难易度上存有不同，实体法违反与判决结论是否正确的因果关系更为具体，判断较为容易，而审判程序违法与判决结果之间的因果关系比较抽象，对于审判程序违法而言，当事人难以证明。若无此种审判程序违法则判决的结论（当事人的胜败）就会完全不同，即证成因果关系存在。① 为维护民众对司法裁判的信任、保护当事人的权利、维持法的秩序，同时减轻当事人的证明困难，各国对于构成民事诉讼制度基础的制度，原则上均需要特殊对待，拟制其与实体之间存在因果关系或无须证明此种因果关系的存在，只要符合相关审判程序违法事由，第二审法院就应当发回重审或上告审法院就应当受理该上告申请。② 德国《民事诉讼法》第五百四十七条规定了六种绝对上告理由，日本

---

① 参见［日］河野正宪《民事诉讼法》，有斐阁2009年版，第827页。
② 参见［日］松本博之、上野泰男《民事诉讼法》（第6版），弘文堂2010年版，第772页；［日］秋山干男、伊藤真等《コンメンタール民事诉讼法》（Ⅳ），日本评论社2014年版，第282页。

《民事诉讼法》第三百一十二条第二款规定了六种绝对上告理由，我国台湾地区"民事诉讼法"第四百六十九条①规定了六种判决当然违背法令之事由，此类事由均属于违反诉讼程序之重大事由，原则上有此类事由者，即可以该事由之存在为上诉理由而该上诉为有理由，不问此事项之存在对原判决之结果有无因果关系及影响，不允许被上诉人提出反证证明该项事由之存在与原判决结果无因果关系，且不允许就该因果关系为相反之推定。②笔者认为，我国法上"审判组织的组成不合法""应当回避的审判人员未回避""无诉讼行为能力人未经法定代理人代为诉讼"三种审判程序违法情形涉及对诉讼制度正当性根基的维护，诉讼法上应当拟制其与实体裁判错误间的成立因果关系，一旦出现视为该诉讼程序产出的判决结果不正当。

　　此外，裁判的作出应具备完全的合法性，至少对于裁判的成立应当严格要求该种程序的适法性。这主要指向直接主义的遵守和贯彻，要求判决必须由参与基本口头辩论的法官作出。直接主义与口头主义相结合，强调法官以自身五官作用为基础对事实进行认定。我国《民事诉讼法》对此虽未有明文立法规定，但直接主义作为民事诉讼的基本理念理应强调其重要性，因此对于审判不一即作出裁判的法官与参与基本口头辩论的法官不一致的情形，应能构成上诉审应撤销原判的事由，并且属于法律拟制因果关系存在的重要事由。

---

① 参见我国台湾地区"法源法律网"，https://db.lawbank.com.tw/FLAW/FLAWDAT0201.aspx? lsid=FL001362。

② 参见陈荣宗、林庆苗《民事诉讼法》（下），台湾三民书局 2015 年版，第 64 页。

第三章　审判程序违法类型化处理中的民事程序规范层次

如前所述，民事诉讼程序由当事人和受诉法院累进实施的诉讼行为构成，而诉讼行为如何实施应当遵循程序法规范。既然本研究探讨的主题是审判程序违法的类型化处理，何为审判程序违法即是需要进一步判明的问题。审判程序所违背之"法"即是民事诉讼程序法规范，判断诉讼行为是否违反程序规范的直接方法便是将诉讼主体所实施诉讼行为的要件、方式与法定的程序规范进行勘定。如果诉讼主体实施的诉讼行为符合程序法规范所要求的要件、方式，则其是合法的诉讼行为；反之，如果诉讼主体实施的诉讼行为违背程序法规范要求的要件、方式，则其是违法的诉讼行为。所以，从程序法规范本身出发，考察所违背的程序规范本身的效力属性，判断诉讼行为所违背的程序规范属于程序法规范中的哪一类规范，便可以明晰地识别出审判程序违法的不同性质和形态。

第一节　民事程序规范的内涵与外延

欲对事物进行合理分类必先充分了解事物本身，划分民事程序规范的不同层次，须先厘清其内涵与外延。以下将探讨民事程序规范的内涵与外延，以求对民事程序规范有充足正确的了解和认识。从严格意义上讲，民事程序规范并非各国民事诉讼立法上的用语，毋宁认为其乃是民事诉讼法学理上的概念。在日文文献中，其称为"诉讼法规"，我国台湾地区民事诉讼法的教科书中也多称为"诉讼法规"或"程序规范"。① 综合这些文

---

① 参见陈荣宗、林庆苗《民事诉讼法》，台湾三民书局1996年版，第35页；［日］兼子一、松浦馨、新堂幸司、竹下守夫等《条解民事诉讼法》（第2版），弘文堂2014年版，第11页；［日］贺集唱、松本博之《民事诉讼法》，日本评论社2012年版，第9页。

献来看，通常认为，民事程序规范以民事诉讼程序为规制对象，指当事人与受诉法院实施诉讼行为时应当遵守的程序法规范，违背此类规范将发生一定程序法上的效果。[①] 笔者认为，欲准确理解民事程序规范，撇清其与关联概念的界限，需要从以下三个方面进一步加以把握。

一　民事程序规范以诉讼行为为规制对象

诉讼行为指当事人与受诉法院于诉讼程序中所为的，发生一定程序法上效果的行为。[②] 一般认为，诉讼主体包括当事人与受诉法院，民事诉讼法律关系是以当事人与法院作为主导，依托"两造平等对抗，法院居中裁判"的基本构造搭建起来。[③] 包括诉讼代理人、证人、鉴定人在内的其他诉讼参与人参与诉讼只有"搭借"当事人或法院的诉讼行为才能发生诉讼法上的效果。以证人调查为例，原则上当事人不向法院提出证人调查的申请，法院不会主动询问证人，法院实施证人调查后，如果不采信证人证言，该证言的证明力便不致发生。质言之，是当事人与法院的诉讼行为而非其他诉讼参与人的参与行为对诉讼程序的推进产生实质影响。因此，民事程序规范以程序主体实施的诉讼行为为规制对象，不调整其他诉讼参与人在"程序外围"对程序推进施加影响而参与诉讼的行为。换言之，由于当事人与受诉法院才是诉讼主体，其实施的诉讼行为直接推进诉讼程序的展开，其他诉讼参与人在诉讼程序中间实施的诉讼行为对诉讼主体所实施的诉讼行为仅产生辅助或其他影响作用，不对直接推进和展开诉讼程序起到作用，包括证人、鉴定人在内的诉讼参与人所实施的行为均不是诉讼行为。不过，需要注意的是，诉讼代理人经过当事人授权在诉讼程序中实施其权限范围内的诉讼行为当属于诉讼行为的范畴，受到民事程序规范的规制，因为在其权限内，诉讼代理人具有与当事人同等的诉讼地位，其"代理"的诉讼行为所发生的法律效果归于当事人本人，自然对诉讼程序的整体推进产生直接影响，与当事人本人所实施的诉讼行为无异。

二　民事程序规范针对程序形成的流程

如前所述，正因为民事程序规范以诉讼主体的诉讼行为为规制对象，

[①] 参见［日］小岛武司《民事诉讼法》，有斐阁2014年版，第29页。

[②] 参见姜世民《民事诉讼法基础论》，台湾元照出版社2006年版，第104页。

[③] 关于民事诉讼法律关系，存在"一面关系说""两面关系说"等多种学说，但无论持有哪种观点，均不否认当事人与受诉法院在民事诉讼法律关系中的主导地位。

所以其针对的是诉讼程序的流程，而与案件的实体内容没有直接关联，其针对的对象是诉讼行为的程式、要件，并不规制诉讼行为的实体内容。由于法院在程序的塑造推进中居于主导性的指挥地位，可以法院的诉讼指挥权对此作出说明。一般认为，诉讼指挥权是为谋求诉讼合理且有效率地运行而赋予法院的诉讼主宰权，包括以作出适正、妥当的裁判为目的，促使当事人依据具体情况提出适切的主张、证据等攻击防御方法（此乃实体形成面）与促使程序适切、顺畅地进行（此乃程序形成面）。① 民事程序规范指向诉讼指挥权中涉及程序形成的诉讼行为，不牵扯程序的实体内容。因此，在此种意义上讲，包括法院行使释明权与释明处分在内的引导当事人提出适切的主张与证据的诉讼指挥行为，并不是民事程序规范的规制对象。② 而诸如期日的指定、变更、延长，辩论的限制、合并、分离，在言词辩论期日中许可或禁止当事人发言等直接决定案件程序行进流程的诉讼指挥行为才是民事程序规范规制的对象。③ 笔者选用程序规范而非诉讼法规作为概念使用也是因为可以依其字面意涵联想到诉讼程序流程。

　　而自当事人所实施的诉讼行为视角来观察，当事人所实施的诉讼行为在终极意义上仍需要与受诉法院发生联系才能推进诉讼程序的进展。在诉讼行为理论上，当事人的诉讼行为可以分为与效性诉讼行为与取效性诉讼行为。所谓与效性诉讼行为，指当事人直接设定诉讼法上的效力的诉讼行为；所谓取效性诉讼行为，指当事人所为诉讼行为并不当然发生诉讼法上之效果，需待法院作出判断，认可其实施的诉讼行为有效后方发生诉讼法上的效力。比如，当事人提出诉讼请求（起诉）、事实主张和举证都是取效性诉讼行为，需要受诉法院作出裁断，方发生诉讼法上的效力；而当事人在诉讼中合意确定管辖法院则是与效性诉讼行为，当事人基于自身意思认可其选择的法院作为管辖法院。对于当事人所为的两类诉讼行为，受诉法院均需作出审查的内容和重点有所不同。针对取效性诉讼行为，受诉法

---

① 参见［日］秋山幹男、伊藤真等《コンメンタール民事訴訟法》（Ⅲ），日本评论社2013年版，第259页。

② 如果从释明应遵循的程式、方法，证据调查的顺位等角度来考察此类诉讼法规，其当然符合程序规范的要旨，但无论释明，还是证据调查均直接关涉案件实体认定，笔者此处为突出程序规范的特性，特意将与案件实体内容相关的诉讼指挥行为与仅涉及诉讼程序推进的诉讼指挥行为区分开来。

③ 参见骆永家《法院的诉讼指挥权和当事人的声明权、异议权》，载台湾民事诉讼法研究基金会编《民事诉讼法之研讨》（七），台湾三民书局1998年版，第354页。

院重点审查其合法性，经法院审查，如果认为当事人所为诉讼行为符合法定要件和程序，即认可其发生诉讼法上的效力；而对于与效性诉讼行为，受诉法院则主要审查目标诉讼行为的有效性。[①]

以起诉为例，起诉乃当事人请求法院作出裁判的诉讼行为，[②] 其直接对象是作为裁判主体的法院，在性质上系取效性诉讼行为，即其自身并不发生诉讼法上的效力，需要在法院裁判并凭借具体裁判才会发生诉讼法上的效力。[③] 受诉法院在审查起诉时仅审查起诉的要件或条件是否齐备，至于是否应当支持当事人的诉讼请求，其请求是否符合实体法上的要求，在起诉时不予审查，此即对诉讼行为的形式审查而非实体或实质性审查。当事人起诉须满足法定的起诉条件或诉讼要件，法院才会受理案件，原则上要递交起诉状，列明必备条款，依照《民事诉讼法》第一百一十九条，形式上需要有明确的被告和具体的诉讼请求、事实和理由。如不具备以上条件，该起诉将不会通过法院的审查，该起诉便不会被受理。理论上将对于起诉条件或诉讼要件的审查指称为，对起诉的合法性审查，接受案件的法院重点审查起诉的必备要件，不具备这些要件，起诉便不具有合法性，因而被驳回。而诸如合意管辖等与效性诉讼行为，由于是基于当事人的意思自治或合意而发生诉讼法上的效果，受诉法院则会重点审查当事人合意或自治的内容和效果。从整体上而言，因为针对取效性诉讼行为，立法确立有明确的条文规定，受诉法院仅需对照法定要求和要件来审查即可，所以审查其形式上是否符合法律规定便可（审查起诉，仅需考察诉状中是否列有明确的被告、具体的诉讼请求，至于被告是否适格、请求是否应当获得支持在所不问）。而针对与效性诉讼行为，由于立法未有明文要件规定，乃是赋予当事人合意或自己意思以诉讼法上的效力，所以受诉法院须重点审查其意思效果与内容是否违背民事诉讼法的要旨和精神，其中需要运用一定的自我裁量和判断，不似审查取效性诉讼行为那般有确切无疑的标准和答案。一言以蔽之，受诉法院审查取效性诉讼行为乃是形式合法性审查，而审查与效性诉讼行为，则是实质有效性的审查。

虽然受诉法院针对以上两类诉讼行为审查的方向和重点有所差异，但

---

① 参见［德］汉斯-约阿希姆·穆泽拉克《德国民事诉讼法基础教程》，周翠译，中国政法大学出版社 2005 年版，第 97 页。

② 参见［日］小林秀之、小林学《基本讲义民事诉讼法》，信山社 2003 年版，第 60 页。

③ 参见［德］罗森贝克、施瓦布、哥戈瓦尔特《德国民事诉讼法》（下），李大雪译，中国法制出版社 2007 年版，第 431 页。

有一点可以肯定的是，无论是与效性诉讼行为还是取效性诉讼行为，如果未通过法院之审查，则必不发生诉讼法上之效果或者说受诉法院不认可其发生一定的诉讼法效果。可见，当事人所为的任何诉讼行为都需通过受诉法院之审查方才发生效力，而出于程序法定之要求，为避免程序推进的错杂化，当事人需按照法定方式、要件实施诉讼行为，原则上禁止当事人基于自己意思施行诉讼行为形成诉讼程序，诸如合意管辖等与效性诉讼行为在民事诉讼法中处于例外的少见地位。所以，最终可以得出的结论是，民事程序规范针对的程序推进的流程，以当事人所实施的诉讼行为为规制对象，其针对的是诉讼行为的方式、要件，与诉讼行为指向的实体内容无关，法院在判断审判程序违法时，也当重点考察诉讼行为的方式和要件，仅作一定的形式审查，对诉讼行为的实体内容不做审查。

三　民事程序规范不限于《民事诉讼法》

民事诉讼程序的推进应依据民事诉讼法无可厚非，但不能据此认为民事诉讼法是民事程序规范的唯一法源。因为依据法律规范的一般理论，某一完整的法律规范由假定条件、行为模式与法律后果构成，而三个构成要素可能分布于不同的规范文本中，[①] 组成一个完整的法律规范需要筛查整个法律体系，发现其三个不同的构成要件之所在。[②]

因而，可以认为，在我国庞大的制定法体系中，凡涉及民事案件当事人与受诉法院行为模式及法律后果的条文，均为民事程序规范的法源。在这些法源中，民事诉讼法文本固然是主要的法源之一，但诸如《民法典》《法院组织法》《仲裁法》等在内的法律文本均是民事程序规范的法院。

---

① 参见付子堂《法理学初阶》，法律出版社 2013 年版，第 149 页。

② 如《人民法院组织法》第三十条第一款："合议庭由法官组成，或者由法官和人民陪审员组成，成员为三人以上单数。"《民事诉讼法》第二百条："当事人的申请符合下列情形之一，人民法院应当再审……（七）审判组织的组成不合法或者依法应当回避的审判人员没有回避的……"审判组织构成方式由《人民法院组织法》加以规定，违法组成审判组织作为再审事由的违法后果则以《民事诉讼法》为依据。再如，《仲裁法》第五条规定，当事人达成仲裁协议，一方向人民法院起诉的，人民法院不予受理，但仲裁协议无效的除外。《民事诉讼法》第一百二十四条规定："人民法院对下列起诉，分别情形，予以处理：……（二）依照法律规定，双方当事人达成书面仲裁协议申请仲裁、不得向人民法院起诉的，告知原告向仲裁机构申请仲裁。"对于双方达成仲裁协议复再起诉的诉讼行为，其"不得起诉"或"不予受理"的行为后果由《仲裁法》和《民事诉讼法》分别规定，法院驳回起诉时既可以依据《仲裁法》，也可以《民事诉讼法》为据，当然实践中法院均以《民事诉讼法》该条款予以驳回，但如果法院依据《仲裁法》该条款驳回起诉，很难说法院之裁判不合法，《仲裁法》的该条款也是民事程序规范的法源。

一言以蔽之，凡含有民事程序规范构成要件的法律规范皆是民事诉讼程序规范的法源，民事程序规范的文本载体不限于《民事诉讼法》。

第二节　民事程序法规范的效力层级

厘清了民事程序法规范所具有的内涵与外延，接下来则需要探讨的议题便是如何对民事程序规范进行效力层次的划分。从一定意义上讲，这种划分是一种解释论工作，即依据一定的诉讼法原理和解释方法对现行规范进行阐释，划分出程序规范的不同效力层级，用以识别审判程序违法的不同类型，即诉讼行为违背不同效力层级的程序规范构成不同性质的审判程序违法，在判断审判程序违法的性质和类型时，先行判断诉讼行为所违背的程序规范属于效力层级划分中的哪一类程序法规范，进而将其划入相应的审判程序违法类型中去。至于为何作这样的效力层级划分，依据怎样的诉讼法原理和要旨进行相应的层次划分将在以下的讨论中作展开。由于民事程序法规范以诉讼主体的诉讼行为为规制对象，针对诉讼程序的形成流程，其效力便是指，程序法规范对于诉讼主体实施诉讼行为的约束力，其效力层级便是指，民事程序法规范对诉讼主体不同等级的约束力，即不同规范要求当事人与受诉法院遵守其规定的不同程度，也可以理解为不同种类的程序规范在是否强行适用上存在差异。

一　训示规范

训示规范指的是，该规范对其规制的诉讼行为仅作宣示性倡导而不作强制性要求，即便违反也不影响其诉讼法上效力的程序规范，导致其实施的诉讼行为不发生诉讼法上的效果。① 换言之，诉讼主体依照训示规范实施诉讼行为固然最好，若未遵循训示规范实行诉讼行为，瑕疵诉讼行为视为合法诉讼行为，同样发生相应诉讼法上的效果。在我国民事程序法规范中，以审理期限规范最为典型。从制度设计目的来看，审理期限规范意在促进诉讼、提高效率，但实践运行中因缺乏正当性根基其促进诉讼的功能被异化、被架空。在根本上，采行当事人主义之民事诉讼程序的推进由当事人的请求、主张、举证逐层展开，何时终结诉讼程序，需要视案件的实

---

① 参见［日］伊藤真《民事诉讼法》（第 4 版补订版），有斐阁 2014 年版，第 31 页。

体审理情况而定，强制要求法院在特定时期终结诉讼容易造成案件的实体失真，因此可以说审理期限制度缺乏正当性根基。由于不同案件的繁简程度有异，"一刀切"式的以一定的审理期限要求法院结案并不现实，或许正因如此，实践运行中，审理期限制度常常被异化、被架空。从理论上讲，法院何时作出本案终局判决，以裁判时机成熟为要件，所谓裁判成熟指法院作出裁判所需要的事实和证据资料齐备，达到足以认定事实适用法律之程度和要求。① 如法官认定事实的证据尚未达到内心确信，尚需进行证据调查，则裁判时机显然未臻成熟。即便抛开制度初衷的正当性不谈，在规则层面也存在诸多"不计审理期限情形""酌定延长审理期限情形"，如《最高人民法院关于严格执行案件审理期限制度的若干规定》第九条："下列期间不计入审理、执行期限……（六）民事、行政案件公告、鉴定期间"；在实务适用操作中间，3 个月或 6 个月终结案件审理的强制性规范被一再"软化"，基本被沦为训示规范，即便受诉法院未遵循 3 个月或6 个月的审理期限的规定也不会导致整个审判行为无效。

在民事诉讼程序中，之所以会出现训示规范，很大程度上源自诉讼法存在程序安定与程序效率的价值追求。对于违背训示规范的诉讼行为，由于不触及程序的一些基本正义性要求，若因目标诉讼行为不合法定规范的要件、方式便予废弃，则以违反程序规范的诉讼行为为基础和前提的诉讼行为因为违反程序规范的诉讼行为被推翻而全部无效，整个诉讼程序可能因此而重新来过，显与程序安定与程序经济的诉讼法理要求相悖。所以，违背训示规范的诉讼行为在性质上虽然违法，但为了维持程序安定，追求程序经济，其仍然发生诉讼法上的效果，与合法的诉讼行为在效果上无异。概言之，违反训示规范的诉讼行为尽管"违法"，但依然有效。在此意义上，可以认为，训示规范不具有一般意义上法规范所具有的强行效力，不属于一般意义上法规范之范畴，更像是要求当事人遵守的"道德义务"。正因为诉讼行为即便违背此类规范依然发生诉讼法上的效力，所以对此种审判程序违法不必进行规制，在性质上违反训示规范的诉讼行为固然可以归入"审判程序违法"范畴，但因不必对其进行规制因而不必对其进行过分研究和关注。

---

① Vgl. Eberhard Schilken, Zivilprozessrecht, S, 272-273, 7. Aufl. , 2014.

二　任意规范

任意规范指当事人的行为方式以及当事人与法院的意思与态度在一定程度上可以缓和或排除其适用的一类规范。[1] 由于民事诉讼采行处分权主义与辩论主义，诸如起诉、上诉、撤诉，主张与举证等诉讼行为是否作出，以及行为的内容是什么，诉讼法规应当尊重当事人的意思，在某些情形下法院甚至受到当事人诉讼契约的约束，诉讼行为违反任意规范时，作为行为相对方的当事人享有主张违反程序规范的诉讼行为无效的权利，在当事人放弃或丧失异议权后，诉讼行为的瑕疵被治愈。[2] 换句话说，违背任意规范的诉讼行为并非当然无效，需要视对方当事人的意思而定，当事人及时行使异议权可以致使该瑕疵诉讼行为无效，未适时行使程序异议权，则存在瑕疵的诉讼行为成为一开始有效的诉讼行为。[3] 任意规范的典型例子，如《民事诉讼法》第三十四条协议管辖的规定（准许当事人合意选择管辖法院而不依据一般规则确定管辖法院）、《民事诉讼法解释》第九十二条第一款关于自认的一般规则（当事人自认的事实，法院可以直接作为事实认定的基础，而不必针对该事实展开证据调查）。

当然，不能因为民事诉讼法中存有少量的任意规范就否定其整体上的公法属性。[4] 一般而言，诉讼程序须严格依照法定程序进行，以免程序处理的混乱与无序。但民事诉讼制度根本上是为解决私权争议而设，既然当事人可以处分作为诉讼标的的系争利益，那么理应肯认，当事人享有作出或不作出某种诉讼行为的自由，因而当事人单方或双方限制这种诉讼行为的意思表示也应当被允许。正是基于诉讼法的公法属性，诉讼中当事人的意思自治与合意须受到一定限制，准许当事人基于自己意思而不遵循一般程序方式实施诉讼行为的任意规范应获得诉讼法的明文肯定才能适用，且

---

[1]　参见［日］秋山干男、伊藤真等《コンメンタール民事诉讼法》（Ⅲ），日本评论社2013年版，第259页。

[2]　《日本民事诉讼法》第九十条：当事人明知或可能知道存在违反诉讼程序规定的情形，未及时提出异议时，丧失陈述该异议的权利。《德国民事诉讼法》第二百九十五条第一款：涉及程序特别是诉讼行为的方式的规定的违反，当事人放弃对该规定的遵守，或者在基于该程序进行的或引用该程序而进行的最近的口头辩论中到场，并且知道或应当知道其瑕疵而不进行责问时，不能进行责问。

[3]　参见［日］伊藤真《民事诉讼法》，有斐阁2016年版，第32页。

[4]　一般认为，公法以国家与构成国家的成员之间关系作为规范对象，民事诉讼法主要以当事人与受诉法院之间形成的诉讼法律关系为规范对象，自然属于公法范畴。

这类规范在程序规范中处于例外的少数地位，否则程序法的公法属性无法体现，程序法定的固定要求无法实现。

任意规范属于效力规范，具有一定的强行效力，在这一点上与训示规范不同。当事人虽可以通过合意或基于自己意思缓和或排除任意规范的遵守和适用，但在合意或一定的意思表示作出前，任意规范条款对当事人和受诉法院仍具有拘束效力，诉讼主体的诉讼行为仍需依法定规范而行。而且，合意或一定的意思表示可以缓和任意规范适用和要求的达成必须在法定容许的框架和条款内进行。以前文提到的协议管辖为例，当事人可以通过合意选择管辖法院，从而排除法定管辖法院的管辖权，但其选择的管辖法院必须是在民事诉讼法提供的几个法院中间进行选择与合意，且不得违反级别管辖和专属管辖的规定，超过民事程序规范的"授权"，进行一定的合意和选择，无法排除法定管辖的适用。① 在规制手段上，程序异议权所针对和规制的主要对象乃是违背任意规范的审判程序违法。虽然针对任何形式和类型的违反程序规范的诉讼行为，当事人都可以依据程序异议权提出责问，但如前所述，由于违背训示规范的诉讼行为依然有效，诉讼法不必规制，并且违反强行规范的"严重审判程序违法"应通过二审发回重审和再审予以规制，于是，违背任意规范的审判程序违法便成为程序异议权的主要规制对象，依前文所述，违背任意规范的审判程序违法构成与"严重审判程序违法"相对的"一般性审判程序违法"。

民事程序规范中，存在和出现一定的任意规范仍然是程序安定与程序经济价值追求的体现，并兼顾了程序正当。对于违背任意规范的审判程序违法，理论与制度上赋予当事人以程序异议权予以规制，若当事人运用程序异议权提出责问，则瑕疵诉讼程序无效，需待重新作出合法的诉讼行为，其在诉讼法上的效果始发生，以维持程序的合法性和正当性；若当事人放弃责问或迟延行使责问权，则瑕疵诉讼行为被治愈，成为一开始即有效的诉讼行为，避免程序的推倒重来，以维持程序安定与程序经济。其与训示规范不同之处在于，无论当事人是否针对违反训示规范的诉讼行为提出责问，违反训示规范的瑕疵诉讼行为都视为有效。设置程序异议权规制违反任意规范的诉讼行为的精妙之处在于，将程序推进的选择权交给当事

---

① 《民事诉讼法》第三十四条规定：合同或者其他财产权益纠纷的当事人可以书面协议选择被告住所地、合同履行地、合同签订地、原告住所地、标的物所在地等与争议有实际联系的地点的人民法院管辖，但不得违反本法对级别管辖和专属管辖的规定。

人的自我选择，当事人的意思和态度一定程度上决定了任意规范是否适
用，当事人可能出于诉讼成本（程序经济）的考虑，放弃对瑕疵诉讼行
为提出责问而使得程序瑕疵被治愈，相反，如果当事人执着于程序的正当
性，则可以通过行使程序异议权对瑕疵诉讼行为进行规制和纠正。与训示
规范对当事人仅具有倡导性遵守效果不同的是，任意规范对当事人的拘
束力主要体现在程序异议权对瑕疵诉讼行为的治愈与纠正机制上，它并非如
训示规范那样，仅对当事人进行倡导式要求，而是赋予当事人意思以一定
的诉讼法上的效力，如当事人未能依照任意规范实施诉讼行为，则对方当
事人需依照法定的方式——程序异议权来进行相应的纠正或治愈。

三　强行规范

与任意规范相对，强行规范指不能依据当事人或法院的意思排除其适
用，不存在当事人意思自治的余地，不存在受诉法院自由裁量的空间，必
须依法定要件、方式实施诉讼行为的一类规范。① 如果将三类民事程序规
范的强行效力进行排序，可以认为，训示规范没有强行效力，任意规范有
一定的强行效力，强行规范则是三类法规中效力最强的程序规范，违反强
行规范的诉讼行为与程序是无效的，不存在任何可以缓和与事后补正其效
力的空间。针对违背强行规范的诉讼行为，即便当事人未主张审判程序违
法，没有依据程序异议权提出责问，受诉法院也应当依职权予以审酌。②
诸如受诉法院的构成、法官的回避、不变期间的遵守、当事人能力、专属
管辖等规范在性质上都属于强行规范，违背这些程序法规范而作的判决通
常是无效的，可以通过上诉与再审推翻原判决。③ 如前文所述，此类规范
涉及维持的诉讼制度基础或者牵扯对当事人基本的程序保障，关乎国民对
于正当诉讼制度的基本信赖，必须严格予以遵守，如果违背强行规范的诉
讼程序仍然有效，则程序得以正当化的"底线正义"便不复存在。在比
较法上，违背强行规范与实体裁判结果错误被视为存在因果联系，即违背
强行规范所形成的诉讼程序导致实体裁判结果错误，因而违法诉讼程序与
裁判结果应被一并废弃。由于本书其他章节将专门探讨审判程序违法与裁

---

① 参见［日］兼子一、松浦馨、新堂幸司、竹下守夫等《条解民事诉讼法》（第 2 版），
弘文堂 2014 年版，第 11 页。

② 参见［日］新堂幸司《民事诉讼法》，林剑锋译，法律出版社 2008 年版，第 30 页。

③ 参见［日］松本博之、上野泰男《民事诉讼法》，弘文堂 2012 年版，第 140 页。

判结果的因果联系，此处不做展开。

在程序安定与程序正当的平衡和选择中，强行规范"坚定地"选择了程序正当一面，程序安定必须让位，违反此类规定的诉讼行为通常是无效的，而且将导致整个诉讼程序被废弃，它是与训示规范、任意规范完全不同性质的一类程序规范，笔者认为，违背强行规范的审判程序违法即是"严重性审判程序违法"，而非"一般性审判程序违法"。本书对审判程序违法的识别与分类即依循此标准进行。

第三节　程序规范层次对审判程序违法
类型化处理的意义

一　民事审判程序违法类型化处理的解释论依据

以上是在学理与解释论层面，依据民事程序规范的效力层级，对民事程序规范进行的分类，在确立了这样的标准和分类后，可以用于审视和识别具体的民事程序规范属于哪一类规范，进而判断审判程序违法属于什么性质和类型。由于程序规范零散，分布于构成民事诉讼规范的关联条文中，每个条文属于哪类规范限于篇幅不能逐一解释，下文涉及处将给出相应条款的详尽探讨和分析。

依前文分析和观点，根据对民事程序规范效力层级的划分，可以将民事程序规范划分为训示规范和效力规范，效力规范又进一步划分为任意规范与强行规范。违背训示规范的审判程序规范因为依然发生诉讼法上的效果，自可不必规制；违背任意规范的审判程序违法为"一般性审判程序违法"，在理论和制度层面应通过程序异议权制度予以规制；违背强行规范的审判程序违法构成"严重性审判程序违法"，在理论和制度上应通过二审发回重审和再审予以规制和纠正。如此的解释和分类标准符合前章论及的程序正当与程序安定相平衡，违法程度与救济手段相配称的一般诉讼法理与解释方法。

如前所述，在本质上，民事诉讼程序由当事人与法院互动、累进的诉讼行为构筑推进。在后诉讼行为以先前有效的诉讼行为为前提，先前诉讼行为的瑕疵与无效可以致使后续诉讼行为乃至整个诉讼程序无效。为维持程序合法有效，也为避免程序处理的纷乱错杂，受诉法院及当事人须严格依循法定的程序、方式实施诉讼行为，禁止诉讼主体于单个程序中基于自己意思为诉讼行为，此乃程序法定意义之所在，[①] 更是程序正当的内在要求。对违反程序规范的诉讼行为进行规制，追求程序的合法正当，维护程序规范的效力与权威，进而保障当事人的诉讼权利与实体权利毋庸置疑。与此同时，不可否认的是，程序安定与程序经济亦是诉讼制度重要的价值追求。为追求程序合法与程序安定之平衡，对于不符合程序规范的诉讼行为不应一概否认其效力，而应区分违反程序规范的诉讼行为的不同性质与类型作不同之处理，仅仅在违反程序规范的诉讼行为被界定为"严重审判程序违法"时，方可废弃已经完成的诉讼程序，将案件发回重审或启动再审。民事程序规范的层次划分为识别审判程序违法的性质和类型确立了直接识别标准和分类，至于哪些规范是强行规范，哪些规范属于训示规范或任意规范，需要结合具体民事诉讼规范在遵循程序正当与程序安定相平衡、违法程度与救济手段相匹配的解释过程中获得反向确定，程序合法与程序安定的平衡以及违法形态与救济手段相匹配的诉讼法理与解释方法实际上成为识别审判程序违法的关键所在，也是解释民事程序规范是效力规范还是训示规范的基本标识。

二　审判程序违法中因果关系认定的规范基准

诉讼程序的终极目标在于形成一个可以视作当事人之间纠纷解决基准的判决，若判决内容符合实体法要求，事实认定正确，适用法律无误，便可以认为裁判结果正确并符合当事人对于纠纷解决的期待，诉讼程序过程中的审判程序违法和诉讼行为瑕疵如果不足以导致裁判结果错误，便无必要废弃原来的诉讼程序和裁判结果。从诉讼程序生成实体裁判的角度来讲，程序不正当实体裁判结果必不正当，在此意义上，程序的"独立"价值得以体现，对于那些使得正当程序成为侈谈，导致程序丧失"正义底线"的审判程序违法，即引发程序失去正当性根基的审判程序违法，基于此而形成的裁判结果视为不正当，借以维护国民对于正当程序的信赖。一般性的审判程序违法在导致裁判结果错误情形下，引发程序推倒重来，裁判结果必须重新作出；而违背程序基本性正义要求的"严重性审判程序违法"，则视其产出的裁判结果不当，并且拟制"严重性审判程序违法"与裁判结果错误之间存在因果联系。可见，审判程序违法如果导

---

① 参见［日］兼子一、松浦馨、新堂幸司、竹下守夫等《条解民事诉讼法》，弘文堂1986年版，第310页。

致裁判结果被撤销，诉讼程序推倒重来，必须满足的条件是其导致实体裁判结果错误。从此意义上讲，无论审判程序违法和裁判结果错误存在事实上的因果关系还是拟制的因果关系，诉讼程序并非具有"独立"价值，其存在目的和制度功能是产出正确的实体裁断，即符合当事人对于纠纷解决期待的判决。基于此点认识，方能正确处理审判程序违法与实体裁判结果的正确关系并设计相关的程序规则。

诉讼法程序规范的效力层级划分与审判程序违法必须满足实体裁判结果错误因果关系要件，作为审判程序违法类型化处理的两个重要因素并非彼此孤立的关系。总体而言，诉讼主体未遵循训示规范和效力规范中任意规范而实施的诉讼行为通常不会导致案件的实体裁判结果错误，但违反效力规范中强行规范而实施的诉讼行为，在解释论上视为当然导致裁判结果的不正当，也即拟制其与裁判结果错误之间存在因果关系，原来的诉讼程序和裁判结果应一并废弃。当然，如果受诉法院认为违背训示规范或任意规范的诉讼行为与裁判结果错误之间具有直接的因果联系，也当废弃原诉讼程序和裁判结果，至于如何认定其中的因果关系，则需要法官结合个案情形进行确定。在认定此因果关系成立的前提下，违反任意规范的一般性审判程序违法"升格"为严重性审判程序违法。

第四章　审判程序违法类型化处理
之程序异议权规制

前文探讨了对审判程序违法进行类型化处理的缘由，在立证审判程序违法类型化处理命题的正当性之后，详尽探讨了对审判程序违法进行类型化处理应当遵循的诉讼法理和解释论方法。从本章开始，将依循前文讨论的因果关系要件的考察以及程序规范效力层次论的解释方法，以审判程序违法类型与救济手段相匹配为导向，对审判程序违法进行具体的形态界分，明确审判程序违法的具体类型及其救济方法，从而将审判程序违法类型化处理的两个子命题进一步进行具体论证。遵循前文的程序正当与程序安定相平衡、审判程序违法形态与救济手段相称的诉讼法理和解释论依据，将审判程序违法划分为作为程序异议权规制对象的一般性审判程序违法、作为二审法院发回重审事由的审判程序违法以及作为再审事由的审判程序违法。之所以将救济手段作为审判程序违法的外观标识，是因为，遵循审判程序违法形态与救济手段相匹配的原理，透过救济方式的差异可以反向觉察出审判程序违法的不同性质和形态。本章将首先讨论作为程序异议权规制对象的一般性审判程序违法。需要言明的是，从理论上讲，程序异议权所规制的对象乃是所有违反程序规范的诉讼行为，也即受诉法院或对方当事人已经实施的诉讼行为只要违背了诉讼法程序规范要求的要件、方式，便构成了审判程序违法，当事人就可依据程序异议权对违反程序规范的诉讼行为提出责问。由于针对较为严重的审判程序违法，制度安排上更多的是通过二审发回重审和再审程序予以纠正和规制的，即便当事人没有依据程序异议权寻求救济，依然可以通过二审发回重审和再审程序进行规制。所以，程序异议权的主要和重点规制对象指向一般性审判程序违法。本章拟对一般性审判程序违法以及作为一般性审判程序违法规制手段的程序异议权进行探讨。

第一节　一般性审判程序违法的识别

一　一般性审判程序违法通常未导致案件实体裁判错误

在一般性审判程序违法之场合，违反程序规范的诉讼行为通常并未导致案件实体裁判错误，亦即一般性审判程序违法与裁判结果错误之间不存在因果联系，这是识别和确立一般性审判程序违法第一要义，必须首先予以明确的，如果认定了某违反诉讼法规定的诉讼行为导致了案件实体裁判结果错误，那么该审判程序违法之情形不能被界定为一般性审判程序违法，而应界定为严重性审判程序违法，违法的诉讼程序和错误的裁判结果当被舍弃。德国学者认为，严重性审判程序违法并不是指诉讼行为"严重地"或"较大地"违反程序法规范，而是审判程序违法与裁判结果错误之间存在因果联系或者对案件的实体认定产生了实在性影响，至于受诉法院在审判程序违法致使实体裁判错误中间是否存在过错在所不问。①

这里涉及如何识别和判定审判程序违法与实体裁判结果错误存在因果关系的问题，凡未构成审判程序违法与实体裁判错误的审判程序违法即可归入一般性审判程序违法之列。依照前文关于因果关系认定性质和标准的见解，相较于实体规范下侵权行为与损害后果因果关系的证明，审判程序违法与实体判断结果错误的因果关系的证明对当事人而言，颇为困难。笔者认为，当事人于上诉状中载明违反程序法规范的类型，并主张该种违反程序规范的诉讼行为导致了实体裁判错误，受诉法院认定若无此审判程序违法裁判结果将不一样，即可完成和建立审判程序违法于实体裁判结果因果关系的证明和认定。若没能完成如此的认定过程，审判程序违法与裁判结果错误即不存在因果关系，此审判程序违法便有可能归为一般性审判程序违法范畴。

二　违背任意规范构成一般性审判程序违法

如第二章中所述，审判程序违法以程序规范的效力层级为直接指引和

---

① Baumbach/Lautbach/Albers/Hart, ZPO, § 538, Rn. 6, 69. Aufl., 2011；BGH NJW 2000, 2508.

识别依据。依照前文见解，民事诉讼程序规范依照其强行效力之不同分为效力规范与训示规范，效力规范可划分为强行规范与任意规范。训示规范仅是对诉讼主体科以宣示性倡导义务，不具有强行效力，诉讼主体即便未依照训示规范的要件、方式实施诉讼行为，也不影响其在诉讼法上的效力。强行规范是指那些旨在维持程序的基本正当性要求的规范，一旦诉讼行为违背强行规范将直接导致诉讼程序无效，已经展开的诉讼程序及其生成的裁判结果将会因为诉讼行为违背强行规范而被受诉法院撤销并废弃原来的诉讼程序。任意规范属于当事人的意思在一定程度上可以缓和其效力的一类规范，也即当事人的行为方式以及当事人与法院的意思与态度在一定程度上可以缓和或排除其适用。① 任意规范强行效力不如强行规范那般强大，并非不存在当事人意思可以缓和适用的空间。既然此类审判程序违法名为一般性审判程序违法，其性质即是违法程度较轻的一类审判程序违法，在规制方式上不必动用再审和二审发回重审予以规制，以程序异议权进行规制即可应对。在当事人未行使程序异议权后，既有的程序瑕疵即被治愈，依照前文所述的审判程序违法严重性程度与救济手段相配称的原理，从程序异议权对此类程序瑕疵进行规制的机制当中也可以看出针对一般性的审判程序违法并非必须推翻重来，其违法程度当不如须通过二审发回重审的审判程序违法与应以再审予以规制的审判程序违法程度严重。

以任意规范作为一般性审判程序违法的识别标识，便必须回答如何判辨某一程序规范是否属于任意规范的问题，这涉及对程序规范如何进行解释，因为规范自身并未贴上"任意规范"的标签。判断一项民事程序规范是否属于任意规范，需要在程序正当与程序安定的平衡中进行确定。如前所述，任意规范指当事人的意思或合意在一定程度上可以缓和或排除其适用的一类规范，所以该类规范中通常含有当事人意思或合意的部分，以《民事诉讼法》第三十四条所定的协议管辖条款最为典型，当事人可以通过合意的方式选定合同或财产纠纷中除通常法定管辖以外的受诉法院作为管辖法院，其中即体现了当事人一定程度的意思自治。此外，对于任意规范的违反，如果当事人放弃或迟延行使程序异议权，不针对违背训示规范的违反程序规范的诉讼行为提出责问，则程序瑕疵将被治愈，从程序异议权的治愈机制中亦可以看出，当事人行使或不行使程序异议权的意思表

---

① 参见［日］秋山幹男、伊藤真等《コンメンタール民事訴訟法》（Ⅲ），日本评论社2013年版，第259页。

示，对任意规范的效力有直接的影响，不似强行规范那般具备不可违反，一旦违反即导致诉讼程序无效之效果。由任意规范性质和特质出发，可以认为，任意规范乃是程序法规范对于当事人意思和合意的尊重和肯认，在一定程度上实际是对诉讼法规范强行效力的"弱化"与"缓冲"。不过，正如前文所述，任意规范对当事人的"授权"限于法律明文规定的内容，以前文提及的协议管辖为例，当事人协议选择管辖法院的范围限于法定的几个法院。① 亦即，在实际进行的诉讼中，任意规范的适用虽然一定程度上尊重了当事人的意思，但亦须遵循诉讼规范法定的框架和内容。因此，可以认为，任意规范亦是在程序法定要求下运行的，并不是对程序法定原则的突破与违反，关于这一点，需要特别加以说明。

三 一般性审判程序违法与程序异议权的规制手段相匹配

根据前文的见解，审判程序违法程度应与救济方式相匹配，不同性质与形态的审判程序违法应当配以不同的规制手段予以救济，以实现救济效果的最优化，避免在对审判程序违法进行规制过程中出现程序正当与程序安定失衡的"窘境"。一般性审判程序违法应当与程序异议权的规制手段相匹配，如果针对一般性审判程序违法启动撤销原判发回重审或再审予以规制，将完结的诉讼程序推倒重来，虽维持了程序正当，但其以牺牲的程序安定与诉讼经济为代价，显然有违前文所述的审判程序违法类型化处理中应当遵循的审判程序违法之程度与救济方式相匹配的法理。依前文见解，一般性审判程序违法通常并未对案件的实体审理产生影响，或与案件的实体裁判结果错误不存在因果联系，其违背的是任意规范而非强行规范，在规制手段上自不必动用二审发回重审与再审手段进行规制，而应当运用程序异议权进行纠正，针对受诉法院或对方当事人的违反程序规范的诉讼行为，当事人若依据程序异议权提出责问，则违反程序规范的诉讼行为须推翻后重来，若迟延或放弃使用程序异议权，则既有的程序瑕疵被治愈，如此的制度设计符合程序正当与程序安定相平衡的原理和要求。

审判程序违法程度与救济手段相匹配既是识别一般性审判程序违法的要求，也是识别和判定一般性审判程序违法的方式和手段。因为审判程序

---

① 仅限于《民事诉讼法》第三十四条规定的被告住所地、合同履行地、合同签订地、原告住所地、标的物所在地等与争议有实际联系的地点的人民法院之中选择管辖法院，且不得违反本法对级别管辖和专属管辖的规定。

类型化处理蕴含着这样的要义，即须审判程序违法的类型应与救济手段——对应。因此，透过救济方式的差异，也可以"反观"出审判程序违法的不同类型，通过采取程序异议权的这种规制方式，也可以判断出审判程序违法乃是一般性审判程序违法。换言之，在判定某违反程序规范的诉讼行为属于哪种审判程序违法类型时，可以试图从其配备的救济方式入手，如认为其当以二审发回重审或再审予以规制，则应将其归入严重性审判程序违法范畴，至于是以再审程序还是经由二审发回重审予以规制，则需结合两种规制手段各自的制度目的及方式确定。基于违法程度与规制手段相匹配的规制模式，还可以避免将一般性审判程序违法错误地判断为严重性审判程序违法后，不当地发回重审或启动再审程序。

第二节　程序异议权的内涵和确立依据

在民事诉讼中，为保障诉讼程序公正且迅速地进行，无论是作为裁判主体的受诉法院还是享有诉讼实施权的当事人均被要求严格遵守法定的方式、要件实施诉讼行为，此乃程序正当的内在要求。为保障程序正当能够妥当地实现，比较民事诉讼立法除明确设置了能给予当事人事后救济的上诉、再审制度外，一般还明确承认当事人享有在诉讼程序进行中指责诉讼主体实施的诉讼行为违法进而主张其无效的权利，该项权利即为程序异议权。从域外的立法及司法实践看，程序异议权制度的有序运行不仅能促进当事人接受合法裁判权的实现，提升国民对裁判公正的信赖，而且借助程序异议权丧失的基本机理还可以治愈诉讼行为的一般性程序瑕疵，使其成为一开始就有效的诉讼行为，进而实现程序安定的追求与诉讼经济原则的贯彻。

就我国民事诉讼而言，虽然一如域外立法通例建立有较为完备的上诉、再审等事后救济制度，但程序异议权制度一直付之阙如。① 程序异议

---

① 前文中也提及，从宽泛的意义上讲，程序异议权制度属于异议制度的一种。现行《民事诉讼法》规定了四种异议制度，分别是第一百二十七条所规定的当事人对管辖权的异议，第二百一十六条所规定的债务人对支付令的异议，第二百二十五条所规定的当事人、利害关系人对违法执行行为的异议以及第二百二十七条所规定的案外人对执行标的的异议。这些异议或为针对诉讼行为的内容而提出，或为针对当事人的主张不当而提出，均非程序异议权层面上的异议。即我国的《民事诉讼法》虽然规定了其他类型的异议权或异议制度，却并没有同时规定程序异议权或程序异议权制度。

权在立法上的缺失最为直接的后果是导致民事诉讼程序不能在当事人的有效、适时监督之下运行。我国民事司法实践中一直以来审判程序违法尤其是不能经由上诉、再审程序予以纠正的一般性审判程序违法现象较为突出，① 这固然不能说全因程序异议权的缺失所致，但至少可以说程序异议权的缺失助长了不能经由上诉、再审程序予以纠正的一般性审判程序违法现象的滋生。近年来，我国加快了推进程序法治、提升司法公信力的建设步伐。具体到民事司法领域，如何更好地保障我国民事诉讼程序合法、妥当地运行已经成为理论界与实务部门共同关注的议题。对此，我们不能仅仅满足于宏大叙事式的理论思考，更应致力于合乎诉讼法理的先进诉讼制度的探究与构建。就保障民事诉讼程序合法、妥当地运行及维护诉讼程序的安定而言，程序异议权可发挥其独有的机能而为大陆法系各国民事诉讼立法所普遍承认。在程序异议权原理的阐释及其具体运用上，德国、日本不仅形成了成熟的学说，也累积了丰富的判例。总体而言，我国民事诉讼在构造上与德国、日本民事诉讼相近，在民事诉讼程序合法、妥当地运行之保障及诉讼程序安定的维护方面也具有相同的诉求。因此，探讨德国、日本民事诉讼的程序异议权理论，及其对我国民事诉讼立法的启示不仅具有理论价值，也颇具实践意义。在审判程序违法类型化处理的命题中，作为审判程序违法类型的一种，对于一般性审判程序违法，应当配备规制手段，程序异议权制度和机制即是主要针对一般性审判程序违法的纠正与规制手段。②

一　程序异议权的内涵

从严格意义上讲，程序异议权并不是大陆法系民事诉讼立法上的用语，毋宁认为其乃讲学上的概念。③ 德文文献中称为 " verfahrensrügen "

---

① 笔者以 "民事案件" "二审程序" "审判程序违法" 等为检索条件在中国裁判文书网上查询，2015 年 6 月 1 日至 2020 年 5 月 31 日，全国民事二审案件共有 633018 件，其中上诉理由涉及审判程序违法的案件共 38304 件，占全国民事二审案件总量的 6.05%。

② 程序异议权规制对象为对方当事人与受诉法院的违反程序规范的诉讼行为，针对所有类型的审判程序违法，当事人都可以依据程序异议权提出责问，但由于针对严重性的审判程序违法，可以通过二审发回重审、再审予以纠正，即便当事人没有依据程序异议权提出责问，依旧可以通过二审、再审程序进行救济和规制。如此一来，程序异议权主要规制对象便是一般性审判程序违法。

③ 参见 ［日］ 山本弘《民事诉讼法》，有斐阁 2009 年版，第 220 页；［日］ 新堂幸司《新民事诉讼法》，弘文堂 2005 年版，第 381 页。

或"Rügerecht"，日文文献中称为"責問権"或"诉讼手続に関する異議権"，分别源于德国《民事诉讼法》第二百九十五条、日本《民事诉讼法》第九十条的规定，中文可译之为"程序异议权"。通常认为，所谓程序异议权是指在民事诉讼中，当事人所享有的向受诉法院陈述异议，主张受诉法院或对方当事人所实施的诉讼行为违反诉讼程序因而无效的权利。① 笔者认为，欲准确地理解程序异议权的内涵，需要进一步把握以下几个方面的内容：

第一，程序异议权以一方当事人指责受诉法院或对方当事人实施的诉讼行为违反诉讼程序为内容，以排除诉讼行为的违法状态，保护自己受到合法的诉讼程序进行裁判这一程序利益为目的，因而可以认为程序异议权在性质上实属于当事人享有的，针对诉讼程序合法推进的监督权。② 毋庸讳言，在民事诉讼中，当事人通过行使上诉权、申请再审权等救济权利，从一定意义上讲，也具有排除民事诉讼程序的违法状态，保护自己受到合法诉讼程序进行裁判这一目的。但与程序异议权乃是在诉讼程序进行中行使，并且以当事人直接向受诉法院陈述异议作为权利行使外观不同的是，上诉权、申请再审权只能于诉讼程序结束后行使，并且以当事人向上诉法院、再审法院提起上诉或再审之诉，作为权利行使之外观不同，它可以实现对诉讼程序合法运行的"事中监督"，而非"事后监督"。因此可以说，在保障民事诉讼程序合法、妥当地运行上，程序异议权比上诉权、申请再审权更便宜也更具实效。

第二，程序异议权属于当事人所享有的异议权，但与其他异议权存在根本性的差异。从最宽泛的意义上讲，所谓异议权是指当事人认为诉讼主体实施的诉讼行为违法或不当而向受诉法院声明不服的权利。在民事诉讼中，异议权虽然在形态上繁杂不一，但基本上可以分为两种类型：一种是以诉讼行为的内容或者主张不适当为异议对象。典型的如当事人主张受诉法院无管辖权而提出管辖权异议、认为受诉法院行使诉讼指挥权不当而提出异议；认为辅助参加人参加诉讼不当而提出异议、认为对方当事人提出攻击防御方法迟延而提出异议等。③ 另一种即是程序异议权，其专以诉讼

① 参见［日］小室直人、贺集唱、松本博之、加藤新太郎《新民事诉讼法》（Ⅰ），日本评论社 2003 年版，第 194 页。

② 参见［日］藤田广美《讲义民事诉讼》，东京大学出版会 2011 年版，第 191 页。

③ Prütting, Münchner Kommentar zur Zivilprozessordnung, §295, Rn. 13. 3 Aufl., 2008.

行为违反了诉讼程序特别是违反了法定的方式为异议对象。典型的如认为原告的起诉不符合法定方式而提出异议、认为对方当事人未遵守期间实施相应的诉讼行为而提出异议；认为受诉法院未按法定方式送达诉讼文书、传唤诉讼参与人而提出异议；认为受诉法院未按法定方式调查证据、宣告判决而提出异议等。① 简而言之，程序异议权规制对象乃是诉讼行为的方式和要件，并非针对诉讼行为的内容。我国法规定的诸多"异议权"多数以诉讼行为的内容为规制对象，非程序异议权之意义上的"异议权"，也印证了我国法上无程序异议权制度规则之结论。

　　第三，可以成为程序异议权的规制对象的审判程序违法，既有针对受诉法院的违反程序规范的诉讼行为，也有针对对方当事人的违反程序规范的诉讼行为。在民事诉讼中，只要诉讼主体实施的诉讼行为涉及违反诉讼程序，即可成为当事人行使程序异议权而向受诉法院提出异议的对象，至于诉讼主体对于实施违反诉讼程序的诉讼行为有无过错则在所不问。② 具体而言，诉讼法规范即为诉讼主体实施诉讼行为的准绳，诉讼主体应当依照诉讼法规范的方式、要件实施诉讼行为，违反诉讼法规范的诉讼行为即构成审判程序违法，成为程序异议权的规制对象。所以，可以得出的结论是程序异议权规制对象为违反程序规范的诉讼行为，那些在"程序外围"对程序推进产生影响而实施参与诉讼的行为不构成程序异议权的规制对象，因其实施的参与诉讼的行为必须通过"搭借"诉讼主体之行为方始可能成为程序异议权的规制对象。例如，应当出庭作证的证人未出庭作证，受诉法院依然采信书面证言，此情形下，违反程序规范的诉讼行为并非证人未出庭作证，而是法院针对证人调查的方式违法，程序异议权的对象也即受诉法院证据调查的方式而非证人未出庭作证。

　　第四，程序异议权的行使在时间阶段上有一定限制，当事人须于法定时间内依据程序异议权提出责问，迟延行使将导致程序异议权的丧失。程序异议权固然为当事人所享有的一项监督诉讼程序合法推进的权利，但基于维护诉讼程序的安定性之考量，当事人非在程序推进的任何时间皆可以行使程序异议权，其必须及时地行使程序异议权，当事人若

---

① 参见［日］松本博之、上野泰男《民事诉讼法》，弘文堂 2012 年版，第 32 页。
② 参见［日］兼子一、松浦馨、新堂幸司、竹下守夫等《条解民事诉讼法》，弘文堂 1986 年版，第 310 页；［日］上田徹一郎《民事诉讼法》，法学书院 2004 年版，第 196 页。

不及时行使程序异议权将导致本可被指责的程序瑕疵得以治愈之后果，至于程序异议权行使的合理期间将于后文详述。在此意义上，如果将本可被指责的程序瑕疵得以治愈理解为不及时行使程序异议权的当事人所应受之不利益，则程序异议权实际上已经具有了对己义务（不真正义务）之特质。

二　程序异议权的确立依据

大陆法系各国或地区的民事诉讼立法之所以普遍在各自的民事诉讼立法中确立程序异议权制度，主要是基于以下两个方面的考量：

第一，保障民事诉讼程序合法、妥当地进行。在民事诉讼中，依据程序法定原则，[①] 诉讼程序必须严格依据诉讼法规合法、妥当地进行推进。无论是受诉法院还是当事人，如果其所实施的诉讼行为违背了诉讼程序即属有瑕疵的诉讼行为，以此为前提的诉讼程序便不能当然合法地继续进行下去。[②] 虽然在普遍采行职权进行主义的现代各国民事诉讼中，通常是由受诉法院主宰着诉讼程序的推进，诉讼指挥权也属于受诉法院，[③] 但当事人作为民事诉讼的程序主体，对于民事诉讼程序是否合法、妥当地运行更有着重大的利害关系，故无论是从程序主体性原则的内在要求出发还是从保障当事人受到公正、合法的裁判这一层面考量均理应赋予当事人监督诉讼程序合法、妥当地运行的权利。因之，在民事诉讼程序进行之中，当受诉法院或一方当事人实施的诉讼行为违背诉讼法规范造成审判程序违法时，基于该诉讼行为的实施而受到损害的当事人应有权向受诉法院陈述异

---

① 程序法定原则，又称便宜诉讼禁止原则，是指在民事诉讼中，当事人及受诉法院必须依法定的程序、方式实施诉讼行为，禁止当事人及受诉法院在个别的诉讼中基于自己的意思形成诉讼程序。程序法定原则确定的意义在于，保障受诉法院迅速地、经济地处理当事人之间的民事纠纷，避免大量的民事纠纷在处理程序上错杂化，防止当事人遭受不可预测的程序利益损失。参见 [日] 上田徹一郎《民事诉讼法》，法学书院 2004 年版，第 580 页。

② 因为从本质上讲，诉讼程序由当事人和受诉法院互动、渐次累进的诉讼行为构成，在后诉讼行为以先前诉讼行为为前提和基础，在先诉讼行为如因自身瑕疵被评价无效进而被取消，后续诉讼行为因为失去前端基础而被评价为无效，已经完结的诉讼程序可能因此会被全部废弃。

③ 在民事诉讼中，为保证诉讼程序合法、通畅地进行，各国民事诉讼立法无不赋予受诉法院在诉讼运行上的指挥权。诉讼指挥权的主要内容包括：（1）安排诉讼程序的进行，如指定期日、变更期日、中止诉讼等；（2）充分准备事实资料，如合并、分离、限制当事人的言词辩论；（3）在言词辩论期日，指挥庭审，如禁止当事人、代理人发言等；（4）为明了诉讼关系，行使阐明权以及进行阐明处分，如命令当事人、代理人到场陈述等。参见 [日] 新堂幸司、铃木正裕、竹下守夫《注解民事诉讼法》（6），有斐阁 1995 年版，第 19 页。

议，主张该诉讼行为无效，以维护自身获得公正法律程序审判之权利，同时达到监督诉讼程序正当运行推进之目的。设立程序异议权制度之目的和正当性，实根植于此。[1]

第二，维护诉讼程序的安定性，实现诉讼经济原则。如前所述，在民事诉讼中，民事诉讼程序乃是由受诉法院及双方当事人实施的诉讼行为环环衔接、渐次展开而生成的。某一诉讼行为不仅须以前一诉讼行为的实施为基础，同时又构成了后一诉讼行为实施的前提，诉讼程序推进中作为程序推进任何一环的任一诉讼行为出了问题（因程序瑕疵被评价为无效），整个诉讼程序可能会因此被废弃。在实际的民事诉讼中，无论是受诉法院还是当事人虽均有责任合法、妥当地实施诉讼行为，但由于疏忽或其他原因使得所实施的诉讼行为违背诉讼程序规范导致存在诉讼程序瑕疵在所难免。这些诉讼行为虽因存在程序瑕疵而无效，但并非像民事法律行为的无效那样当然的、绝对的、确定的无效。在民事诉讼中，基于程序安定的考量，无论是民事诉讼立法还是理论上均承认存在程序瑕疵的诉讼行为可以因为一定条件的成就而使程序瑕疵消除从而成为一开始就有效的诉讼行为。例如，无诉讼行为能力的当事人所实施的诉讼行为虽然无效，但如果事后由取得了诉讼行为能力的本人或其法定代理人进行了追认，则可成为一开始就有效的诉讼行为；又如，诉讼代理人在欠缺诉讼代理权的情形下所实施的诉讼行为虽然无效，但如果事后由取得了诉讼代理权的代理人或当事人本人进行了追认，则可成为一开始就有效的诉讼行为；再如，第一审法院无管辖权，被告不主张法院的管辖权错误，而积极地为本案言词辩论，则该法院由此取得管辖权，等等。[2] 在大陆法系各国的民事诉讼立法中，程序异议权的丧失通常被作为治愈诉讼行为程序瑕疵的一般性手段予以规范。具体来讲，针对诉讼行为的程序瑕疵，如果当事人不及时地向受诉法院提出异议将丧失程序异议权，该诉讼行为的程序瑕疵即由此治愈进

---

① 参见 ［日］ 園尾隆司《注解民事诉讼法》（Ⅱ），青林书院 2000 年版，第 247 页；［日］新堂幸司、铃木正裕、竹下守夫《注解民事诉讼法》（6），有斐阁 1995 年版，第 19 页；［日］兼子一、松浦馨、新堂幸司、竹下守夫等《条解民事诉讼法》，弘文堂 1986 年版，第 310 页。

② 参见 ［日］ 川嶋四郎《民事诉讼法》，日本评论社 2013 年版，第 419 页；王甲乙、杨建华、郑健才《民事诉讼法新论》，台湾三民书局 2002 年版，第 113 页。

而使其成为一开始就有效的诉讼行为。① 之所以作如此安排,乃是因为,如果允许当事人在民事诉讼程序进行中随时行使程序异议权,向受诉法院主张某一诉讼行为违反诉讼法规范而无效,其结果必然导致在其后所实施的诉讼行为全部无效进而导致当事人及受诉法院为推进诉讼程序而付出的努力均归诸徒劳。这不仅有损诉讼程序的安定性,而且有违诉讼经济原则的内在要求。②

第三节 程序异议权的运行机制

一 程序异议权的行使及其规制

(一) 程序异议权的行使

如上所述,作为当事人所享有的监督诉讼程序合法妥当推进的一项权利,程序异议权以主张受诉法院或对方当事人的诉讼行为违反诉讼法规范因而无效为内容。据此可知,当受诉法院实施的诉讼行为违背诉讼法规范时,能够行使程序异议权的主体为双方当事人;当一方当事人所实施的诉讼行为违背诉讼程序时,能够行使程序异议权的主体为对方当事人。由于程序异议权的行使本身在性质上也属于当事人实施的诉讼行为之一,故当事人行使程序异议权必须遵守诉讼行为的一般合法性要件,如当事人必须具有诉讼行为能力,若无诉讼行为能力则须经法定代理人合法代理等。从诉讼理论上讲,当事人行使程序异议权本质上属于当事人针对受诉法院所作的单方的诉讼法上的意思表示,故只要当事人向受诉法院明确地表示其

---

① 需要特别指出的是,诉讼行为的程序瑕疵因当事人程序异议权的丧失而治愈与应诉管辖中被告主张法院管辖错误而使本无管辖权的法院由此取得管辖权,虽然在外观上均表现为违法的诉讼行为因遭受不利益的当事人不为异议或主张而变为合法,但二者存在本质上的差异。第一,程序异议权的丧失乃是治愈诉讼行为程序瑕疵的一般性手段,被告不主张管辖错误乃是治愈诉讼行为瑕疵的特定手段;第二,诉讼行为的程序瑕疵因程序异议权的丧失而治愈乃是当事人丧失程序异议权的当然结果,无管辖权的法院因当事人不主张管辖错误而取得管辖权乃是法律拟制当事人存在管辖合意的结果,并非被告丧失抗辩权的结果。Saenger, ZPO, §295, Rn.1, 3. Aufl., 2009;[日] 新堂幸司等、铃木正裕、竹下守夫:《注解民事诉讼法》(6),有斐阁1995年版,第321页;王甲乙、杨建华、郑健才:《民事诉讼法新论》,台湾三民书局2002年版,第34页;陈荣宗、林庆苗:《民事诉讼法》(上),台湾三民书局2006年版,第39页。

② 参见 [日] 中野贞一郎、松浦馨、铃木正裕《新民事诉讼法讲义》,有斐阁2011年版,第220页。

不能容忍违背诉讼法规范的诉讼行为存在，即可认定该当事人行使了程序异议权。①

因程序异议权乃是当事人所享有的实定法上的权利，故对于当事人所提异议，受诉法院负有及时应答义务。具体来讲，受诉法院经过审查，如果认为当事人所提异议无理由，则应裁定驳回当事人的异议。由于该项裁定为法院在诉讼程序进行中所作的裁定，当事人不得提起抗告对之表示不服。与之相反，受诉法院经过审查，如果认为当事人所提异议有理由，则应认定被责问的诉讼行为因违反诉讼程序而无效。其结果是，实施了相关诉讼行为的诉讼主体必须重新实施符合诉讼法规范的诉讼行为；如果相关诉讼行为的程序瑕疵能够消除，也可由受诉法院在消除该程序瑕疵的基础上继续进行民事诉讼程序的推进。②

（二）程序异议权行使之规制

在民事诉讼程序的推进过程中，当事人针对违反诉讼程序的诉讼行为固可行使程序异议权，向受诉法院主张其无效，但如前所述，为了维护诉讼程序的安定性，当事人行使程序异议权通常受到严格的时间阶段上的规制。此乃大陆法系民事诉讼立法之通例。

1. 德国民事诉讼关于程序异议权行使的规制

根据德国《民事诉讼法》第二百九十五条的规定，当事人只有在与违反诉讼法规范的诉讼行为相关的或者基于该诉讼行为所进行的最近的言词辩论中行使程序异议权才被认为合法。例如，如果受诉法院在证据调查的程序或方式上存在错误，则当事人必须在紧接而来的言词辩论程序中向受诉法院提出异议；又如，如果受诉法院乃是基于违法的送达而开始言词辩论，则当事人针对违法送达的异议必须至迟在本次言词辩论程序中提出。③ 根据德国学界的通说，当事人原则上只能在言词辩论程序进行中才可行使程序异议权。④ 只有在当事人于言词辩论程序进行中知晓相关诉讼

---

① 参见［日］新堂幸司、铃木正裕、竹下守夫《注解民事诉讼法》（6），有斐阁1995年版，第19页。

② 参见［日］小室直人、贺集唱、松本博之、加藤新太郎《新民事诉讼法》（Ⅰ），日本评论社2003年版，第194页。

③ Beck'scher Online-Kommentar ZPO，§295，Rn. 7，12. Aufl.，2014.

④ 在德国，极少数学者主张当事人行使程序异议权不以在言词辩论程序进行中为限，在言词辩论程序之外，当事人也可当然地行使程序异议权。Vgl. Stein/Jonas/Leipold，ZPO，§295，Rn. 6. 22. Aufl.，2007.

行为违反诉讼程序缺乏可能性时，方可例外地允许其在言词辩论程序结束后以补交书状的形式行使程序异议权。例如，受诉法院针对当事人提出的证据调查申请是否合法没有作出应有的判断，对此，当事人可以在言词辩论程序结束后提出书状对受诉法院违反诉讼法规范进行责问；[①] 又如，受诉法院根据证据调查的结果及言词辩论的全部意旨未能形成心证，本应依职权对当事人进行询问却径行作出判决，对于该种违反诉讼程序的行为，当事人可以在言词辩论程序结束后补交书状提出异议。[②] 显而易见的是，在前述列举的两种场合，在口头辩论结束前，当事人不可能知晓受诉法院是否会进行证据调查申请的回应以及是否会进行当事人的询问，直至言词辩论程序结束后，当事人方能知晓受诉法院是否为证据调查和当事人询问，方能知道受诉法院的诉讼行为是否违反诉讼法规范，为避免当事人行使程序异议权的机会被不正当地剥夺，理应允许当事人在言词辩论程序结束后采取补交书状的方式提出异议。[③]

根据德国学者的解释，当事人无论是在言词辩论程序中行使程序异议权还是在言词辩论程序结束后以补交书状的形式行使程序异议权，均以其知道或者应当知道诉讼行为违反了诉讼法规范作为计算不迟延地行使程序异议权的起点。[④] 当事人如果迟延行使程序异议权，必须首先向受诉法院释明其先前不知道或不能知道相关诉讼行为违反诉讼程序，并且对此并无过错。对于当事人迟延行使程序异议权是否有过错，受诉法院必须依据德国《民法典》第二百七十六条所确立的标准予以认定。代理人的过错视为当事人具有同一过错。[⑤] 至于当事人是否知道其在民事诉讼中享有程序异议权则在所不问，因为在德国的民事诉讼中，根据联邦法院的判例，受诉法院并不负有一般性的指示当事人享有程序异议权的义务。为保障武器平等原则能够得到实质贯彻，受诉法院充其量仅在当事人未受律师代理的情形下才可能指示当事人享有程序异议权。[⑥] 与之相反，在有律师代理的民事案件中，受诉法院并不被强制要求根据德国《民事诉讼法》第一百

---

① NJW 1968, 1111.

② 根据德国《民事诉讼法》第四百四十八条的规定，受诉法院只有在根据证据调查的结果及言词辩论的全部意旨仍不能形成心证时，才可以依职权对当事人进行询问。

③ BGH NJW 1999, 363, 364.

④ Zöller/ Greger, ZPO, §295, Rn. 9, 28. Aufl. , 2010.

⑤ NJW-RR, 1999, 1251.

⑥ BGH NJW 1958, 1042.

三十九条的规定指示当事人享有程序异议权。①

2. 日本民事诉讼关于程序异议权行使的规制

与德国《民事诉讼法》第二百九十五条对当事人行使程序异议权作了明确的时间阶段上的限制（经由学说及联邦法院判例的阐释更为明了）不同的是，日本《民事诉讼法》第九十条虽然也强调当事人必须及时地行使程序异议权，但立法用语却是"不迟滞"（遅滞ない）这一较为抽象的表达。根据日本学者的解释，在民事诉讼中，违反诉讼法规范的诉讼行为发生后，如果当事人在能够向受诉法院陈述异议的最近的机会中指责相关诉讼行为违反了诉讼程序即可认为其"不迟滞"地行使了程序异议权。当事人能够行使程序异议权的"最近的机会"通常为违反诉讼程序的诉讼行为实施后的最近的言词辩论期日或者准备程序期日。例如，如果受诉法院未传唤当事人到庭即在指定的期日进行证据调查，当事人在证据调查后的首次开庭期日向受诉法院陈述异议即为"不迟滞"地行使了程序异议权；又如，受诉法院对证人进行证据调查时，如果在询问证人前未要求证人进行宣誓。对此，当事人须当场向受诉法院陈述异议始为"不迟滞"地行使了程序异议权。再如，如果受委托进行证据调查的法院未按法定方式进行证据调查，当事人只要在本案的言词辩论程序中向受诉法院陈述了异议，即为"不迟滞"地行使了程序异议权。②

在日本最高法院及地方法院为数不多的关于程序异议权的判例中，有两则判例对于何谓当事人"不迟滞"地行使程序异议权作了相对明确的阐释。第一则判例乃是日本最高法院于昭和28年12月24日所作的判例，在该判例中，日本最高法院认为，在请求宣告婚姻无效的事件中，受诉法院将本应向被告送达的诉状误送给被告的同居人原告。被告的监护人所委托的律师因在第一次言词辩论期日未就此向受诉法院陈述异议，故丧失了程序异议权，受诉法院送达的程序瑕疵即由此治愈。不难看出，根据该判例的见解，受诉法院如果送达诉讼文书违反诉讼法规范，当事人只有在首次言词辩论期日向受诉法院陈述了异议始可认为其"未迟滞"地行使了程序异议权。另一则判例是日本东京高等法院于昭和38年6月11日所作

---

① BGH NJW 1960, 766, 767.

② 参见［日］斋藤秀夫《注解民事诉讼法》（3），第一法规出版株式会社1982年版，第549页；［日］园尾隆司《注解民事诉讼法》（Ⅱ），青林书院2000年版，第249页；［日］兼子一、松浦馨、新堂幸司、竹下守夫《条解民事诉讼法》，弘文堂1986年版，第310页。

的判例，在该判例中，日本东京高等法院认为，第一审法院未合法地传唤当事人于判决宣告期日出庭即宣告了判决并且送达了判决正本。因当事人于第二审程序的首次言词辩论期日并未就此向第二审法院陈述异议并进行了本案的辩论，故丧失了程序异议权，第一审法院传唤以及送达的程序瑕疵因此而治愈。统合这两则判例所持之见解，我们基本上可以得出这样的认识：在日本的裁判实务中，判断当事人行使程序异议权有无"不迟滞"，事实上是以当事人在违反诉讼程序的诉讼行为发生后的第一次言词辩论期日是否行使了程序异议权为基准。这样的解释立场显然与日本学者所持的见解一致。即在瑕疵诉讼行为发生后的第一个言词辩论期日，如果当事人未提出责问，则被认定为迟延地履行了程序异议权。当然，与德国一样，在日本的民事诉讼中，计算当事人"不迟滞"地行使程序异议权也是以当事人知道或者应当知道相关诉讼行为违反了诉讼程序为基准时，此乃是日本《民事诉讼法》第九十条的明确要求。

3. 小结

综上可知，在德国与日本的民事诉讼中，其民事诉讼立法均是通过严格限定当事人行使程序异议权的时间阶段以规制当事人对程序异议权的行使。虽然德国《民事诉讼法》第二百九十五条与日本《民事诉讼法》第九十条在当事人行使程序异议权时间的设定上采取了不同的立法用语，但两者皆强调当事人应当及时或者不迟延地行使程序异议权，并且经由各自学说及判例的阐释，在当事人应当及时或者不迟延地行使程序异议权的理解上也基本一致。一言以蔽之，在民事诉讼中，从时间阶段层面对当事人行使程序异议权予以规制和限定不仅是程序异议权的丧失作为治愈诉讼行为程序瑕疵的一般性手段发挥其应有机能的必要前提，更是维护诉讼程序安定，贯彻诉讼经济原则的内在要求。

二　程序异议权的丧失

如上所述，在民事诉讼中，为维护诉讼程序的安定，贯彻诉讼经济原则，当事人应当及时或者不迟延地行使程序异议权，否则将丧失程序异议权。由此产生两个问题需要我们作出进一步的思索和回答：第一，当事人丧失异议权的具体后果是什么？第二，哪些审判程序违法行为属于程序异议权丧失的对象？由于德国《民事诉讼法》第二百九十五条、日本《民事诉讼法》第九十条对这两个方面的事项均未作出明确的规范，因而在德国及日本的民事诉讼中，对前述两个问题的解答均是通过其学说、判例完成的。

（一）当事人丧失程序异议权的具体后果

关于"程序异议权丧失的具体的后果"这一问题，无论是在德国还是日本，学者们均认为，既然民事诉讼立法规定当事人必须及时或者不迟延地行使程序异议权的目的在于促进诉讼程序的推进、维护诉讼程序的安定性，则基于妥当地实现这一目的之考量，应可推断出：在民事诉讼中，当事人因未及时或者不迟延地行使程序异议权而丧失程序异议权后，本可被当事人指责违反诉讼程序的诉讼行为的程序瑕疵因此而治愈，并追溯至该诉讼行为实施之始而成为合法有效的诉讼行为。此后，当事人再也不能就同一诉讼行为向受诉法院陈述异议，认为其违反了诉讼法规范而无效，更不能在继起的上诉程序中主张其违反了诉讼法规范而无效。① 需要进一步指出的是，对于受诉法院实施的违背诉讼法规范的诉讼行为，如果双方当事人均未及时或者不迟延地行使程序异议权，则该诉讼行为即因当事人丧失程序异议权而成为一开始即有效的诉讼行为，受诉法院既无消除该诉讼行为的程序瑕疵之必要，也无须重新实施诉讼行为。与之相反，对于受诉法院实施的违背诉讼法程序规范的诉讼行为，如果仅仅一方当事人未及时或者不迟延地行使程序异议权，则受诉法院所实施的诉讼行为的程序瑕疵仅能针对该当事人消除，并未从根本上予以消除。受诉法院必须针对行使了程序异议权的当事人重新实施相关诉讼行为或消除相关的程序瑕疵，否则，该诉讼行为对于行使了程序异议权的当事人仍然属于无效的诉讼行为。②

此外，还应注意到的是，在民事诉讼中，违反了诉讼程序的诉讼行为虽可因当事人丧失程序异议权而使程序瑕疵得到治愈，并成为一开始就有效的诉讼行为，但该法律效果仅在诉讼程序内发生。在诉讼程序外，违反了诉讼法规范的诉讼行为仍然属于无效的诉讼行为，因而也就不能同时产生合法的诉讼行为所衍生的诉讼外的附随效果。例如，在民事诉讼中，起诉状或支付命令的合法送达会产生诉讼时效中断的效果。如果受诉法院违反了法定程序或方式向被告送达起诉状或支付命令，该程序瑕疵固然可因

---

① Beck' scher Online-Kommentar ZPO, §295, Rn. 10, 12. Aufl., 2014；［日］新堂幸司：《新民事诉讼法》，弘文堂 2005 年版，第 821 页。

② BGHZ, 1922, 254, 257.

被告未及时行使程序异议权进行责问而消除，但诉讼时效中断这一实体法上的效果并不会因此而同时产生。①

（二）程序异议权丧失的对象

从德国《民事诉讼法》第二百九十五条、日本《民事诉讼法》第九十条"但书"部分的规定来看，在民事诉讼中，当事人因未及时或者不迟延地行使程序异议权而导致程序异议权的丧失并不能适用于所有的诉讼行为，仅"可以放弃遵守"的诉讼程序规范所规制的诉讼行为方属于程序异议权丧失的对象。因此，厘定程序异议权丧失的对象实际上也就是要考察哪些诉讼法程序规范是"可以放弃遵守"的诉讼程序规范。

1. 德国学说、判例关于程序异议权丧失对象的见解

在德国，无论是学说还是判例均是立足于诉讼程序规范的性质、目的着手解答哪些诉讼程序规范属于"可以放弃遵守"的诉讼程序规范。德国学说一般认为，哪些诉讼行为的实施，诉讼主体可以放弃合法性遵守而成为程序异议权丧失的对象，仅能个别地从相关诉讼程序规范的文义中推导出来，并不能作出一体化的规定。受诉法院在判断某项违反诉讼程序的诉讼行为是否属于程序异议权丧失的对象时，必须首先确定该项诉讼程序规范的意义与目的。具体而言，如果某项诉讼程序规范的设定仅以满足一方当事人的利益为目的，而不是部分甚至专门地以服务于公共利益为目的，则当事人即可以放弃遵守。与此相应，该项诉讼程序规范所规制的诉讼行为也就成为程序异议权丧失的对象。②

不难看出，德国学说上所提炼出的关于程序异议权丧失对象的上述判断基准非常抽象，在适用上具有极大的不确定性。正因如此，学说上的见解并未被德国实务所采纳。德国联邦法院试图以诉讼程序规范在适用上是否具有强制性作为程序异议权丧失的对象之判断基准。在相关的判例中，德国联邦法院认为，在民事诉讼中，如果诉讼主体实施的诉讼行为违反了强制性诉讼程序规范，则纵然当事人没有或者没有及时地行使程序异议权也不能使该诉讼行为的程序瑕疵消除而成为一开始就有效的诉讼行为。也就是说，违反了强制性诉讼程序规范的诉讼行为无论如何也不能成为程序

---

①　参见［日］斋藤秀夫《注解民事诉讼法》（3），第一法规出版株式会社1982年版，第549页。

②　Musielak/Huber, ZPO, §295, Rn.3, 10.Aufl., 2013; Stein/Jonas/Leipold, ZPO, §295, Rn.4, 22.Aufl., 2007.

异议权丧失的对象。相反，如果诉讼主体实施的诉讼行为违反了任意性诉讼程序规范，则当事人所享有的针对该诉讼行为审判程序违法的程序异议权可以因其不及时行使而丧失。其结果便是，该诉讼行为所存在的程序瑕疵因此而治愈，并成为一开始就有效的诉讼行为。易言之，根据德国联邦法院的见解，只有违反了任意性诉讼程序规范的诉讼行为才可成为程序异议权丧失的对象。①

针对德国联邦法院所持之见解，有学者提出批评认为，联邦法院所确立的关于程序异议权丧失对象的判断基准固然有其合理性，但仍然抽象，实务适用中间不具有可操作性，其不过是用另外的术语表达了德国《民事诉讼法》第二百九十五条中的"不能放弃遵守的诉讼程序规范"之内涵。为此，该学者主张，应从当事人的处分权或支配权出发去考虑哪些诉讼程序规范可以放弃遵守。根据该学者的见解，在民事诉讼中，当事人的处分权不仅指当事人有权对诉讼标的以及诉讼程序的开始、结束进行处分，也包含有权对所享有的程序利益进行处分。当事人在对其所享有的程序利益进行处分时应以不损害民事诉讼程序的公正运行为前提。这是因为，维系民事诉讼程序的公正运行不仅关系到包含当事人在内的所有利害关系人的利益而具有公共利益的性质，也是法院履行司法保护职责的必然要求。由此可以得出这样的结论：在民事诉讼中，如果遵守某项诉讼法规范构成民事诉讼程序公正运行的必要条件或前提，则该项诉讼程序规范即属于德国《民事诉讼法》第二百九十五条中的"不能放弃遵守的诉讼程序规范"，受其规制的诉讼行为也就不能成为程序异议权丧失的对象。具体体现了德国《基本法》上所宣示的具有宪法意义的基本原则，诸如法官法定原则、法治国原则、平等原则等民事诉讼程序规范即属于此类诉讼程序规范的典型。②

在德国，尽管学说和判例在程序异议权丧失对象的一般性判断基准的理解上存在方法论上的差异，但具体到哪些程序法规范可以放弃遵守或者说哪些诉讼行为属于程序异议权丧失的对象，在很多方面见解并无不同。试以德国学说、判例探讨最为集中的诉讼原则、证据调查、诉讼程序经过三个领域作进一步的探讨。就诉讼原则而言，德国学说及联邦法院均认为，诉讼原则的严格遵守对于保障诉讼程序的合法实施以及法治国原则的

---

① BGHZ 1986，43.

② Prütting，Münchner Kommentar zur Zivilprozessordnung，§295，Rn. 10，3. Aufl.，2008.

根本贯彻显然有着重要的意义，故诉讼原则通常是不允许放弃遵守的。只有诉讼主体违反诉讼原则实施诉讼行为后仍然能保证诉讼程序的实施符合宪法上的规定才能认为该项诉讼原则是可以放弃遵守的。例如，当事人可以放弃对言词原则的遵守，因为德国《民事诉讼法》第一百二十八条第二款本身即规定在双方当事人同意的情况下，受诉法院可以采取书面程序审理案件。又如，公开原则旨在通过公众参与司法监督诉讼程序的合法进行，是法治国原则的重要体现，故不允许放弃遵守。不过，公开原则的遵守往往与言词原则的遵守联系在一起，故在与言词原则未被遵守的同一范围内公开原则仍然存在放弃遵守的可能性。① 与之不同的是，法定法官原则虽也可视为一项诉讼原则，但其乃是德国《基本法》所确立的程序保障手段，不能由当事人处分，故从该项原则衍生而来的诸如法官的除斥、回避等民事诉讼程序规范均是不允许放弃遵守的。② 存在争议的是直接原则是否允许放弃遵守。德国联邦法院认为，直接原则可以放弃遵守，因为不遵守直接原则在某些情形下更有助于法院迅速地确定事实并由此加快诉讼程序进程。③ 而德国学者一般认为，直接原则不能放弃遵守，因为德国《民事诉讼法》第三百五十五条所确立的直接原则事关受诉法院与其成员之间的权力分配，而权力分配乃是专属于法院的事务，不允许当事人进行处分，故直接原则不能放弃遵守。④

　　在证据调查领域，一般认为，证据调查程序所涉及的事项基本上属于当事人可以处分的对象，故应允许当事人放弃对证据调查规范的遵守。如德国联邦法院在其所作的相关判例中认为，受诉法院对于已明确提出证言拒绝抗辩的证人进行询问，⑤ 受诉法院未告知证人享有证言拒绝权即对证人进行询问，⑥ 受诉法院违背德国《民事诉讼法》第四百四十八条的规定依职权对当事人进行询问，⑦ 受诉法院不考虑当事人的证据调查申请，未

---

① Prütting, Münchner Kommentar zur Zivilprozessordnung, §295, Rn. 16, 3. Aufl. , 2008.
② BGH NJW 1993, 600, 601; BGH NJW-RR 1992, 1152; BGH NJW-RR 2000, 1664, 1665; Zöller/ Greger, ZPO, §295, Rn. 4, 28. Aufl. , 2010.
③ NJW 1964, 108; NJW 1983, 1793; BGH NJW-RR, 1997, 506.
④ Prütting, Münchner Kommentar zur Zivilprozessordnung, §295, Rn. 19, 3. Aufl. , 2008.
⑤ NJW 1985, 1158.
⑥ BGH NJW-RR 1987, 445.
⑦ BGH NJW 1999, 363, 364.

作出证据裁定即进行证据调查，① 受诉法院使用不合法的证据方法，② 等等，虽然均不符合法定的证据调查程序，但应允许当事人放弃责问，因为这些证据调查规范全部属于可以放弃遵守的诉讼程序规范。③

关于诉讼程序经过（从诉讼开始系属直至判决的作出），德国学说及联邦法院的判例均认为，德国《民事诉讼法》在关于送达、传唤、期日、期间等涉及诉讼程序经过的规范的设定上预留了较大的可以放弃遵守的空间，借助这些诉讼程序规范，不仅能保障民事诉讼程序的顺畅进行，也能使参与诉讼的人知悉相关的诉讼资料，故而允许放弃遵守。④ 不过，德国联邦法院认为，关于不变期间的规范不允许放弃遵守，因为不变期间的开始乃是当事人行使上诉权等重要诉讼权利的起点，对不变期间规范的遵守直接关系到判决的确定与法的安定而具有公益因素，不允许当事人进行处分。⑤

2. 日本学说、判例关于程序异议权丧失对象的见解

在日本，学者基本上是从诉讼行为所涉及的诉讼程序规范种类这一层面去阐释其《民事诉讼法》第九十条所规定的"可以放弃遵守"的诉讼程序规范的范围。根据日本学者的解释，民事诉讼中的规范基本上可以分为效力规范与训示规范。所谓效力规范是指，诉讼主体实施诉讼行为时必须严格遵守，如果违反将使所实施的诉讼行为的效力受到影响的规范。而训示规范则是指，诉讼主体实施诉讼行为时虽也必须严格遵守，但如果违反并不产生任何诉讼法上的效力的规范。根据诉讼主体应遵守的强度之不同，效力规范又可进一步分为强行规范与任意规范。强行规范是指对于维持诉讼制度公正运行不可欠缺的具有高度公益性的规范。而任意规范则是指主要或者专为当事人进行诉讼便利等程序利益而设定的规范。⑥

日本学者一般认为，在民事诉讼中，强行规范构成诉讼制度公正运行的基础，诉讼主体必须严格地遵守，无论是受诉法院还是当事人均不能基于单方的意思或者基于双方的合意排除其拘束力。诉讼主体所实施的诉讼

---

① Zöller/ Greger, ZPO, §295, Rn. 3, 28. Aufl. , 2010.

② BGH NJW-RR 2007, 1624, 1627.

③ Zöller/ Greger, ZPO, §295, Rn. 4, 28. Aufl. , 2010.

④ NJW 1976, 108; NJW 1978, 1; NJW 1987, 771.

⑤ BGH NJW1952, 1934.

⑥ 参见［日］新堂幸司《新民事诉讼法》，弘文堂2005年版，第40页；［日］新堂幸司、铃木正裕、竹下守夫《注解民事诉讼法》(6)，有斐阁1995年版，第321页。

行为如果违反了强行规范，则通常是无效的。受诉法院不待当事人的异议可以并且必须依职权审查诉讼行为有无违反强行规范。如果受诉法院由于疏忽未审查，则当事人可经由上诉、再审等寻求进一步的救济以消除相关的程序瑕疵。一言以蔽之，违反强行规范的诉讼行为所存在的程序瑕疵并不能因当事人不及时地行使程序异议权而治愈，因而也就不能成为程序异议权丧失的对象。在民事诉讼中，诸如法院合议庭的构成、法官的除斥、回避、专属管辖、当事人能力、诉讼能力、不变期间、审判的公开、辩论的更新等规范由于直接关系到裁判结果的公正与诉讼制度公信力的维持，故而属于典型的不能放弃遵守的强行规范。与此相反的是，任意规范主要是或者专为一方或双方当事人进行诉讼便利等程序利益而设，对于该些程序利益，当事人可以处分或支配。违反任意规范的诉讼行为实施后，如果遭受不利益的当事人甘愿忍受此种不利益，不向受诉法院提出异议指责其违法，则该诉讼行为所存在的程序瑕疵可因此而治愈。易言之，任意规范乃是"可以放弃遵守"的诉讼程序规范，为任意规范所规制的诉讼行为相应地也就属于程序异议权丧失的对象。民事诉讼立法针对当事人诉讼行为的方式、法院的传唤、送达、证据调查的程序等所作的规范属于典型的任意规范。① 事实上，日本最高法院及地方法院于不同时期所作的关于程序异议权丧失对象的判例也基本上集中在这些领域。主要有：

（1）关于当事人违反法定方式、要件实施诉讼行为的事例：①原告未依法以书面的形式进行诉的变更，被告对此提出异议，诉的变更有效；② ②原告进行诉的变更不符合法律所规定的请求基础同一性要求，被告对此未提出异议，诉的变更有效；③ ③反诉的请求须与本诉的请求或防御方法有牵连乃是反诉的合法要件之一，被告所提反诉虽欠缺这一牵连性，对方当事人对此无异议并应诉时，应可作为合法的反诉。④

（2）关于受诉法院违法指定期日、传唤当事人的事例：①受诉法院未依法指定言词辩论期日或传唤当事人，当事人出庭时未对此提出异议并

① 参见［日］山本弘《民事诉讼法》，有斐阁 2009 年版，第 221 页；［日］小室直人、贺集唱、松本博之、加藤新太郎《新民事诉讼法》（Ⅰ），日本评论社 2003 年版，第 8 页；［日］上田徹一郎《民事诉讼法》，法学书院 2004 年版，第 312 页。
② 日本最高法院昭和 31 年 6 月 19 日判例。
③ 日本大审院（战前日本最高法院）昭和 11 年 3 月 13 日判例。
④ 日本东京地方法院昭和 36 年 4 月 26 日判例。

进行了本案辩论，该违法行为之程序瑕疵由此治愈，所进行的诉讼程序有效；① ②《民事诉讼法》有关期日、传唤的规范乃是任意规范，受诉法院虽有违背，但遭受不利益的当事人如果未及时提出异议则丧失程序异议权，相关诉讼行为的程序瑕疵由此治愈；② ③受诉法院实施证据调查时，事先未告知一方当事人实施证据调查的时、日、场所，该当事人的代理人于证据调查时在场且未陈述任何异议，程序瑕疵由此治愈。③

（3）关于受诉法院违反法定程序送达的事例：①在民事诉讼中，送达程序实施的主要目的在于确实地将诉讼文书交付给当事人，送达程序虽有瑕疵，当事人如果宽恕之，不妨认为有效。受诉法院将诉状送达给被告以外的人，被告对此未及时提出异议即丧失程序异议权，送达的程序瑕疵由此治愈；④ ②送达给当事人的第一审判决书中未记载受诉法院的名称，受送达人无异议受领之并提起控诉，程序异议权丧失。⑤

（4）关于受诉法院违反证据调查程序的事例：①在受诉法院指定的询问甲证人的期日，本应在另一证据调查期日接受受诉法院询问的乙证人同时在场。受诉法院在对甲证人询问后，继续对乙证人进行询问，当事人对此未提出异议，受诉法院对乙证人的询问有效。⑥ ②《民事诉讼法》关于证人宣誓的规范乃是以保护当事人利益为目的之规范，在同审级的诉讼程序中，同一证人再次被受诉法院询问时，如果受询问的事项不同，证人应再次宣誓。证人在再次受法院询问之前未进行宣誓，当事人没有不迟延地陈述异议，程序异议权丧失，关于证人宣誓的程序瑕疵由此治愈；⑦

---

① 日本大审院昭和 7 年 6 月 29 日判例。

② 日本大审院昭和 4 年 5 月 23 日判例。

③ 日本大审院昭和 17 年 11 月 5 日判例。

④ 日本最高法院昭和 28 年 12 月 24 日判例。

⑤ 日本大审院昭和 8 年 7 月 4 日判例；日本最高法院昭和 37 年 10 月 14 日判例。

⑥ 日本最高法院昭和 26 年 3 月 29 日判例。

⑦ 日本大审院昭和 15 年 2 月 27 日判例。关于证人宣誓程序是否为程序异议权丧失的对象，日本学说上有肯定说与否定说两种不同的见解。肯定说虽赞同日本最高法院判例的结论，但根据并不完全相同。有认为，关于宣誓的规范乃是为保护当事人利益而设的规范，并非强行规范，故应允许其放弃遵守；有认为，在民事诉讼中，既然能广泛地承认当事人享有处分成为判决基础的事实的权利，则为认定事实而进行的包括证人宣誓在内的证据调查程序的合法性，即不是必须被要求严格遵守。否定说则认为，在民事诉讼中，证人在受法院询问之前进行宣誓的目的在于担保其所陈述的证言的真实性并最终保证受诉法院能作出正确的事实认定。因此，关于宣誓的规范乃是具有公益性的规范，不能成为程序异议权丧失的对象。日本最近的有力学说则认为，证据调查程序乃是以获得证据资料为目的之诉讼程序，与其强调其形式上的合法性，毋宁更应注重证据调查结果的正确性。关于证人宣誓的规范是以保护当事人的利益为目的的具有私益性质（转下页）

③受诉法院本应依询问当事人的程序询问法定代理人却依询问证人的程序询问了法定代理人，当事人对此未陈述异议，该程序瑕疵由此治愈；①④受诉法院依职权适用询问当事人的程序对证人进行了询问，虽然违法，被询问的证人没有拒绝接受询问，当事人也未对此陈述异议，当事人的程序异议权丧失，程序瑕疵由此治愈；②⑤受诉法院在庭外对证人以及当事人进行了询问，虽然不符合《民事诉讼法》所规定的庭外进行证据调查的条件，但当事人因未及时陈述异议而丧失程序异议权，程序瑕疵由此而治愈。③

通过上文的分析可知，无论是德国《民事诉讼法》第二百九十五条还是日本《民事诉讼法》第九十条均将程序异议权丧失的对象限定为"可以放弃遵守"的诉讼程序规范所规制的诉讼行为，并且经由各自学说、判例的阐释对于"可以放弃遵守"的诉讼程序规范的类别及范围作了相对明晰的解答与界定。在德国，其学说及判例乃是立足于当事人对诉讼程序规范所保障的程序利益有无处分权去判断相关的诉讼程序规范是否"可以放弃遵守"；而日本的学说及判例则是以诉讼程序规范的性质也即以某项诉讼程序规范是属于任意规范还是属于强制规范为切入点判断其是否"可以放弃遵守"。虽然德国、日本的判例及学说在解释哪些诉讼程序规范属于其《民事诉讼法》所规定的"可以放弃遵守"的诉讼程序规范时，立足点不尽一致，但得出的结论似并无不同。两者均认为，在民事诉讼中，如果某一诉讼程序规范乃是维系民事诉讼程序公正运行的基础或者说乃是维系国民对诉讼制度的信赖所必需，则不允许放弃遵守，该诉讼程序规范所规制的诉讼行为也因之不能成为程序异议权丧失的对象；与此相反，如果某一诉讼程序规范仅仅或者主要是为当事人进行诉讼上的便利等程序利益而设，以便宜当事人进行诉讼为目的，则允许放弃遵守，该诉讼

（接上页）的规范，还是以保障受诉法院正确地认定事实为目的的具有公益性质的规范，并不能当然地就可以作出判断。因为在民事诉讼中，证人未进行宣誓所陈述的证言固然常常是虚假的，证人宣誓后所陈述的证言也未必一定真实。证人证言是否真实、可采，事实上乃是委诸法官的自由心证。为保障自由心证主义能够得到妥当的运用，应认为除非违反关于证人宣誓的规范造成了严重的后果，否则不能仅以关于证人宣誓的规范事涉公益而不允许放弃遵守。参见［日］小室直人、贺集唱、松本博之、加藤新太郎《新民事诉讼法》（I），日本评论社2003年版，第330页；［日］兼子一、松浦馨、新堂幸司、竹下守夫《条解民事诉讼法》，弘文堂1986年版，第1004页。

① 日本大审院昭和11年10月6日判例。
② 日本最高法院昭和30年6月24日判例。
③ 日本最高法院昭和50年1月17日判例。

程序规范所规制的诉讼行为也因之可以成为程序异议权丧失的对象。从德国联邦法院及日本最高法院不同时期所作的判例来看，允许"放弃遵守"的诉讼程序规范或者说能够作为程序异议权丧失对象的诉讼行为均基本上限定在当事人诉讼行为的要件、方式，受诉法院的传唤、送达，证据调查程序等领域。

三　程序异议权的舍弃

与程序异议权的丧失不同的是，程序异议权的舍弃并未见诸德国《民事诉讼法》第二百九十五条及日本《民事诉讼法》第九十条，不过，学者们普遍认为，程序异议权的丧失既然为民事诉讼立法所明文肯认，则应当根据合目的性解释方法，当事人在程序异议权丧失的同一范围内如果主动地放弃程序异议权的行使，也即舍弃程序异议权，自然也应当被允许。通常认为，所谓程序异议权的舍弃是指在民事诉讼中，当事人于言词辩论期日或准备程序期日明示地或者默示地向受诉法院表示其对某一诉讼行为违背诉讼程序无异议。①

（一）程序异议权舍弃的主体

当事人行使程序异议权的目的在于保障其能够得到合法的裁判，故舍弃程序异议权的主体显然应为甘愿忍受诉讼行为因违背诉讼程序而给其带来程序上的不利益的当事人。具体来讲，在一方当事人实施的诉讼行为违背诉讼法规范的场合，能够放弃程序异议权行使的主体为对方当事人，只要该方当事人之诉讼行为构成放弃程序异议权的要件，则发生其放弃程序异议权的效果；在受诉法院实施的诉讼行为违背诉讼程序的场合，能够放弃程序异议权行使的主体则为双方当事人，任何一方当事人之诉讼行为构成放弃程序异议权的要件，则发生其放弃程序异议权的效果，但应当注意这并非意味对方当事人一并放弃程序异议权，其享有的程序异议权并未丧失，同样须待其舍弃程序异议权的要件成就时方能作其舍弃程序异议权之判断。实施了违背诉讼法程序规范的诉讼行为当事人本人并不能成为程序异议权舍弃的主体，此乃是程序异议权具有诉讼程序监督权的性质使然，此情形下享有舍弃程序异议权的主体为对方当事人。对于实施了违背诉讼

---

① Vgl. Prütting, Münchner Kommentar zur Zivilprozessordnung，§295，Rn. 32，3. Aufl.，2008；［日］小室直人、贺集唱、松本博之、加藤新太郎：《新民事诉讼法》（Ⅰ），日本评论社2003年版，第195页。

法规范的诉讼行为当事人而言，如果该诉讼行为的程序瑕疵是允许事后治愈的，则其只能通过补正（如诉状欠缺法定形式，补交合乎法定形式的诉状）、追认（如对无代理权的诉讼代理人所实施的诉讼行为的效果予以承认）等手段治愈相关程序瑕疵从而使得所实施的诉讼行为成为一开始就有效的诉讼行为。[1]

（二）程序异议权舍弃的相对人

由于程序异议权的舍弃乃是当事人对受诉法院所作的单方的意思表示，所以程序异议权舍弃的相对人应为受诉法院而不是对方当事人。一方当事人如果对对方当事人作出舍弃程序异议权的意思表示并不能产生任何诉讼法上效果。另外，由于当事人舍弃程序异议权并不会给对方当事人带来任何不利益，故当事人作出舍弃程序异议权的意思表示并不以对方当事人接受为必要，更无须征得对方当事人的同意。纵然在对方当事人缺席的情形下，其也能够向受诉法院作出舍弃程序异议权的意思表示。[2]

（三）程序异议权舍弃的对象

从诉讼理论上讲，程序异议权的丧失与程序异议权的舍弃具有同一性质，在程序异议权丧失的同一范围内，当事人也可以主动舍弃程序异议权。因此，允许当事人舍弃程序异议权的应仅限于违反了"可以放弃遵守"的或者说专为当事人进行诉讼上的便利等程序利益而设的具有私益性质的诉讼程序规范所规制的诉讼行为。如前文所述，如果依照诉讼法规范的强行效力等级对此作出划分的话，此类规范在性质上乃是任意规范。与之相反，对于不能"放弃遵守"的或者说对于维持民事诉讼程序合法、妥当地运行不可或缺的具有高度公益性的诉讼程序规范所规制的诉讼行为则不允许当事人舍弃程序异议权，如前文所述，即强行规范不能由当事人舍弃。因为，无论是受诉法院还是当事人，如果其实施的诉讼行为违反了此类诉讼程序规范，则所实施的诉讼行为无效。纵使当事人向受诉法院作出了舍弃程序异议权的意思表示也不能使之成为有效的诉讼行为。[3] 从此

---

[1]　参见［日］新堂幸司、铃木正裕、竹下守夫《注解民事诉讼法》(6)，有斐阁 1995 年版，第 323 页。

[2]　Stein/Jonas/Leipold, ZPO, §295, Rn. 21, 22. Aufl., 2007；［日］斋藤秀夫：《注解民事诉讼法》(3)，第一法规出版株式会社 1982 年版，第 539 页。

[3]　参见［日］小室直人、贺集唱、松本博之、加藤新太郎《新民事诉讼法》(Ⅰ)，日本评论社 2003 年版，第 195 页。

点出发，可以得出的结论是，对于违反强行规范（带有高度公益性的诉讼程序规范）的诉讼行为，即便当事人向受诉法院作出了舍弃责问的意思表示，也不发生丧失程序异议权的效果。针对此类审判程序违法，当事人于诉讼程序中的任何阶段均可提出异议和责问，不存在所谓须得"不迟延行使异议权"的限制。对于强行规范的违反，即便当事人未提出责问，受诉法院也得依据职权加以审酌，如果认为当事人责问的对象乃是违背强行规范的情形，那么应当撤销已经发生的诉讼程序。

（四）舍弃程序异议权的方式

舍弃程序异议权作为当事人的一种诉讼行为，按照程序法定的要求，其行使自然应当依照一定的方式、要件来进行。一般认为，当事人舍弃程序异议权通常采取口头方式即可，但以书面的方式为之也有效。另外，即便采取默示的方式亦无不可。譬如，当事人尽管知晓某诉讼行为违反了诉讼法规范，却未在最近的言词辩论程序中向受诉法院陈述异议，受诉法院即可认为其已作出了舍弃程序异议权的意思表示。① 德国联邦法院也认为，当事人舍弃程序异议权不以有明示的意思表示存在为必要条件。譬如，受诉法院未依法传唤当事人在指定的言词辩论期日出庭，如果当事人已在该期日出庭并进行了本案辩论，但未就违反程序规范的诉讼行为依据程序异议权提出责问的情形下，受诉法院即可认为当事人已作出了舍弃程序异议权的意思表示。② 不过显而易见的是，在很多情形下，当事人默示地舍弃程序异议权与程序异议权的丧失很难作出精确的区分，并且二者所引起的诉讼法上的效果也相同。因此有学者认为，承认默示地舍弃程序异议权并无必要，因为认可默示的舍弃程序异议权等于适用丧失程序异议权的效果。在日本的司法实务中，默示地舍弃程序异议权多作为程序异议权的丧失处理。

（五）程序异议权舍弃的限制

舍弃程序异议权既是当事人实施的一种诉讼行为，也是当事人放弃诉讼权利的一种表现，作为一种由当事人来行使的诉讼权利，自然应当受到诉讼法的规制。第一，当事人只能在违背诉讼法规范诉讼行为发生之后，

---

① 参见［日］園尾隆司《注解民事诉讼法》（Ⅱ），青林书院 2000 年版，第 248 页。

② Stein/Jonas/Leipold，ZPO，§295，Rn. 21，22. Aufl.，2007；Prütting，Münchner Kommentar zur Zivilprozessordnung，§295，Rn. 33，3. Aufl.，2008；Thomas/Putzo，ZPO，§295，Rn. 4，3. Aufl.，2010.

通过向受诉法院作出不指责该诉讼行为违法之意思表示这一方式舍弃程序异议权，而不能事先放弃程序异议权的行使，即不能在诉讼程序开始前或者违反程序规范的诉讼行为还未发生时舍弃程序异议权。这是因为：第一，程序异议权属于当事人享有的对诉讼程序合法推进的监督权，从性质上讲，其只能在违背诉讼法程序规范的诉讼行为发生后方能行使，[1] 在违反程序规范的诉讼行为发生前，当事人并不知道违反程序规范的诉讼行为将会是怎样的形态，要求其一体地放弃所有程序异议权并不现实，也即当事人预先放弃的程序异议权不能具体化。在违反程序规范的诉讼行为发生后，当事人能对违反程序规范的诉讼行为对自身利益所产生的影响作出评估，在充分了解这些信息后，由其自主决定是否放弃行使程序异议权方符合其自身意愿，如此的制度安排方为妥当。另外，如果允许当事人预先放弃程序异议权，无异于承认当事人享有能够基于自己的意思处分诉讼行为进而形成诉讼程序的权利，这显然有违便宜诉讼禁止原则。[2] 第二，为了维护民事诉讼程序的安定性，当事人舍弃程序异议权既不能附有条件，也不允许事后撤回。[3]

（六）当事人舍弃程序异议权的诉讼法效果

当事人一旦合法地向受诉法院作出舍弃程序异议权的意思表示，即产生相应的诉讼法上的效果，表现为本可被当事人进行指责的诉讼行为所存在的程序瑕疵由于当事人舍弃程序异议权而被治愈，该诉讼行为也因此成为一开始就有效的诉讼行为，与此同时，当事人丧失程序异议权，不能再就该程序瑕疵提出责问。受诉法院可直接以该诉讼行为为基础，继续推进诉讼程序，对方当事人也在信赖诉讼程序乃是合法有效的前提下，施行后续的诉讼行为。在此后进行的诉讼程序中，当事人针对该诉讼行为再也无权提出异议，指责其违反了诉讼法规范。[4] 从舍弃程序异议权的诉讼法效果来看，其与迟延行使程序异议权将导致程序异议权丧失的后果相同，如前所述，对程序异议权制度作如此设计旨在维持程序安定与经济。在一定

---

[1] Zöller/ Greger, ZPO, §295, Rn.6, 28. Aufl., 2010；［日］新堂幸司、铃木正裕、竹下守夫：《注解民事诉讼法》（6），有斐阁1995年版，第323页。

[2] Saenger, ZPO, §295, Rn.6, 3. Aufl., 2009.

[3] 参见［日］新堂幸司、铃木正裕、竹下守夫《注解民事诉讼法》（6），有斐阁1995年版，第322页。

[4] Saenger, ZPO, §295, Rn.17, 3. Aufl., 2009；［日］上田徹一郎：《民事诉讼法》，法学书院2004年版，第312页。

意义上讲，当事人之所以舍弃程序异议权，可能考虑到违反程序规范的诉讼行为被评价为无效而待重新作出对于当事人而言，需要必要的诉讼成本，为诉讼经济计，当事人有可能舍弃该异议权而使得程序瑕疵被治愈，诉讼制度在程序设计上应尊重当事人的这种对此程序权利的放弃。

第四节　程序异议权理论的意义和启示

一　程序异议权缺失所生之弊病

在我国，自 1991 年《民事诉讼法》正式颁行以来，民事诉讼立法虽历经 2007 年、2012 年两次修改，但程序异议权制度在立法上一直付之阙如。笔者认为，在我国现行民事诉讼制度构架下，程序异议权的缺失最为直接的后果是在民事诉讼程序进行中，当事人对于违反诉讼程序的诉讼行为不能适法地向受诉法院提出异议，并使其在该审级的诉讼程序中就能得到及时的纠正，最终损害民事诉讼程序合法、妥当地运行。首先从立法论上分析，在我国的民事诉讼中，由于当事人不享有程序异议权，故针对违反诉讼程序的诉讼行为，其仅能在诉讼系属后经由上诉程序或再审程序进行指责并谋求相应的救济。然而应当明确指出的是，在有效地保障民事诉讼程序合法、妥当地运行方面，我们显然不能对上诉程序或再审程序所能发挥的作用抱有过高的期待。这不仅是因为，上诉程序或再审程序所固有的救济程序之特质决定了其只能对民事诉讼程序是否合法、妥当地运行予以事后的监督，而不能适时地保障民事诉讼程序合法、妥当地运行。上诉和再审乃是来自诉讼程序结束后的"事后"监督和纠正手段，程序异议权是诉讼程序进行过程的"事中监督"，在保证程序合法妥当方面，程序异议权的迅速显而易见，要比上诉和再审更便宜也更具实效。

更为重要的是，因为如果悉心考察我国现行《民事诉讼法》第一百七十条、第二百条的规定，我们便可发现，在我国的民事诉讼中，允许当事人经由上诉或申请再审指责诉讼行为违反了诉讼程序，并以此为由请求撤销原判决的仅限于受诉法院"严重违反法定程序"的情形。对于受诉法院"严重违反法定程序"以外的违反诉讼程序的诉讼行为以及当事人所实施的违反诉讼程序的诉讼行为，无论是上诉程序还是再审程序均不能给予相应的救济。换言之，违反程序规范的诉讼行为必先经由解释论界定为"严重违反法定程序"，才能启动再审或二审予以规制，一般性的审判程序违法并不能借由再审或二审发回重审进行规制。在审判程序违法类型化处理命题当中，此状况意味着对于一般性审判程序违法，诉讼制度视而不见，不给予必要关注和规制。如此一来，在审判程序违法类型化处理的整个命题和版图中，一般性审判程序违法占据着审判程序违法的一种类型，却未配备一定的规制手段，与贯穿审判程序违法类型化处理中"审判程序违法类型与救济手段相匹配"的要求和原理相悖离。

此外，程序异议权的规制对象为所有的违反程序规范的诉讼行为，在其缺失的情形下，即便是针对严重违反法定程序类型的审判程序违法，当事人也不能及时有效地提出责问，尽管可能待由二审和再审程序进行救济，但作为再审和二审的"事后救济手段"以诉讼程序完结为条件，其已经耗费了后续诉讼成本，相比于通过程序异议权进行直接规制和纠正，后者显然更为直接、更为经济。

二　对"严重违反法定程序"的解释

前文论及了严重违反法定程序的识别与界定直接决定了我国民事诉讼制度中二审与再审的适用，为廓清"严重违反法定程序"以外的违反诉讼程序的诉讼行为之范围，也即一般性审判程序违法如何认定，进而明确程序异议权制度主要的适用对象，我们有必要结合现行《民事诉讼法》第一百七十条、第二百条的规定对"严重违反法定程序"的内涵作进一步的探讨。此乃反面解释的解释论方法，即只要明确我国法上严重审判程序违法的范围，其反面即为一般性审判程序违法。①

---

①　从我国现行《民事诉讼法》第一百七十条第（四）项"原判决遗漏当事人或者违法缺席判决等严重违反法定程序的，裁定撤销原判决，发回原审人民法院重审"的规定中我们可以看出，其采取了例示规定之立法技术，将"原判决遗漏当事人"及"违法缺席判决"作为一审判决"严重违反法定程序"的例示情形予以规定。《民事诉讼法解释》第三百二十五条更是明确将现行《民事诉讼法》第一百七十条第一款第（四）项中的"严重违反法定程序"界定为：（一）审判组织的组成不合法的；（二）应当回避的审判人员未回避的；（三）无诉讼行为能力人未经法定代理人代为诉讼的；（四）违法剥夺当事人辩论权利的四种情形。根据现行《民事诉讼法》第二百条第（一）项的规定可知，在我国的民事诉讼中，允许当事人申请再审的审判程序违法理由或者说能够通过再审程序予以救济的违反诉讼程序的事项具体包括：（1）审判组织的组成不合法或者依法应当回避的审判人员没有回避的；（2）无诉讼行为能力人未经法定代理人代为诉讼或者应当参加诉讼的当事人，因不能归责于本人或者其诉讼代理人的事由，未参加诉讼的；（3）违反法律规定，剥夺当事人辩论权利的；（4）未经传票传唤，缺席判决的四种（转下页）

　　无论我们对"严重违反法定程序"的内涵持怎样的解释立场,有一点可以肯定,那就是可以经由上诉程序、再审程序予以救济的,现行《民事诉讼法》第一百七十条所进行例示规定的"原判决遗漏当事人""违法缺席判决"两项情形、最高人民法院《民事诉讼法解释》第三百二十五条所明确列举的"审判组织的组成不合法"等四项情形、《民事诉讼法》第二百条所规定的"审判组织的组成不合法或者依法应当回避的审判人员没有回避"等四项情形仅属于审判程序违法事由和情形中的一部分甚至可以说是极小的部分。如受诉法院依据法定方式送达诉讼文书、传唤当事人、受诉法院未遵守法定程序调查证据、当事人未按法定方式实施诉讼行为等不属于"严重违反法定程序"情形而仅可称为"一般性的审判程序违法"不仅不能经由上诉、再审程序予以纠正,而且由于程序异议权的缺失也很难在民事诉讼程序进行中得到及时的改正。这也就意味着,在我国的民事诉讼中,无论是受诉法院还是当事人,虽然所实施的诉讼行为违反了诉讼程序,但只要尚未达到"严重违反法定程序"的程度,更准确地讲,只要不属于现行《民事诉讼法》第一百七十条、第二百条

（接上页）情形。两相比较,不难看出,不管是有意为之还是偶然巧合,最高人民法院《民事诉讼法解释》第三百二十五条就一审判决"严重违反法定程序"所作的解释与现行《民事诉讼法》第二百条所规定的可引起再审的审判程序违法事由完全相同。笔者认为,最高人民法院就"严重违反法定程序"所作的解释显然失之过严,至少未能区分二审程序与再审程序的不同性质作出符合民事诉讼法理的解释。从立法技术上讲,现行《民事诉讼法》第一百七十条既然将"原判决遗漏当事人"及"违法缺席判决"作为一审判决"严重违反法定程序"的例示情形予以规定,则举凡与"原判决遗漏当事人"或"违法缺席判决"具有同一性或者说处于同一层面的违反诉讼程序的诉讼行为均理应解释为能由第二审法院撤销的"严重违反法定程序"的诉讼行为。此外,相比于作为通常救济程序的第二审程序而言,再审程序乃是以牺牲判决的既判力以及法的安定性为代价的特别救济程序,根据"举重以明轻"的解释方法和原理,诸如违法缺席判决等可引起再审的审判程序违法事由固然应可同时作为第二审法院撤销一审判决的审判程序违法事由,但从理论上讲可作为第二审法院撤销一审判决的审判程序违法事由却绝不应仅限于可引起再审的审判程序违法事由,前者的范围显然应较后者宽泛。换言之,作为引发再审的审判程序违法事由之情形与范围应当比引发二审撤销一审判决的审判程序违法范围小,现行立法不应当将二者的范围和情形作几乎完全等同处理。笔者认为,与最高人民法院《民事诉讼法解释》第三百二十五条所规定的"审判组织的组成不合法"等四项"严重违反法定程序"的情形处于同一层面和性质的审判程序违法事由的诸如"应公开审判而未公开审判""应开庭审理而未开庭审理"等显然也应被解释到"严重违反法定程序"之范畴。如此的解释论观点方符合该条规范所采取的例示规范的立法技术。在审判程序违法类型化处理命题下,再审和二审作为两种规制审判程序违法的救济手段,指向不同类型的审判程序违法,有各自的内在规定性与适用情形,应当从其各自的内在规定性出发,识别和界定审判程序违法的情形和事由,而不是将二者混同,如此的制度设计与安排也方才符合前文论及的"审判程序违法类型与救济手段相匹配"之要求和解释方法。

或《最高人民法院〈民事诉讼法解释〉》第三百二十五条所明确规定的
"严重违反法定程序"情形之一，便不会在继起的诉讼程序中被确认违法
从而使得该诉讼行为处于尽管不合法却事实上有效的不正当状态（由于
程序异议权的缺失，"严重违反法定程序"以外的诉讼审判程序违法状态
并不能当然地消除）。毋庸讳言，在这样的制度安排下，我们显然没有坚
实的理由期待我国的民事诉讼程序可以一以贯之地合法、妥当地运行。

　　从实践层面考察，我国民事司法实践中审判程序违法现象也主要或突
出体现为诉讼主体尤其是受诉法院所实施的诉讼行为"一般性审判程序
违法"，如受诉法院未按法定方式送达诉讼文书、传唤当事人、受诉法院
未遵守法定程序调查证据等。受诉法院所实施的诉讼行为"严重违反法
定程序"反而相对较少。以北京市为例，笔者以"民事案件""二审程
序""审判程序违法""北京市法院"等为检索条件在中国裁判文书网上
查询得知，2015 年 6 月 1 日至 2016 年 5 月 31 日，北京市民事二审案件共
30529 件，其中上诉理由涉及审判程序违法的案件 1228 件，占北京市民
事二审案件总量的 4.02%。笔者随机抽取 60 份二审裁判文书予以分析发
现，当事人以送达不合法为由上诉的案件 15 件，以违法缺席判决为由上
诉的案件 2 件，以一审法院超出审理期限为由上诉的案件 35 件，以一审
中诉讼代理人无代理权为由上诉的案件 1 件，以一审法院未给被告法定答
辩期限为由上诉的案件 2 件，以判决书署名的陪审员未参加庭审为由上诉
的案件 5 件。不难看出，在上述 60 件涉及一审审判程序违法的上诉案件
中，只有人民陪审员未参加庭审、违法缺席判决等 7 件案件中的审判程序
违法属于《民事诉讼法》第一百七十条及《民事诉讼法解释》第三百二
十五条所规定的可以发回重审的"严重违反法定程序"的情形，其余的
53 件案件均属于一般的审判程序违法。再以武汉市为例，笔者以"民事
案件""二审程序""审判程序违法""武汉市法院"等为检索条件在中
国裁判文书网上查询得知，2015 年 6 月 1 日至 2016 年 5 月 31 日，武汉市
民事二审案件共 5158 件，其中上诉理由涉及审判程序违法的案件 2793
件，占武汉市民事二审案件总量的 5.41%。笔者随机抽取其中 40 份二审
裁判文书予以分析发现，当事人以送达不合法为由上诉的案件 12 件，以
一审遗漏当事人为由上诉的案件 1 件，以一审法院未给被告法定答辩期限
为由上诉的案件 1 件，以适用简易程序错误为由上诉的案件 2 件，以一审
法院超出审理期限为由上诉的案件 22 件，以判决书署名的审判员未参加

庭审为由上诉的案件 1 件，以法庭调查中举证、质证违反法定程序为由上诉的案件 1 件。不难看出，在上述 40 份涉及一审审判程序违法的上诉案件中，只有遗漏当事人、错误适用简易程序及审判员只判决而未审理等 4 件案件涉及"严重违反法定程序"，其余的 36 件案件均属于一般的审判程序违法。

依笔者悬揣，造成此种现象的主要原因在于：第一，根据前面的分析可知，受诉法院所实施的诉讼行为如果"严重违反法定程序"，当事人可据之提起上诉或申请再审请求撤销，基于这样的规制，可以说受诉法院并无充足的理由故意实施"严重违反法定程序"的诉讼行为。第二，在民事诉讼中，当事人实施的诉讼行为是否合乎法定的要件、方式需要经过受诉法院的审查判断，当事人实施的诉讼行为如果不符合法定的要件、方式将会被法院裁定驳回。在民事司法实践中，由于受诉法院疏于审查误认当事人所实施的不合法的诉讼行为合法从而在客观上导致当事人所实施的诉讼行为"一般性审判程序违法"较为少见。第三，在民事司法实践中，当事人对于受诉法院实施的违反诉讼程序的诉讼行为即便及时提出了异议，指责其违法并要求纠正，事实上也由于程序异议权的缺失而不能产生令人满意的效果。根本原因在于，当事人所提异议对受诉法院不能产生制度上的拘束力，受诉法院对于当事人所提异议也并无应答义务。违反诉讼程序的诉讼行为实施后，无论是受诉法院重新为之还是对其进行纠正，不仅需要投入一定的成本支出，更会在一定程度上影响案件的审结。显而易见的是，在欠缺制度性约束的司法运行环境下，期待受诉法院的每一个法官或大多数法官能够依道德上的自律主动或应当事人的请求纠正自己所实施的违反诉讼程序的诉讼行为似为奢谈。① 我国民事司法实践中一直以来审判程序违法尤其是不能经由上诉、再审程序予以纠正的"一般性审判程序违法"现象较为突出，这固然不能说全因程序异议权的缺失所致，

---

① 根据现行《民事诉讼法》第二百〇八条第三款的规定，针对审判人员的违法行为，人民检察院有权提出检察建议进行检察监督（2012 年《民事诉讼法》修改时所增设）。尽管不能否认检察建议制度的建立具有进步意义，但我们更应看到的是，人民检察院提出的检察建议对于人民法院只有"建议的"效力并无拘束力，是否采纳检察建议乃是由人民法院自己决定。人民法院即便不采纳检察建议也无须对人民检察院予以回应或回复。检察建议所固有的制度性缺陷注定了其无法实现立法者所期待的督促人民法院依法定程序实施诉讼行为之机能。在我国的民事司法实践中，人民检察院针对审判人员的违法行为发出检察建议固然绝少见之，人民法院采纳了人民检察院提出的检察建议并由此纠正了所实施的违法行为更为罕见。

但至少可以说程序异议权的缺失助长了不能经由上诉、再审程序予以纠正的一般性审判程序违法现象的滋生。

根据笔者对所涉 100 份二审裁判文书进一步的分析得知，无论是北京市的二审法院还是武汉市的二审法院，其对于上诉人所提上诉请求之处理均因一审审判程序违法是否属于《民事诉讼法》第一百七十条及《民事诉讼法解释》第三百二十五条所规定的"严重违反法定程序的情形"而异。如果一审审判程序违法属于"严重违反法定程序的情形"，则一般裁定撤销原判、发回重审。如以违法缺席判决为上诉理由的（2015）京一中民（商）终字第 4689 号案件、（2016）京 01 民终 784 号民事案件即为适例。相反，如果一审程序不属于"严重违反法定程序的情形"，则二审法院虽承认一审审判程序违法，但并不发回重审或改判。如在以一审超审理期限为由的上诉案件中，二审法院均认为一审超审理期限不影响裁判实体结果，并不构成发回重审或改判的理由。又如，在（2016）京 01 民终 1051 号民事案件中，二审法院认为一审法院没有将起诉状送至全部当事人虽然审判程序违法，但并不能当然地导致二审改判或发回重审。在（2015）鄂武汉中民商终字第 01301 号民事案件中，二审法院认为一审法庭调查中举证、质证虽不合法，但并不影响案件判决。在（2015）鄂武汉中民商终字第 01465 号民事案件中，二审法院认为一审法院虽未给予上诉人足够的答辩期限，但上诉人的权利并未受到影响。值得一提的是，在（2015）京一中民（商）终字第 9235 号民事案件中，二审法院似无意识地运用了程序异议权丧失的原理作出了裁判。在该案中，二审法院认为，一审法院虽然在原告变更诉讼请求后没有给被告法定期限进行答辩，但由于被告在一审中对此并未提出异议并且已对变更后的诉讼请求进行答辩，故其已行使了答辩的权利。窥一斑而知全豹，可见在我国的民事诉讼中，由于程序异议权制度的缺失，不仅使得诉讼行为的审判程序违法在诉讼程序进行中得不到及时地纠正，更会造成诉讼行为的一般审判程序违法状态无法从根本上消除。显而易见的是，在这样的背景下运行民事诉讼程序，将不可避免地纵容诉讼主体尤其是受诉法院"堂而皇之"地实施违法的诉讼行为，甚至为其实施违法的诉讼行为提供了"合法"的口实。在司法公信力较为薄弱亟待提升的当下，这无论如何都不是我们愿意见到的。

三　程序异议权对我国民事诉讼立法的启示

笔者认为，无论是为了填补我国民事诉讼立法的漏洞，丰富我国民事诉讼理论，还是为了保障民事诉讼程序合法、妥当地运行，提升国民对司法公正的信赖，我们均亟待建立程序异议权制度。一方面，借助程序异议权所固有的诉讼程序监督功能，将使得民事诉讼程序的运行处于当事人的监督状态中，进而能督促诉讼主体依法定程序实施诉讼行为。另一方面，借助程序异议权所衍生的治愈诉讼行为一般程序瑕疵之功能，不仅为现行制度框架下"严重违反法定程序"以外的一般审判程序违法行为的有效性提供正当的解释依据而使得民事诉讼自始处在合法的运行状态，也必能促使诉讼程序的顺畅进行，维护程序的安定性。① 笔者认为，在我国程序异议权制度的具体布设与适用上，我们不妨借鉴前述德国、日本的相关立法、学说及判例，重点把握以下几个方面。

第一，为凸显程序异议权的诉讼程序监督权之性质，保障程序异议权的行使能对受诉法院产生制度上的拘束力，民事诉讼立法除应明确宣示当事人享有程序异议权外，还应同时规定受诉法院对于当事人所提异议应当作出及时的判断。具体的路径是，受诉法院经过审查，如果认为当事人所提异议无理由，则应裁定驳回当事人的异议。鉴于该项裁定为诉讼程序进行中所作的裁定，当事人不得提起上诉表示不服。与之相反，受诉法院经过审查，如果认为当事人所提异议有理由，则应认定被责问的诉讼行为因违反诉讼程序而无效。

第二，为实现程序异议权所衍生的治愈诉讼行为一般程序瑕疵之功能，促使民事诉讼程序顺畅地进行，维护程序的安定性，民事诉讼立法应规制当事人对程序异议权的行使。具体而言，民事诉讼立法须明确强调当事人应当及时或不迟延地行使程序异议权，否则将丧失程序异议权。判断当事人是否及时或不迟延地行使了程序异议权应以其知道或者应当知道诉讼行为违反了诉讼程序为基准时。质言之，在民事诉讼中，违反诉讼程序的诉讼行为发生后，如果当事人在能够向受诉法院陈述异议的最近的机会中指责相关诉讼行为违反了诉讼程序即可认为其及时或不迟延地行使了程序异议权。

---

① 从大陆法系各国或地区的民事诉讼来看，程序异议权制度的建立与其是否采取律师强制代理并无关系。如在采取本人诉讼主义的日本及我国台湾地区，其民事诉讼立法均明确承认当事人享有程序异议权。因而，笔者认为，虽然我国民事诉讼不采律师强制代理主义，但这并不会成为我们构建程序异议权制度的障碍。此外，我国现行《民事诉讼法》第一百二十六条、第一百三十七条明确规定受诉法院及审判长在开庭前以及庭审中须书面或口头告知当事人所应享有的诉讼权利，这无疑为当事人知晓并行使行使程序异议权提供了坚实的制度保障。

第三，为谋求民事诉讼程序合法运行与诉讼程序安定之间的内在平衡，确保程序异议权制度能够妥当地适用，应正确地界定可成为程序异议权丧失的对象的诉讼行为之范围。对此，我们可以参照德国、日本的判例、学说关于"可以放弃遵守"的诉讼程序规范的理解，将程序异议权的丧失对象限定为主要或专为当事人进行诉讼的便利而设的具有私益性质的诉讼程序规范所规制的诉讼行为。具体来讲，我国现行《民事诉讼法》第一百七十条、第二百条及《〈民事诉讼法解释〉》第三百二十五条所规定的"严重违反法定程序"以外的诉讼行为以及与其在性质上处于同一层面的违反诉讼程序的诉讼行为均可界定为程序异议权丧失的对象。

第四，为昭示程序异议权是当事人所享有的一项权利，体现对当事人处分权的尊重，应允许当事人在程序异议权丧失的同一范围内，主动舍弃程序异议权。当事人舍弃程序异议权应向受诉法院作出意思表示，通常采取口头的方式，但以书面的方式为之也有效，即便采取默示的方式亦无不可。当事人舍弃程序异议权与丧失程序异议权具有同一法律效果，即违反了诉讼程序的诉讼行为由于当事人未及时提出异议或者放弃异议而使得所存在的程序瑕疵予以消除，并成为一开始就有效的诉讼行为。

第五章 审判程序违法类型化处理之发回重审

无论是在1991年正式颁行的《民事诉讼法》里面，还是在2007年第二次修改以后的《民事诉讼法》中均规定了第二审人民法院应当发回重审的审判程序违法事由，也即"原判决违反法定程序，可能影响案件正确判决的"。2012年修改的《民事诉讼法》改变了此前一贯沿用的立法表述，其第一百七十条第一款第（四）项中发回重审的审判程序违法事由被限定为"严重违反法定程序的情形"，并且"可能影响案件正确判决的"这一要件也被删除。毋庸讳言，严格限定发回重审的条件确实能够极大减少发回重审案件的数量，抑制不当发回、随意发回重审等"怪异现象"[1] 的发生。然而，在我国民事司法实务操作中，作为发回重审事由的"严重违反法定程序"之识别与认定混乱、无序的乱象却屡见不鲜，尤其表现在法院界定"严重违反法定程序"的"非法定情形"时未遵循科学统一的识别标准，导致裁量权的滥用。作为例示规范的《民事诉讼法》第一百七十条第一款第（四）项的失范是根本缘由，其择取的审判程序违法例示情形仅凸显违法程度的"严重性"，没有把发回重审乃是因为侵害了当事人的审级利益而有必要需要发回重审进一步进行言词辩论的程序机理和特点体现出来，"严重违反法定程序"在立法技术上属于概括性事项，理应是审判程序违法应当发回重审事项之共同特性的概括和体现，但其也未凸显出发回重审审判程序违法事由的具体特点。本章拟借鉴

---

[1] 在过去的较长时期里，二审法院利用发回重审的方式转嫁因判决而导致信访、申诉的风险或者摆脱查明事实的负担，从而导致乱发回、随意发回、不当发回的现象时有发生。在实务中甚至出现极端情形，造成个别案件在两审法院之间多次往返，绵延数十年而难以审结。由此引起当事人及公众关于二审"滥发回""乱发回"的激烈抱怨与批评。参见王亚新、陈杭平、刘君博《中国民事诉讼法重点讲义》，高等教育出版社2017年版，第274页。

德国、日本等大陆法系国家或地区的民事诉讼制度中对二审应发回重审的严重性审判程序违法事由的定性，分析梳理发回重审事由之"严重违反法定程序"的应然的合理标准，在此基础上，检讨我国民事诉讼立法与司法实践中关于因审判程序违法而发回重审的事由之设置和认定上所存在的不足，并就二审发回重审审判程序违法事由的制度完善提出相应的建议。

第一节　发回重审的审判程序违法事由之应然特质

一　须以维护审级利益及有必要续行言词辩论为前提

如前所述，所谓审判程序违法，是指诉讼主体实施的诉讼行为没有遵循程序法规范所规定的要件、方式，包含所有不符合程序法规定的要件、方式的取证、庭审和裁判运作在内的所有诉讼行为。在民事诉讼中，程序主体违反的程序法规范的性质不同又构成不同类型的审判程序违法。具体而言，审判程序违法大体上可以划分为两种类型：一类是违反或动摇了民事诉讼的基本原则或基本诉讼制度，譬如，应当公开审理的案件而未公开审理，依法需要回避的法官没有回避等；另一类乃是违反了《民事诉讼法》所规定的各项具体的诉讼程序，比如说审判法官没有按应有的法庭调查的顺序调查证据，抑或是在没有正当理由的情况下，允许一方当事人宣读证人在法庭之外所作的书面的证言等。[1] 法院公正、合法地作出判决始可为人民所接受自不待多言，而诉讼程序合法、合规地运行是保障法院作出具有正当性和合法性的判决的重要保障甚至是前提条件。并且从理论上讲，几乎所有的诉讼程序的设计都有特定的价值实现之考量。这种价值的核心就是实现公正的审判和程序的正义，受诉法院违背程序法规范实施诉讼行为而推进审判进程，最终必将损害当事人获得公正审判的权利。因此，合法的程序展开不仅是民事裁判具备正当性和可接受性的基础，也是维护当事人合法权益和程序正义的内在要求。如果受诉法院未遵守法定程序作出裁判，不仅侵蚀了当事人的诉讼权利，也影响裁判结果的正确性，

---

[1]　参见鲁千晓、吴新梅《诉讼程序公正论》，人民法院出版社2004年版，第138页。

更是动摇了审判程序的正当性。① 因此对于审判程序违法行为，应当为当事人提供救济的途径，因为"无救济则无权利"，设若当事人的诉讼权利受到侵犯后无法获得任何有效的救济，尤其是不能通过诉讼程序进行救济，那么，该权利的存在将毫无意义。②

在民事诉讼中，对于第一审法院来讲，如果其所作的判决违反了相关的程序法规范，除前述可舍弃的或者可以放弃责问的程序瑕疵由于当事人迟延行使责问权或者放弃责问而使程序瑕疵得以治愈外，当事人均可经由上诉声明不服。③ 由于第二审法院为事实审法院，故有义务自行消除第一审诉讼程序的瑕疵，并在此基础上自为判决。④ 第二审人民法院不得恣意地将案件发回原审人民法院重审，发回重审只能构成二审法院自行判决的例外处置。因为发回重审势必造成诉讼进程的拖延以及司法资源的浪费，与民事诉讼之公平公正、迅速经济之理想价值相去甚远。不仅如此，发回重审意味着之前走过的程序要从头再来，不仅会增加当事人和法院的诉讼负担，也有损司法权威和司法的公信力等，这些都是不容忽视的弊端。尽管如此，正如本书第一章第三节所提到的，当第一审的审判程序违法侵害到了当事人的审级利益，二审法院针对上诉案件自行作出判决会侵蚀或牺牲当事人的审级利益时，二审法院则丧失了自行裁判的前置性要求，必须例外地将案件发回原审法院重新审理而不能自行作出裁判。

所谓审级利益，一般是指当事人所具有的经由两个事实审法院的合法审判之程序上的地位。就民事诉讼而言，当事人的审级利益具体体现为当事人在不同审级的法官面前展开攻击防御并以此为基础受合法裁判的程序利益。⑤ 在两审终审的制度背景下，无论原告还是被告都享有审级利益，也就是经由上下两级法院的公正审判来解决彼此间民事纠纷的利益。在原审法院严重违反审判程序的情况下，不仅丧失了诉讼程序运行的公正性以及法院判决的正当性基础，也极大地侵害了当事人的程序利益和审级利益，如果不发回原审人民法院重审，而直接由第二审人民法院改判，从程

---

① 本部分内容详见占善刚、刘芳《审判程序违法与发回重审——〈民事诉讼法〉第170条之检讨》，《江西财经大学学报》2014年第5期。

② 参见陈瑞华《程序性制裁理论》，中国法制出版社2005年版，第199页。

③ Zöller /Greger, ZPO，§ 295, Rn. 9, 28. Aufl., 2010；[日]兼子一、松浦馨、新堂幸司、竹下守夫：《条解民事诉讼法》，弘文堂1986年版，第362页。

④ Zöller /Greger, ZPO，§ 538, Rn. 21, 28. Aufl., 2010.

⑤ 参见 [日]上田徹一郎《民事诉讼法》，法学书院2004年版，第572页。

序外观和形式上看，当事人虽然是受到了两级法院审判，但其本来所享有的可以获得两级法院公正审判的审级利益就受到了侵蚀，因为从本质上而言，当事人只经过了二审法院这一级的公正审判。[1] 尤其是在一审严重违反法定程序，几乎与未践行一审程序无异的情况下，如果直接由二审法院自行裁判，不啻侵蚀了当事人关于审级之利益而徒使审级制度形同虚设，[2] 这不仅会动摇民事诉讼审级制度的根基，而且会影响裁判的真实性从而最终影响人民对裁判正当性及司法制度的信赖。因此，相比于追求加快诉讼程序和诉讼效率所带来的程序利益，当事人的审级利益显然更值得重视及维护。

在民事诉讼中，基于言词原则的规制，受诉法院必须以当事人在言词辩论中呈现出来的诉讼资料为基础作出裁判。因而可以合乎逻辑地认为，就第一审民事案件而言，如果作为裁判基础的事实及证据没有或未能全部地呈现于当事人的言词辩论中，即可认为当事人的审级利益受到全部或部分的侵蚀。在此种情形下，为维护当事人的审级利益，第二审法院便有必要将案件发回到原一审法院以便其组织当事人就案件作进一步的言词辩论。此几乎是域外的立法通例。例如，德国《民事诉讼法》第五百三十八条第二款规定："在进一步的言词辩论是必要的情形下，控诉法院可以在撤销原判决与程序的基础上将案件发回到一审法院重审。"日本《民事诉讼法》第三百〇七条作出了撤销第一审驳回原告起诉的判决的场合必须发回重审的规定，但事件无另外进行辩论的必要时除外，且同法第三百〇八条第一款进一步规定，控诉审法院撤销一审判决的是否应发回重审，也是要看事件是否有进一步辩论的必要。[3] 我国台湾地区的"民事诉讼法"中的相关规定也是如此。[4] 由此可知，以大陆法系为代表的德国、日本及我国台湾地区的民事诉讼立法关于二审法院针对上诉案件之处置均以从保护审级利益的角度出发而有进一步辩论的必要时始可发回原审法院

---

① 参见占善刚、熊洋《关于二审程序中诉之追加问题的思考》，《甘肃政法学院学报》2007年第3期。

② 参见吴明轩《民事诉讼法》（下册），台湾三民书局2016年版，第1412页。

③ 日本《民事诉讼法》第三百〇七条规定"控诉法院，撤销第一审驳回原告起诉的判决之场合，必须将事件发回至第一审法院，但是事件无另外进行辩论的必要时，不在此限"，第三百〇八条："前条本文规定的场合以外，控诉法院撤销第一审判决的场合，关于事件有进一步辩论的必要时，须将案件发回到第一审法院。"

④ 我国台湾地区"民事诉讼法"第四百五十一条规定"第一审程序有重大瑕疵者，第二审法院得废弃原判决，而将事件发回原法院，但以因维持审级制度认为必要时为限"。

重审。

在解释上，所谓"需要作进一步的言词辩论"通常是指第一审法院没有或没有完全基于当事人言词辩论的结果作出裁判，因而需要当事人在第一审言词辩论程序中对成为裁判基础的事实及证据展开攻击防御。因此，如果第二审法院直接以第一审言词辩论程序中所呈现出的诉讼资料为基础即能使裁判达到可以作出的程度，即便需要第二审法院自身进行必要的证据调查，该案件也缺乏由当事人作进一步言词辩论的必要，因而也就不能由第二审法院发回重审。① 如果当事人在第二审诉讼程序中合法地提出了新的诉讼资料，则第二审法院针对这些新提出的诉讼资料只要能在自行调查证据的基础上进行裁判并且能达到使裁判成熟的程度，第二审法院仍不能将案件发回到原一审法院重审。另外需要说明的是，如果当事人在第二审诉讼中合法地变更了其诉讼请求，提起了反诉，第二审法院也不能仅为了贯彻审级制度即将第二审中变更后的诉或新增加的反诉发回到原一审法院重审，因为在继续审理制构造下，第二审法院针对变更后的诉或新增加的反诉自行裁判乃是合法的制度安排。同当事人在第二审诉讼程序中合法地提出了新的诉讼资料一样，当事人在第二审诉讼程序中合法地进行了诉的变更或提起了反诉也不属于案件"需要作进一步的言词辩论"的范围。②

总之，在大陆法系主要国家或地区的民事诉讼中，案件"需要作进一步的言词辩论"乃是第二审法院能将案件发回到第一审法院重新审理的唯一合法要件，除此以外的发回重审，均是不合法的。第二审法院既不能出于减轻自己的负担之考虑将案件发回到原一审法院重审，更不能基于双方当事人的合意而将案件发回到原一审法院重审。③ 不过，根据德国联邦法院的判例，即便满足发回重审的前提条件也即案件需要在第一审程序中由当事人作进一步的言词辩论的，第二审法院也可以不发回重审而是自为判决。也即发回重审并不具有绝对的强制性，第二审法院根据案件审理的需要可以在发回重审与自行裁判之间进行裁量。不过，这种裁量是义务性的，第二审法院需要在判决理由中对此作出能够为上告法院审查的实质性的说明。控诉法院在裁量决定时，除了要考虑当事人的审级利益的维护

① Zöller /Greger, ZPO, §538, Rn. 47, 28. Aufl., 2010.
② Saenger, ZPO, §538, Rn. 4, 5. Aufl., 2013.
③ Zöller/ Greger, ZPO, §538, Rn. 6, 28. Aufl., 2010.

外，还应当考虑因发回重审而导致诉讼成本增加以及由于诉讼迟延而导致原告不能早日获得确定判决之执行名义之不利益。不过，如果第一审诉讼程序存在非常严重的瑕疵，以至于第一审程序不能构成第二审法院续行诉讼程序的基础，如存在根本不能容忍的裁判偏颇等方面的错误，则第二审法院的自由裁量幅度将降至为零。① 联邦法院认为，尽管要求第二审法院必须在判决理由中详细地说明对于作出裁量决定有重要意义的考量因素，但是对此不能提出过高的要求，如果从判决理由中可以看出第二审法院在自行裁判与发回重审之间注意并考虑到了可供裁量的因素，则一般认为即满足了说理的要求。联邦法院特别强调，如果当事人间的争讼已多年未结，并且已由第二审法院或上告法院多次发回重审，为早日实现原告的债权，即使存在发回重审的必要性，第二审法院也应自行作出判决。②

在日本，学说上普遍认为，如果具备发回重审的前提条件，除第二审法院认为第一审法院判决原告的起诉不合法是错误的，本案全然没有经过第一审的审判而必须发回重审以外，其他情形下是否撤销第一审判决，发回第一审法院重新审理乃是由第二审法院斟酌决定，在有审级维护的趣旨之适用，也即要避免当事人之审级利益受到侵蚀的场合，得发回重审。③但是例外的是，在关于案件事实没有争议的场合，或者在第一审中已经进行了实体判断的场合，没有再为辩论的必要时，则没必要发回重审。④ 日本判例与日本学说持相同立场，认为一审违反诉讼程序，致使有在一审进行进一步的辩论有必要时，应发回重审。例如，一审法院在不知晓被告在诉状送达后死亡的情形下作出了判决，⑤ 一审法院由于疏忽未审查作为被告的公司的代表人代表权限的欠缺作出了判决，⑥ 一审法院在当事人由于不可归责于己之事由，被剥夺了在一审出庭的机会情形下作出了判决，⑦等等。

从我国台湾地区"民事诉讼法"第四百五十一条所蕴含的"得"这

---

① Saenger, ZPO, §538, Rn. 4, 5. Aufl., 2013.
② Beck'scher Online-Kommentar ZPO, §538, Rn. 6, 12. Aufl., 2014.
③ 参见［日］兼子一、松浦馨、新堂幸司、竹下守夫等《条解民事诉讼法》，弘文堂2011年版，第1594页。
④ 参见［日］河野正宪《民事诉讼法》，有斐阁2009年版，第818页。
⑤ 日本东京高等法院昭和41年10月31日判例。
⑥ 日本最高法院昭和45年12月25日判例。
⑦ 日本东京高等法院昭和34年9月3日判例。

一字眼来看，第二审法院对于上诉案件是自行裁判还是发回重审也是有裁量权的。我国台湾地区的学者均持有相同的观点，如林家祺、刘俊麟即认为，第二审法院决定应否予以发回，有自行斟酌权，因为第二审亦兼采事实审，可以补正者，得自行命补正，诉讼程序之瑕疵即行除去，无须再发回重审。① 陈荣宗、林庆苗也认为从第二审发回重审这一制度设计之趣旨来看，维护审级利益乃是主要的，若是在继续审理制的二审程序中法院经过言词辩论之后可以补正瑕疵并且无害当事人审级利益的，则没有必要发回原审法院重审。② 姚瑞光大法官也指出，二审法院发回重审应以是否有维护审级利益的必要为基准，即便原审程序存在重大的审判程序违法的情形，二审法院不是必然要发回重审，其享有一定的自由裁量权，只有在若不发回重审作进一步的言词辩论会产生少一个审级的结果的场合下，才有必要适用发回重审制度。若诸如言词辩论应公开而不公开，诉讼程序停止时所为之辩论即判决之类的程序瑕疵，均不产生少一个审级之结果，应在不得发回之列。③ 又如，如果当事人欠缺诉讼能力，也没有合法的代理人代为参与诉讼，在第一审没有经合法之代理人参与诉讼之情形几乎与未践行第一审程序无异，其第一审程序自有重大程序瑕疵，然而，若该起诉合法要件经补正，且没有剥夺当事人审级利益之虞，那么此项欠缺既然已经补正，便没有了允许二审法院发回重审之余地。④

如上所述，在德国、日本等大陆法系国家的民事诉讼中，因审判程序违法发回重审必须满足案件有要保护审级利益，并且当事人有续行言词辩论的必要这一前提条件。从诉讼理论上讲，引起案件有"续行言词辩论的必要"的原因不外乎两种：第一，作为裁判基础的诉讼资料由于重大的审判程序违法而未能适法地让一审程序中的受案法官获知。第二，第一审法院对当事人之间的争议所作的裁判并不全面，换言之即裁判不是在全部范围内所作。这两种原因分别构成了发回重审的审判程序违法理由与实体判断错误理由。⑤ 因此，二审发回重审的审判程序违法事由乃是以维护当事人的审级利益，且有进一步言词辩论的必要为前提的严重性审判程序违法（重大程序瑕疵）。

---

① 参见林家祺、刘俊麟《民事诉讼法》，台湾五南图书出版公司 2007 年版，第 606 页。
② 参见陈荣宗、林庆苗《民事诉讼法》（下），台湾三民书局 2015 年版，第 42 页。
③ 参见姚瑞光《民事诉讼法论》，中国政法大学出版社 2011 年版，第 441 页。
④ 参见吴明轩《民事诉讼法》（下册），台湾三民书局 2016 年版，第 1412 页。
⑤ Musielak, ZPO, § 538, Rn. 3, 11. Aufl., 2014.

二　一审审判程序存在重大程序瑕疵

正如前所述，在大陆法系国家和地区，以德国、日本以及我国台湾地区为代表的民事诉讼立法中，应当发回重审的审判程序违法事由必须是一审诉讼程序有重大的程序瑕疵。究竟何种事由为重大的程序瑕疵，下文将详述之。①

在德国，只有重大的程序瑕疵（wesentlichen verfahrenmangel）可以作为发回重审的审判程序违法事由。从德国《民事诉讼法》第五百三十八条第二款第一句规定的第（一）项至第（七）项所列举的发回重审理由来看，发回重审的审判程序违法理由分为一般的审判程序违法理由与特别的审判程序违法理由两大类。前者是指第（一）项所规定的"一审程序存在重大瑕疵（wesentlichen mangel）并且由于该瑕疵导致必须进行范围广（umfangreiche）或者费用高（aufwendige）的证据调查"，后者包括第（二）项、第（六）项所规定的不合法的缺席判决以及第（七）项所规定的违法一部终局判决（部分判决）。通常认为，构成"重大程序瑕疵"必须同时满足以下两个条件：第一，其为程序瑕疵（error in procedendo），而不是判决中的实体法错误（error in indicando）。因此，如果第一审法院在发现法的过程中存在实体观点错误或者与第二审法院的观点发生分歧，即不构成程序瑕疵。当然，是实体法上的错误还是程序瑕疵，在个别的情况下是很难界定的。特别是在错误地适用、解释、故意忽略了一项规则的情形下更是如此。一般认为，法院对于证明责任的认识发生错误属于实体法错误；与之相反，法院对于当事人的意思表示或合同的解释发生错误，则不仅属于实体法错误，也可能属于程序瑕疵。② 根据德国联邦法院的判例及通说，第一审诉讼程序是否存在瑕疵应当根据第一审法院的立场进行判断，即使第一审法院存在实体观点错误，并且据此给当事人作出了不正确的指示或者由于其对实体法律作出了不正确的判断而未给当事人作出客观上有必要的指示的，也不构成程序瑕疵。③ 与此相反，少数学者主张，第一审诉讼程序是否存在瑕疵，应当由控诉法院从其自身的立场作出判

---

① 详见占善刚《民事诉讼发回重审的理由比较研究》，《比较法研究》2015 年第 6 期。

② BGH NJW 2007，370；Musielak，ZPO，§ 538，Rn. 7，11. Aufl.，2014；Beck'scher Online-Kommentar ZPO，§ 538，Rn. 8，12. Aufl.，2014.

③ BGH NJW-RR，2010，1048；BGH NJW-RR，2012，1201；Zimmermann，ZPO，§ 538，Rn. 2，9. Aufl.，2011；Musielak，ZPO，§ 538，Rn. 8，11. Aufl.，2014.

断。因为只有这样才能确保当事人的上诉请求得到客观的、正确的审查，也才能保证当事人有机会在第一审程序中进行完整的陈述。如果从第一审法院的不恰当的观点出发判断第一审诉讼程序是否存在这样的瑕疵，则当事人将有可能失去在第一审程序中进行完整的陈述的机会。[1]

第二，程序瑕疵是重大的。尽管在个案中，对审判程序违法是否构成重大的程序瑕疵作出妥善的判断存在困难，特别是划定其与所谓的普通的程序瑕疵（einfache verfahrenmangel）的令人信服的界限并不成功，德国学者还是普遍性地认为，如果一审法院不当地限制了当事人充分地陈述对裁判具有重要性的攻击防御方法并且由此对判决结论的形成产生了实际的影响，该程序瑕疵即是重大的。[2] 德国联邦法院也认为，如果由审判程序违法削弱了当事人在一审中关于事实主张及证据的提出，以至于一审程序不能成为法院裁判的合法的基础（ordnungsgemäße grundlage）即满足了程序瑕疵"重大性"的基本要求。[3] 依照德国联邦法院判例和部分学者的见解，程序瑕疵是重大的，并不是指第一审法院单纯地"严重"（schwere）或"较大地"（große）违反了诉讼程序，而是指由于第一审中程序瑕疵的存在导致第一审法院所作的判决不能作为第二审法院判决的基础。更准确地讲，是指第一审诉讼程序瑕疵与一审判决的不正确之间具有因果关系或对后者造成了实质性的影响，至于第一审法院对此有无过错则在所不问。[4] 第一审诉讼程序如果存在《民事诉讼法》第五百四十七条所规定的绝对上告理由的情形，则不可反驳地推定程序瑕疵与判决结果之间具有因果关系。[5] 因此，德国联邦法院认为，《民事诉讼法》第五百四十七条列明的所有绝对上告理由均构成重大的程序瑕疵。[6]

与此不同的是，有少数学者则是从法定听审请求权的角度去阐释"重大程序瑕疵"的内涵。其认为，如果第一审法院错误地限制了当事人就对判决具有重要性的事实全面提出攻击和防御手段的权利，或者使当事

---

[1] Rimmelspracher, Münchener Kommentar zur ZPO, § 538, Rn. 22, 5. Aufl., 2016.

[2] Musielak/Voit, ZPO, § 538, Rn. 917. Aufl. 2020; Rimmelspracher, Münchener Kommentar zur ZPO, § 538, Rn. 9.5. Aufl., 2016.

[3] BGH NJW-RR 2003, 131; BGH NJW 2008, 1672.

[4] Baumbach/Lautbach/Albers/Hart, ZPO, § 538, Rn. 6, 69. Aufl., 2011; BGH NJW 2000, 2508.

[5] Thomas/Putzo, ZPO, § 538, Rn. 9, Aufl., 2010; Zöller /Greger, ZPO, § 295, Rn. 11, Aufl., 2010; BGH NJW-RR 1990, 480.

[6] BGH NJW 2011, 769.

人不能完整地行使该权利，则属于程序有瑕疵，并且瑕疵是重大的。该种程序瑕疵毋宁认为是，法定听审请求权没能在民事诉讼中得到落实的具体体现。第一审诉讼程序存在《民事诉讼法》第五百四十七条所规定的情形仅部分地或更确切地说仅偶然地与侵害法定听审请求权相吻合。① 在德国，尽管关于"重大的程序瑕疵"的内涵存在两种不同的理解，一者侧重判决形成的合法性基础，二者则注重当事人的参与权在事实认定与判决形成过程中所具有的作用，不过二者并不存在本质上的差异。因为在第一审诉讼程序中，如果法院不合法地限制或未充分地保障当事人的参与权，必将导致当事人的言词辩论未能涉及全部争点，一审判决的合法性基础自然遭受质疑。此外，这两种观点均强调程序瑕疵与判决错误之间必须具有因果关系。② 因此，就具体审判程序违法事例所作的个别阐释而言，这两种观点所得出的结论并无不同。如二者均认为法院违反《民事诉讼法》第一百三十九条未对当事人履行指示义务或对仅当事人作笼统性指示，无视当事人的陈述，拒绝再次进行必要的言词辩论，错误地不准许诉之变更均构成重大的程序瑕疵。③ 法院未考虑当事人的证据调查申请也构成重大的程序瑕疵。④ 又如二者均认为，法官席位担任的瑕疵并不构成重大的程序瑕疵。独任法官代替合议庭作出判决，或者合议庭代替独任法官作出判决只有在同时造成了法定听审请求权的缩减时才被认为是重大的程序瑕疵，等等。⑤

　　根据德国《民事诉讼法》第五百三十八条第二款第一句第（一）项之规定，第一审仅存在重大的程序瑕疵并不足以导致第二审法院将案件发回重审，只有在基于"重大的程序瑕疵"导致需要进行范围广泛或者费用高的证据调查，才可以发回重审。德国学者一般认为，只有第一审法院在审理案件时存在重大的程序瑕疵并且由于该程序瑕疵导致裁判达不到可以作出的程度时才可以认为基于重大的程序瑕疵造成了证据调查的必要性。虽然无法为"广泛的"或者"费用高"的证据调查确立一个明确的

① Rimmelspracher, Münchener Komentar zur ZPO, § 538, Rn. 24, 5. Aufl., 2016.

② Musielak, ZPO, § 538, Rn. 10, 11. Aufl., 2014.

③ Beck' scher Online-Kommentar ZPO, § 538, Rn. 13, 12. Aufl., 2014; BGH NJW-RR, 2006, 60; NJW 1989, 722; NJW 1983, 822; NJW-RR 1989, 221.

④ BGH NJW 2001, 3480; Saenger, ZPO, § 538, Rn. 85, 8. Aufl., 2019.

⑤ BGH NJW-RR 1995, 512; BGH NJW 2008, 1672; Rimmelspracher, Münchener Kommentar zur ZPO, § 538, Rn. 27. 5. Aufl., 2016.

基准而需要具体分析每一个案件而定，但是其具有的共同特质必然是由第二审法院续行诉讼程序并自行作出裁判将比发回重审带来更大的不利益。① 根据德国一些州高等法院的实务做法，如果就一个复杂的证明主题涉及需要对四个以上的证人进行询问的，或者需要在国外进行证据调查的则属于"广泛的"或者"费用高"的证据调查；而法院为了判断土地是否具有可营造性依照《建筑法》第三十四条对土地的实际情况进行勘验的，则并不属于这种情形。② 德国联邦法院与之持有同样的见解，如果证据调查涉及多个待证明的事实或多个证明的标的，证据调查即是广泛的，如果证据调查不能在一个期日内完成，或者需要借助司法协助路径才能完成即是"花费用"或"费用高"的。③

　　根据德国《民事诉讼法》第五百三十八条第二款的规定，因审判程序违法而发回重审的特殊事由两项，即第一审法院违法地作出缺席判决以及第一审法院违法作出一部终局判决。前者是指第一审法院认为当事人针对缺席判决提出的异议不合法而驳回当事人的异议，而第二审法院认为当事人的异议合法因而不应当对当事人作出缺席判决。从本质上讲，第一审法院违法作出缺席判决应当属于重大的程序瑕疵的特别情形。因为在违法缺席判决的场合，当事人由于程序参与权被剥夺以至于能支撑其诉讼请求以及对对方当事人的诉讼请求进行反驳的诉讼资料无法向法院提供。无论是从法定听审请求权不应被剥夺的角度去理解还是立足于判决的形成应当具备合法性基础均应认为在违法缺席判决的场合，案件需要当事人作进一步的言词辩论，故而需要第二审法院将案件发回重审而不是自行判决。④ 后者是指第一审法院违反了德国《民事诉讼法》的相关规定，⑤ 对于不宜仅对其中的一部分进行裁判而要就全部事项作出判决的案件，法官却仍就其中的一部分进行了裁判。第一审法院违法作出了部分判决时必然造成本应在同一个审级程序作出全部判决的案件因为当事人的上诉而被分割成分属第一审、第二审两个审级程序中进行裁判。第二审法院针对当

---

　　① Baumbach/Lautbach/Albers/Hart, ZPO, § 538, Rn. 9, 69. Aufl., 2011；BGH NJW 2008, 1672；BGH NJW-RR 2007, 1678.

　　② NJW 2011, 1001；Saenger, ZPO, § 538, Rn. 12, 8. Aufl., 2019.

　　③ BGH NJW-RR 2006, 1678.

　　④ Thomas/Putzo/Reichold, ZPO, § 538, Rn. 14, 31. Aufl., 2010.

　　⑤ 德国《民事诉讼法》第三百〇一条第二款规定："法院依案件的程度认为不宜于作出部分判决时，可以不作出部分判决。"

事人的部分上诉假如不适用发回重审制度而是自行作出裁判，将不可避免地造成裁判的矛盾。显而易见的是，与诉讼促进的程序利益相比，法院一体性解决当事人之间的讼争以避免裁判抵触的利益更应值得维护。所以在一审诉讼的审判程序违法事由属于后者时，第二审法院应将案件发回重审。与其他发回重审需要当事人提出申请并且由第二审法院裁量决定不同的是，在前述审判程序违法事由下（违法一部判决），第二审法院必须依职权适用发回重审制度。① 对于第二审法院来讲，无论其将案件发回重审是基于一般的程序违事由还是基于特殊的审判程序违法事由，必须同时撤销原判决及违法的诉讼程序。即便一审违法的诉讼程序未被第二审法院明确撤销也视为已撤销。第二审法院的撤销判决对于一审法院具有约束力，第一审法院在重新审理案件时必须严格遵守，不能违反而出现同一种违法理由。②

　　日本的《民事诉讼法》也有因审判程序违法发回重审的规定。③ 具体而言，日本民事诉讼中发回重审的审判程序违法事由分为判决审判程序违法与其他诉讼审判程序违法两类。如果第一审判决审判程序违法，第二审法院无论是自行裁判还是发回重审，均必须将其撤销。如果其他诉讼审判程序违法，则仅在第二审法院撤销原判决发回重审（包括第二审法院基于第一审实体判断错误这一理由发回重审）的范围内视为撤销。不过无论是第一审判决审判程序违法还是其他诉讼审判程序违法，均只有满足了案件需要由当事人作进一步的言词辩论这一前提条件，第二审法院才可以将案件发回重审。在日本的民事诉讼立法中，并未出现类似德国《民事诉讼法》第五百三十八条第二款第一句第（一）项中的"重大程序瑕疵"那样的字眼，也即日本《民事诉讼法》没有像德国《民事诉讼法》那样一般性地规定重大程序瑕疵为二审发回重审的审判程序违法事由，仅在第〇〇八条规定一审判决存在审判程序违法情形，是否发回重审由二审法院裁量。然而，无论是在立法论上还是在解释论上均可认为，在日本的民事诉讼中，第一审法院在审理案件时虽然违反了诉讼程序，但只要没有达到剥夺当事人审级利益那样的严重程度，控诉法院即可在消除程序瑕疵基

① Zimmermann, ZPO, § 538, Rn. 11, 9. Aufl., 2011. Beck'scher Online - Kommentar ZPO, § 538, Rn. 3, 12. Aufl., 2014.

② Beck'scher Online - Kommentar ZPO, § 538, Rn. 35, 12. Aufl., 2014；Wieczorek/ Schütze, ZPO, § 538, Rn. 67, 3. Aufl., 2010.

③ 具体详见日本《民事诉讼法》第三百〇六条、第三百〇八条。

础上自行判决而不必将案件发回重审。①

日本最高法院同时认为，一审诉讼程序虽然违反法律，但只要尚未达到在原审进行进一步辩论有必要的程度，该审判程序违法即不属于重大的审判程序违法。② 反之，如果一审存在剥夺了当事人审级利益程度的审判程序违法，则构成重大的审判程序违法而必须发回重审，因为此种程度的审判程序违法已经不能使一审法院的判决成为二审法院的审理基础。日本最高法院在昭和 45 年 12 月 25 日作过一则由于第一审法院违反诉讼程序而被第二审法院发回重审的判例。在该判例中，日本最高法院认为，第一审法院对于代表被告公司实施诉讼行为的代表人欠缺代表权疏未审查即遽然作出判决显然是不妥当的，应发回重审。日本学者在解释哪些诉讼审判程序违法可导致第二审法院将案件发回重审时，通常以该判例为准则，认为在下列情形下，第二审法院应将案件发回重审：（1）第一审法院未对被告进行合法传唤因而在言词辩论期日没有听取被告的辩论即作出了判决；（2）第一审诉讼程序中，代理人欠缺诉讼代理权而代为实施诉讼行为；（3）第一审法院未告知当事人证据调查期日即进行证据调查；（4）第一审法院未合法地组织当事人进行公开言词辩论。③ 另外，根据日本地方裁判所的判例可知，还有以下场合也被认为是诉讼程序的重大违反有发回的必要：（1）第一审中有大半的请求裁判脱漏的场合；④（2）忽视诉讼能力欠缺的而缺席判决的场合；⑤（3）忽视了被告死亡诉讼程序中断的事实，有生中断事由的当事人的拟制自认而缺席判决的场合；⑥（4）法院误认为当事人参见诉讼中未经参加人的同意撤回诉讼有效，没有对本诉进行判断的场合；⑦（5）诉状以及第一次口头辩论期日的传票未送达至法定的场所而缺席判决的场合；⑧（6）由于疏忽，没有审查冒用姓

---

① 参见 ［日］兼子一、松浦馨、新堂幸司、竹下守夫《条解民事诉讼法》，弘文堂 1986 年版，第 1198 页。

② 参见日本最高法院昭和 27 年 11 月 18 日判例，日本最高法院昭和 48 年 11 月 29 日判例。

③ 参见 ［日］斎藤秀夫《注解民事诉讼法》（6），第一法规出版株式会社 1982 年版，第 201 页；［日］小室直人、贺集唱、松本博之、加藤新太郎《新民事诉讼法》（Ⅲ），日本评论社 2003 年版，第 46 页。

④ 参见日本东京高等法院昭和 56 年 12 月 10 日判例。

⑤ 参见日本山形地方法院昭和 38 年 12 月 18 日判例。

⑥ 参见日本东京高等法院昭和 41 年 10 月 31 日判例。

⑦ 参见日本大阪高等法院昭和 41 年 12 月 22 日判例。

⑧ 参见日本东京高等法院昭和 57 年 2 月 22 日判例。

名诉讼而判决的场合,① 等等。而未指定或告知第一审判决的宣判期日而进行了宣判这样的程序瑕疵,虽然也不是没有在原审进行辩论的需要,但是从审级利益保护的观点来看,可以理解为不一定要发回重审。② 从中不难看出,在日本,无论是裁判实务中还是学说上均认为,只有已经造成当事人不能或不能完全地就本案进行合法的辩论时或者说诉讼审判程序违法导致当事人的审级利益被剥夺时才构成重大的程序瑕疵或严重的审判程序违法而成为发回重审的理由。

在我国台湾地区,从其"民事诉讼法"条文来看,也是有重大瑕疵的一审程序始得构成发回重审的审判程序违法事由。③ 我国台湾地区"高等法院"于 2011 年所作的一项判决又在"重大瑕疵"的基础上进一步附加了有维护当事人审级利益的必要的条件,并且进一步阐释了什么是"有重大瑕疵",即是因为第一审审判程序违法直接导致了判决结果的错误或不当,抑或是不宜作为第二审程序中所为辩论以及判决的基础。④ 从该项判决要旨中,我们可以推断其基本上采取了德国联邦法院判例所持之见解。我国台湾地区学者基本上也采取同一见解,认为第一审诉讼中存在程序瑕疵并且是重大的,以致其不能作为第二审法院续行审判之前提时,应发回重审。⑤ 具体被认定为重大瑕疵的情形有:(1) 当事人因未受到合法通知以致未到庭应诉,第一审法院直接依他造声请,准许由出庭方当事人为一造辩论判决的;(2) 第一审进行言词辩论,违背关于十日就参见审理期间之规定,而准许由当事人一造辩论判决的;(3) 审判长违反阐明义务而未对诉讼关系进行必要的处理的;⑥ (4) 起诉不备合法要件,法院对之径为本案判决的;(5) 诉讼程序当然地或裁定停止期间,法院或当事人续行关于本案之诉讼行为的。⑦

综上所述,在德国、日本以及我国台湾地区的民事诉讼中,其立法所设置的应当发回重审的审判程序违法事由所具有的共性皆是为了维持审级制度,防止当事人的审级利益被不当剥夺,虽然在表述上不尽相

① 参见日本仙台地方法院昭和 42 年 10 月 5 日判例。
② 参见日本最高法院昭和 27 年 11 月 18 日判例。
③ 具体参见我国台湾地区"民事诉讼法"第四百五十一条。
④ 参见林家祺《例解民事诉讼法》,台湾五南图书出版公司 2012 年版,第 543 页。
⑤ 参见骆永家《新民事诉讼法》(Ⅱ),台湾三民书局 2011 年版,第 291 页。
⑥ 参见陈荣宗《民事诉讼法》(下),台湾三民书局 2015 年版,第 43 页。
⑦ 参见吴明轩《民事诉讼法》(下册),台湾三民书局 2016 年版,第 1411 页。

同，但无论是其判例还是学说对于发回重审的审判程序违法理由的阐释基本上是一致的，认为第一审诉讼程序存在重大瑕疵以致其不能作为第二审法院作出判决或续行诉讼程序的前提，或者说由于第一审诉讼程序的瑕疵导致案件需要当事人作进一步的言词辩论的即构成发回重审的审判程序违法理由。

第二节　发回重审的审判程序违法事由之立法检视与实务评判

一　发回重审的审判程序违法事由之立法检视

（一）我国《民事诉讼法》及司法解释关于发回重审事由规范之演变

与德国、日本及我国台湾地区民事诉讼立法单独对发回重审裁判作出规定之方式不同的是，我国《民事诉讼法》乃是采取将发回重审的裁判与第二审法院的其他裁判如自行判决或驳回上诉等统一于一个条文中予以规定的形式。此种立法体例自1982年《民事诉讼法（试行）》历经几次《民事诉讼法》修正都没有任何变化，一直沿袭至今。与此相应的是，我国民事诉讼立法关于第二审法院作出发回重审裁判的前提条件也即发回重审的理由的规定虽迭经修改，但也并无本质上的差异。[①] 若对比法条规定，不难看出的是，与1982年《民事诉讼法（试行）》相比，1991年《民事诉讼法》关于发回重审的规范有两处修改：第一，将第（三）项中发回重审的情形[②]列为第（四）项进行单独规定；第二，新增加了"原判决认定事实错误"这一种发回重审的情形。通过进一步的分析可知，无论

[①] 1982年《民事诉讼法（试行）》第一百五十一条第一款规定："第二审人民法院对上诉案件，经过审理，按照下列情形，分别处理：（一）原判决认定事实清楚，法律适用正确的，判决驳回上诉，维持原判；（二）原判决认定事实清楚，但适用法律错误的，依法改判；（三）原判决认定事实不清，证据不足，或者由于违反法定程序可能影响正确判决的，裁定撤销原判决，发回原审人民法院重审，也可以查清事实后改判。"1991年《民事诉讼法》正式颁行后，关于发回重审规定于第一百五十三条第一款，其内容是："第二审人民法院对上诉案件，经过审理，按照下列情形，分别处理：（一）原判决认定事实清楚，适用法律正确的，判决驳回上诉，维持原判决；（二）原判决适用法律错误的，依法改判；（三）原判决认定事实错误，或者原判决认定事实不清，证据不足，裁定撤销原判决，发回原审人民法院重审，或者查清事实后改判；（四）原判决违反法定程序，可能影响案件正确判决的，裁定撤销原判决，发回原审人民法院重审。"

[②] 原判决违反法定程序，可能影响案件正确判决的情形。

是 1982 年试行的《民事诉讼法（试行）》还是 1991 年的《民事诉讼法》均将判决判断错误与判决审判程序违法两大类情形规定为发回重审的审判程序违法事由。不同的是，针对一审判决的判断错误，第二审法院除可将其发回重审外，还可自行裁判，也即二审法院对于是否应当发回重审有自由裁量权。针对一审判决审判程序违法，第二审法院必须将案件发回重审，不能自行作出裁判。1992《民事诉讼法意见》第一百八十一条、第一百八十二条、第一百八十三条、第一百八十五条对违反法定程序的情形进行了具体规定。①

2012 年《民事诉讼法》修改后，将原来的第一百五十三条改为第一百七十条，其内容是："第二审人民法院对上诉案件，经过审理，按照下列情形，分别处理：（一）原判决、裁定认定事实清楚，适用法律正确的，以判决、裁定方式驳回上诉，维持原判决、裁定；（二）原判决、裁定认定事实或者适用法律错误的，以判决、裁定方式依法改判、撤销或者变更；（三）原判决认定基本事实不清的，裁定撤销原判决，发回原审人民法院重审，或者查清事实后改判；（四）原判决遗漏当事人或者违法缺席判决等严重违反法定程序的，裁定撤销原判决，发回原审人民法院重审。"从该项规定中我们可以看出，2012 年《民事诉讼法》关于发回重审的理由的修改体现在以下两个方面：第一，将"原判决认定事实错误，裁定撤销原判决，发回原审法院重审或查清事实后改判原判决，发回原审人民法院重审，或者查清事实后改判"，不仅取消了"认定事实错误"这一种发回重审理由，还将判决判断不当的发回重审理由由此前的"原判决认定事实不清"改为"原判决认定基本事实不清"，从而限定了发回重

---

①　《民事诉讼法意见》第一百八十一条："第二审人民法院发现第一审人民法院有下列违反法定程序的情形之一，可能影响案件正确判决的，应依照民事诉讼法第一百五十三条第一款第（四）项的规定，裁定撤销原判，发回原审人民法院重审：（1）审理本案的审判人员、书记员应当回避未回避的；（2）未经开庭审理而作出判决的；（3）适用普通程序审理的案件当事人未经传票传唤而缺席判决的；（4）其他严重违反法定程序的"；第一百八十二条规定："对当事人在一审中已经提出的诉讼请求，原审人民法院未作审理、判决的，第二审人民法院可以根据当事人自愿的原则进行调解，调解不成的，发回重审。"第一百八十三条规定："必须参加诉讼的当事人在一审中未参加诉讼，第二审人民法院可以根据当事人自愿的原则予以调解，调解不成的，发回重审。发回重审的裁定书不列应当追加的当事人。"第一百八十五条规定："一审判决不准离婚的案件，上诉后，第二审人民法院认为应当判决离婚的，可以根据当事人自愿的原则，与子女抚养、财产问题一并进行调解，调解不成的，发回重审。"

审的范围。第二，发回重审的审判程序违法理由的修改①结合了 1998 年发布的《民事诉讼法意见》第一百八十一条、第一百八十三条的部分内容，并且采取了列举部分严重性审判程序违法之例示事项加概括性用语的例示列举规范的立法方式，同时这也是"严重违反法定程序"之用语首次出现在民事诉讼立法条文中。遗憾的是，自 1982 年至 2012 年，我国《民事诉讼法》关于发回重审的理由之规定虽然历经了两次修改，但总体上呈现出这样的共同特征：第一，从立法体例来看，将发回重审与第二审法院的其他裁判形式并列规定，未能凸显发回重审仅仅为自行裁判的例外之内在要求；第二，从发回重审理由的内容来看，其未能体现发回重审乃是为了维护当事人的审级利益之制度宗旨。2015 年最高人民法院出台的《民事诉讼法解释》通过限定列举的方式，明确列举了"严重违反法定程序"的四种情形。② 与《民事诉讼法意见》相比，《民事诉讼法解释》极大地限定了严重违反法定程序的范围。另外，除《民事诉讼法解释》第三百二十五条明确列举的四种"严重违反法定程序"外，根据同司法解释的相关规定③可知，"遗漏诉讼请求""有独立请求权的第三人在一审中未参加诉讼""诉讼要件不合法的判断"等也被最高人民法院解释为"严重违反法定程序"的情形。

总体而言，关于发回重审的审判程序违法事由已从最初的 1982 年《民事诉讼法（试行）》中"可能影响正确判决"这一因果关系标准，逐渐演变为 2012 年《民事诉讼法》规定的只有"严重违反法定程序"时方能发回重审的规定。

（二）二审发回重审审判程序违法事由规范之评析

1. 1982 年《民事诉讼法（试行）》之相关规范诚属正确的立法

正如前所述，1982 年《民事诉讼法（试行）》对因审判程序违法而

---

①　由此前的"原判决违反法定程序，可能影响案件正确判决的，裁定撤销原判决，发回原审人民法院重审"修改为"原判决遗漏当事人或者违法缺席判决等严重违反法定程序的，裁定撤销原判决，发回原审人民法院重审"。

②　《民事诉讼法解释》第三百二十五条规定："下列情形，可以认定为民事诉讼法第一百七十条第一款第（四）项规定的严重违反法定程序：（一）审判组织的组成不合法的；（二）应当回避的审判人员未回避的；（三）无诉讼行为能力人未经法定代理人代为诉讼的；（四）违法剥夺当事人辩论权利的。"

③　具体参见《民事诉讼法解释》第三百二十六条、第三百二十七条、第三百二十九条、第三百三十一条、第三百三十二条。

发回重审的事由作出了因果关系的明文规定,① 即因该种审判程序违法导致原判决出现错误时可发回重审。虽然传统大陆法系国家、地区的民事诉讼立法在二审程序的设置中并没有以明确的立法用语直接规定可发回重审的事由之审判程序违法与判决错误之间应该存在因果关系,但是其立法在上告审中均明确了判决错误与审判程序违法之间的因果关系,② 并且本书前面章节已经分析过,德国、日本的学说和判例均认为只有与判决错误有因果关系的审判程序违法方成立二审撤销原判、发回重审之审判程序违法事由。1982 年《民事诉讼法（试行）》可能考虑到我国采用两审终审制,改革开放初期司法实践的水平参差不齐,便在第二审如何处置第一审审判程序违法时法律明文化因果关系之标准,以提请我国司法实务人员注意,此举可谓符合我国司法实务操作现实的前瞻性措施。可以肯定地说,1982 年《民事诉讼法（试行）》中的这一规定是既符合诉讼制度理论又兼顾我国国情的规定,其明确了第二审法院以审判程序违法为由发回重审的前提条件是,案件的正确判决是否会因审判程序违法而受到影响,也即此审判程序违法与判决错误有因果关系,具有时代先进性及科学性。

2. 1991 年《民事诉讼法》之相关规范违背了发回重审仅仅为例外之要求

1991 年《民事诉讼法》改变了 1982 年《民事诉讼法（试行）》中关于审判程序违法的处置方式,将原本二审法院既可以发回第一审人民法院重新审理也可以查清事实后自行改判的路径限定为"发回重审"。自此以后,第二审人民法院对于第一审程序中可能影响判决结果正确的审判程序违法只能通过发回重审的方式加以救济。然而,本书前面章节中已经分析过,二审发回重审的审判程序违法事由应当具有存在维护当事人审级利益之必要并且需要在第一审程序中由当事人进行进一步言词辩论之特质,否则二审程序作为一审程序的续行及事实审程序,基于继续审理制度为保障当事人能够就其诉讼资料接受两个事实审法院的判断的要求,第二审人民法院原则上应当自行裁判,即使第二审人民法院认为上诉有理由而裁判

---

① 参见 1982 年《民事诉讼法（试行）》第一百五十一条第一款第（三）项。

② 上告审程序作为第三审,其所适用的发回重审的处置原则理所当然地应当可以在作为第二审的控诉审中适用。

撤销第一审判决时，原则上也应当自行裁判。① 1991 年《民事诉讼法》有关审判程序违法发回重审理由的设定完全背离了第二审设置发回重审的理由应遵循的基本要求，其在审判程序违法规制上存在的最大问题是：事实上否定了第二审自行裁判对第一审审判程序违法行为的规制。在审判程序违法的规制中，将本应成为例外选择之发回重审制度作为常规的二审救济手段加以规定，不合理地减轻第二审程序自行消除第一审审判程序瑕疵的义务。在继续审理制度构造下，第二审法院不仅有义务综合第一审及第二审的所有诉讼资料重新认定案件事实并作出裁判，也有义务消除第一审程序中存在的审判程序违法行为，并在排除审判违法行为的基础上自行裁判。1991 年《民事诉讼法》的改变导致长期以来实践认为审判程序违法只能通过发回重审加以规制，忽略了第二审自行更正，自行裁判的重要性，当第二审法院判断第一审审判程序存在违法时，能做的只有发回至原审法院重新审理。此外，1991 年《民事诉讼法》对于发回重审的审判程序违法理由亦存在问题，其并未体现前节中已述的发回重审之制度设计乃是以防止双方当事人的审级利益受到侵蚀为宗旨。因为审判程序违法而可能导致判决结果不正确的，本应属于需要第二审法院裁判撤销原判决的事由，而非发回重审的事由。第二审法院因审判程序违法撤销原判决后，应当对案件是否有发回重审的必要进行判断，唯有不发回有不当侵蚀当事人审级利益之虞时方可发回至原审法院重新审理，否则即应自行改判。

3. 2012 年《民事诉讼法》发回重审规范之修正存在错误认知

由前述立法演变可以看出，将可发回重审之审判程序违法事由通过违法的严重程度予以限定，肇端于 2012 年《民事诉讼法》的第二次修正，并且自此，第二审人民法院发回重审的审判程序违法理由的标准彻底改为"严重的"审判程序违法。修法者认为，原《民事诉讼法》未对发回重审的程序标准作具体列举，只是简单抽象地规定了"原判决违反法定程序，可能影响案件正确判决"的这一标准，条件模糊，难以为法官们所操作，造成实践中的两种倾向：一是只要第一审判决在程序上存在瑕疵，不论是否严重，均被视作了符合前述立法标准的发回重审的审判程序违法事由，使得实践中发回重审制度被滥用；二是重实体轻程序，"可能影响案件正

---

① 参见［日］河野正宪《民事诉讼法》，有斐阁 2009 年版，第 818 页；［日］斋藤秀夫《注解民事诉讼法》(6)，第一法规出版株式会社 1982 年版，第 202 页；骆永家《新民事诉讼法》(Ⅱ)，台湾三民书局 2011 年版，第 291 页。

确判决”这一标准被过分、片面地强调，当第一审裁判出现重大程序的瑕疵时又不敢将其认定为可以发回的审判程序违法事由。① 根据全国人大常委会法制工作委员会民法室的看法，作出修改的原因是“可能影响案件正确判决”的内涵不容易厘定，具有较为弹性的裁量空间，将其修改为“严重的审判程序违法”乃是旨在限定须发回重审的违反法定程序的情形，限制法官自由裁量的空间，减轻当事人的诉讼负累，也是为了保证法院适用法律的确定性，抑制恣意发回重审的现象。② 笔者认为，单就此次修法理由而论，其根本不能立足，甚至可以说是荒诞不经的。仅“违反法定程序可能影响案件正确判决”在文义上具有较大的裁量空间就将其删除，按照这样的逻辑而言，现行《民事诉讼法》中但凡出现了与其相类似的不确定概念的法条，例如出现了“无正当理由”字眼的第一百四十四条，出现了“有正当理由的”第一百四十六条等，岂不是统统都要删除。从立法技术上讲，由于所规范的对象之特质，无论是实体法还是程序法，出现不确定的概念在所难免，前者如“善良风俗”“诚实信用”，后者如“正当理由”“不正当事由”，等等。我们唯一能做的就是合理运用解释方法，在个案中对其作出合目的性的解释，使不确定的法律概念得到妥当地适用。“一删了之”既不科学，更不能解决问题。

一方面，修法者将二审法院滥用发回重审制度的原因归咎于“可能影响案件正确判决”的标准过于模糊，法官拥有了较大的裁量空间。殊不知，笔者认为，发回重审制度被滥用的真正原因在于 1991 年《民事诉讼法》第一百五十三条第一款第（四）项剥夺了第二审人民法院通过自行裁判的方式对一审审判程序违法加以改正的选择，因此第二审人民法院只能够以审判程序违法为由发回重审，这才是“滥用发回重审”的根源。并且，在 1992 年《民事诉讼法意见》第一百八十一条中，最高人民法院采用例示理解规范对立法上的“违反法定程序，可能影响案件正确判决的”内涵作了阐释，除上述明确列举的三项审判程序违法属于“可能影响案件正确判决”的审判程序违法情形之外，又运用概括性条款将立法所规定的“可能影响案件正确判决的”审判程序违法的情形解释为“严

① 参见江必新主编《新民事诉讼法理解适用与实务指南》，法律出版社 2012 年版，第 643—644 页。

② 参见全国人大常委会法制工作委员会民法室编《〈中华人民共和国民事诉讼法〉条文说明、立法理由及相关规定》，北京大学出版社 2012 年版，第 281—285 页。

重违反法定程序的情形"，可见当时已经存在一定的将第二审发回重审的程序性事由归于严重的审判程序违法之倾向，但依然没能有效遏制发回重审的随意性，[①] 显然修法者的逻辑无法自洽。

另一方面，修法者将司法解释和实践中长期以来的"严重"标准写入立法，这表明修法对原先的"可能影响案件正确判决"的表述存在错误认识，不仅如此，修法者亦对传统大陆法系"重大的程序瑕疵"的表述存在错误理解。长期以来实务界对于"可能影响案件正确判决"的理解并非因果关系的判断标准，而是严重的审判程序违法的判断标准。不仅如此，学界亦鲜有观点能够正确理解"可能影响案件正确判决"的含义，[②] 如有学者曾指出，"可能影响案件正确判决"的临界标识无法从理论上作出精确的界定，更不可能在实践中加以恰当的把握。[③] 又如赵泽君教授认为，"可能影响案件正确判决"太过模糊，赋予第二审法院极大的自由裁量权。[④]

修法者也曲解了其他国家及地区民事诉讼体系中所谓"重大的程序瑕疵"的内涵，将其简单粗暴地等同于我国现行《民事诉讼法》中的严重的审判程序违法。[⑤] 然而，此"重大的程序瑕疵"不同于我国现行法所谓"严重的审判程序违法"，长期以来的错误认识导致 2012 年修法时对其他国家民事诉讼中所谓"重大的程序瑕疵"的内涵[⑥]不加深入研究，即带有一定目的倾向地将其等同于"严重的审判程序违法"，导致现行法无法厘清"重大的程序瑕疵"的真正指向。

---

① 参见张卫平《最高人民法院民事诉讼法司法解释要点解读》，中国法制出版社 2015 年版，第 294 页。

② 但亦有学者对被删除的"可能影响案件正确判决、裁定"作出正确理解，参见朱金高《再审事由的深度透析》，《法律科学》2013 年第 5 期。该文就再审事由中的同样表述的立法变迁进行针砭，并得出 2012 年删除该种表述明显忽视了要求因果关系要件的回复原状之诉的再审事由的结论。

③ 参见赵钢、占善刚《我国民事诉讼法对法院审判行为约束软化的若干表现及其矫正》，《武汉大学学报》（哲学社会科学版）1998 年第 2 期。

④ 参见赵泽君《民事诉讼发回重审制度的反思与构建——以民事诉讼法修正案草案为视角》，《政法论坛》2012 年第 4 期。

⑤ 修法时有意见注意到"将法律明文规定的、重大的程序瑕疵作为撤销原判并发回重审的理由是众多国家和地区民事诉讼法普遍坚持的共同立场"，认为对于严重违反法定程序的上诉案件发回重审是各国民事诉讼法的通例。参见潘勇锋《论新〈民事诉讼法〉对二审案件处理方式的完善》，《清华法律评论》2013 年第 1 期。

⑥ 大陆法系其他国家和地区的民事诉讼立法、判例及学说上对"重大的程序瑕疵"的定义请参照本章第一节第二部分。

对传统大陆法系国家的对第三审上诉（上告）理由进行研究，亦可发现其重大的程序瑕疵范围绝非等同于严重的审判程序违法之范畴。在传统大陆法系民事诉讼中，绝对上告理由是法律直接拟制法律违反与判决之间的因果关系的情形，而绝对上告理由中绝大部分均为审判程序违法事由。其认为审判程序违法与判决结论错误存在因果关系的证明并不如实体法违反那般简明、清晰，而一般的审判程序违法又要求此种因果关系的证明，基于此种因果关系证明的难度较大，若是在涉及重要的审判程序违法时仍然要求当事人一一证明，无益于维持国民对裁判的信用，无法达到救济当事人的程序目的，故而各国在建立上告理由时都挑选出诉讼程序中较为重要的程序事项，立法直接拟制绝对上告理由与判决结论错误之间的因果关系成立，在涉及这些程序事项时无须证明其对判决结论的影响而直接成立上告理由。上告乃是向第三审法院进行的上诉，其可规制的审判程序违法程度应当高于第二审可规制的审判程序违法的程度，故而其所规定的绝对上告理由也应当成立第二审发回重审的理由且无须当事人证明因果关系。[①]

我国现行《民事诉讼法》第一百七十条对严重的审判程序违法采用例示列举规范的立法方式，列举了遗漏当事人、违法缺席判决两项，如前所述，2015 年《民事诉讼法解释》第三百二十五条对"严重的审判程序违法"进行了解释并明确列举了四种情形。[②] 由此可见我国法律语境中所谓"严重的审判程序违法"应当属于传统大陆法系第三审程序法律拟制因果关系存在、无须证明因果关系的审判程序违法情形，属于其立法体系中的"绝对的上告理由"，其严重程度应当比第二审发回重审的审判程序违法事由（"重大的程序瑕疵"）高，适用范围应当比"重大的程序瑕疵"窄。由于我国采取两审终审制，并没有与国外上告制度相对应的第三审程序，故而若是第二审人民法院发回重审的理由设置得如同传统大陆

---

① 绝对上告理由中判决法院的构成违法、不应参与判决的法官参与判决、专属管辖权的违反、未经合法代理、违反口头辩论公开等规定属于审判程序违法事项。参见德国《民事诉讼法》第五百四十七条；日本《民事诉讼法》第三百一十二条；我国台湾地区"民事诉讼法"第四百六十九条，2018 年 11 月 28 日"法源法律网"，https://db.lawbank.com.tw/FLAW/FLAWDAT0201.aspx? lsid=FL001362，2020 年 5 月 10 日访问。

② 《民事诉讼法解释》所规定的属于严重违法法定程序的四种情形分别是："审判组织的组成不合法""应当回避的审判人员未回避""无诉讼行为能力人未经法定代理人代为诉讼""违法剥夺当事人辩论权利"。

法系国家和地区的民事诉讼中的第三审上告的理由一样严格，既不符合诉讼制度的基本理论，也不能适应我国的司法实践现状和需求。笔者认为，我国现行《民事诉讼法》第一百七十条的设置将基于审判程序违法事由的发回重审基础限定在"严重违反法定程序"的范围内，并未完全涵盖司法实践中所有可能损害当事人审级利益的审判程序违法情况。而《民事诉讼法解释》第三百二十五条将本就设置得过于严格的标准解释得更为严苛的做法，彻底违背了第二审程序对第一审程序进行规范的初衷，导致第二审程序逐渐丧失其规范审判程序违法行为的功能。

综上所述，我国现行法修法时混同"重大的程序瑕疵"与"严重的审判程序违法"的概念及范畴，进而过度限制第二审以审判程序违法为由发回重审的范围，亟须修正。

4. 发回重审理由的设计未能体现其以维护当事人审级利益为必要之特质

就立法技术的角度而言，从我国现行《民事诉讼法》第一百七十条的规定来看，发回重审与自行裁判在形式上均为两项规范，这样的立法安排所蕴含的立法信息或观念似乎是将发回重审与自行判决置于同等的位置，至少不能从中解读出，发回重审仅仅为自行裁判的例外这一法理。不仅如此，从发回重审的具体理由来看，现行民事诉讼立法的规定也未能体现发回重审乃是为了维护当事人的审级利益之制度宗旨。现行民事诉讼立法①中所设置的两项发回重审的理由，无论是一审判决"认定基本事实不清"还是"严重违反法定程序"，均不足以导致第二审法院将案件发回重审。因为根据前面的分析可知，在继续审理制构造下，作为事实审法院的第二审法院不仅有义务在证据调查的基础上重新认定案件事实并作出裁判，也有义务消除第一审诉讼程序瑕疵，并在践行合法程序的基础上自行裁判。只有在一审判决认定基本事实（严格讲应包括所有的形成裁判基础的事实）不清或者严重违反法定程序致使需要当事人作进一步的言词辩论的情形下，为保障当事人的审级利益，第二审法院才可考虑将案件发回重审。根据现行《民事诉讼法》第一百七十条第一款第（三）项的规定，在一审判决"认定基本事实不清"的情况下，第二审法院可以不将案件发回重审而选择自行判决。但显而易见的是，该项规范并未基于维护

---

① 具体参见《民事诉讼法》第一百七十条。

当事人的审级利益的考虑，将案件是否需要由当事人作进一步的言词辩论作为第二审法院决定是否将案件发回重审的基准。从某种意义上讲，其不过是为第二审法院更多地选择发回重审提供了另一合法口实，与即便具备发回重审的理由，第二审法院根据案件审理的需要也可以决定自行裁判而不将案件发回重审之域外立法通例更是大异其趣旨。

　　需要进一步指出的是，从立法技术上讲，现行《民事诉讼法》第一百七十条第一款第（四）项将"原判决遗漏当事人或者违法缺席判决"作为"严重违反法定程序"的例示事项予以规定也不符合例示规范的本质要求。所谓例示规范是指，立法者在制定法律时，由于条文所涵摄的事项繁多，无法一一列举，为保证立法简洁并且为了避免法律规范适用时挂一漏万，乃是列举单项或数项事项并在列举末尾加上可以归纳所列事项性质术语的规范形式。条文前段所举事项被称为列举事项，末端提炼性术语被称为概括性事项。① 例示事项的功能在于用来解释概括事项的内涵及范围，故不仅被要求与概括事项具有同一性质并且要能够限定概括事项的解释范围。也即法律适用者在解释概括事项的内涵或范围时必须注意其与例示事项具有类似性或共通性。② 例示事项之间也必须处于同一层面，或具有同一性质，否则所列例示便无从起到指示概括用语的适用范围的作用。这样的立法技术便于法律适用者遇到例示事项以外的新情形时，可以从列举的例示事项与概括事项的相互比对中确定相对统一的法律适用标准，避免裁量权的失序与滥用。

　　仅从形式上看，现行《民事诉讼法》第一百七十条第一款第（四）项，属于典型的例示规范，其中，"原判决遗漏当事人"与"违法缺席判决"属于例示事项，"严重违反法定程序"属于概括事项。笔者认为，无论是"原判决遗漏当事人"还是"违法缺席判决"均不能作为"严重违反法定程序"的例示事项，因为前者不属于程序瑕疵，与作为概括事项的"严重违反法定程序"不具有同一性故不符合例示事项的要求，而后者仅为"严重违反法定程序"的特别情形也不适于作为例示事项。具体来讲，判决遗漏当事人是指在多数当事人参加的诉讼中，受诉法院没有针对全部当事人作出判决。从诉讼理论上讲，因判决遗漏当事人而可为当事

---

① 参见罗传贤《立法程序与技术》，台湾五南图书出版有限公司 2012 年版，第 174 页。

② 参见李惠宗《案例式法学方法论》，台湾新学林出版股份有限公司 2009 年版，第 169 页。

人声明不服上诉至第二审法院仅限于必要的共同诉讼，因为在必要的共同诉讼中，纷争主体必须全体作为原告或者被告参加诉讼，受诉法院也必须针对全体当事人作出统一的判决。① 从一般法理而言，当事人是否适格，乃是法院依职权审查诉的合法性要件之事项，如果第一审法院疏于审查，在当事人没有全体参加诉讼的情形下作出判决，该判决即因欠缺合格的当事人而不合法，法院应当依法驳回起诉，即便由当事人上诉至二审法院，也应当由二审法院依职权审查后予以驳回，不应采取发回重审之救济手段。② 就违法缺席判决而言，其具体是指受诉法院未践行合法传唤程序通知当事人参加庭审即就本案作出判决。违法缺席判决固然属于严重违反法定程序的范畴，但将其作为"严重违反法定程序"的例示事项并不妥当。因为，根据前文的分析可知，作为发回重审理由的"严重违反法定程序"在解释上应当包括所有的致使当事人的审级利益被剥夺或者导致案件需要由当事人作进一步的言词辩论的程序瑕疵。违法缺席判决仅属于"严重违反法定程序"的特别情形，德国《民事诉讼法》第五百三十八条将违法缺席判决作为重大程序瑕疵的特别情形予以规定即为明证。将违法缺席判决作为"严重违反法定程序"的例示事项无疑会限定"严重违反法定程序"的解释范围，将本属于"严重违反法定程序"因而需要发回重审的案件排除在可发回重审的理由之外而损害当事人的审级利益。因此，笔者认为，"违法缺席判决"也不宜被列举为"严重违反法定程序"的例示事项。我们也不难看出，其与"遗漏当事人"虽然同为被列举的例示事项，二者也都具有严重违反法定程序的形式外观，但是并不具备同一的法律适用标准。这便会造成法官在对某一审判程序违法是不是严重地违反法定程序之判断和认定上的困难和歧义。

　　饶有兴味的是，与1991年《民事诉讼法》以及2007年修正的《民事诉讼法》作一比较，对于何为应当发回重审的审判程序违法事由之规定仅仅是从"可能影响案件正确判决的"变为了"严重违反法定程序的"，如前所述，立法者之所以修改这条的原因在于认为前者的标准过于抽象，然而，笔者认为，修改后的条文中除去所例示的两项具体情形外，

---

　　① 在类似必要共同诉讼中，如撤销股东大会决议之诉，数个债权人提起的代位权诉讼等场合，法院虽然必须针对全体当事人作出判决，但并不要求全体当事人均参加诉讼，因而不存在判决遗漏当事人之情形。

　　② 参见杨建华《民事诉讼法要论》，北京大学出版社2013年版，第54页。

其概括性用语"严重违反法定程序"仍然是一个不确定的抽象性概念，法官仍要自行去理解并裁量什么样的情形属于严重违反法定程序，这与修法前法官对什么样的情形有可能影响案件公正判决需要自行裁量并没有什么本质上的区别。这种修改完全达不到立法者的修法目的，也无法限制法官恣意适用发回重审之制度。

值得注意的是，或许是为了"严重违反法定程序"的判断标准更加具体，限制法官的恣意裁量，修法者通过例示列举规范的方式将发回重审的"严重违反法定程序"事由交给法官们在个案中善用法学解释方法合目的性地解释，从而最大限度地扩张发回重审的审判程序违法事由的企图被2015年《民事诉讼法解释》第三百二十五条采用限定列举的方式对什么是"严重违反法定程序"的情形所作的封闭性解释而彻底打消，这样一来，现行《民事诉讼法》第一百七十条第一款第（四）项所固有的例示列举规范事实上异化为限制列举规范，有广泛解释空间的"严重违反法定程序"实际上限缩为立法和司法解释所明示的六种审判程序违法情形。① 不无遗憾的是，《民事诉讼法解释》第三百二十五条所罗列的四种情形虽然具备"严重违反法定程序"的形式外观，但其与侵害当事人的审级利益及需要进一步续行言词辩论并不必然具有因果关系，也未能彰显出成为二审发回重审之审判程序违法事由之应然特质。下面将具体分析之。

（1）审判组织的组成不合法的。国家审判权的正当运行依托于合法的审判组织，非法审判组织欠缺审判资格，如合议庭法官数量未达法定人数，其判决自然失去正当性基础。从审判程序违法的严重程度上来说，审判组织不合法确属"情节严重"，大陆法系国家和地区将审判组织不合法作为"绝对上告理由"即为明证。② 但即便一审程序由非法审判组织组成，当事人的审级利益与充分辩论的权利也并不必然因审判组织不合法而受损，将其作为发回重审审判程序违法的例示事项并不妥当。

---

① 根据最高人民法院之解释，2015年《民事诉讼法解释》第三百二十五条的规定使得仅仅法律规定的六项事由属于严重违反法定程序的范畴，不存在其他的情形，第二审法院不得以其他严重违反法定程序的事由裁定撤销原判决，发回重审。参见江必新主编《新民事诉讼法解释法义精要与实务指引》，法律出版社2015年版，第768页。

② 在采取三审终审的德国、日本与我国台湾地区，第三审被称为上告审，其性质为法律审，提起上告必须主张，原审判决违背法令并且违反法令与判决结果存在因果关系，主张成立时，原判决将被废弃。对于诸如审判组织不合法等重大程序瑕疵，由于动摇了裁判的正当性根基，一旦出现即视其与裁判结果不正当存在因果关系，或者说审判组织不合法无论与判决结果是否存在因果关系，当事人都可以据此提起上告，所以被称为"绝对上告理由"。

（2）应当回避的审判人员未回避的。应当回避的审判人员未回避对程序公正的破坏性不亚于审判组织组成不合法，在某种意义上，由应当回避的审判人员组成的审判组织必不合法。同理，应当回避的审判人员参与审判与当事人审级利益受损之间不存在必然的因果关系，该项审判程序违法并不具备发回重审审判程序违法事由的特质。另外，《民事诉讼法》在第四章中已经对回避进行了专门的规定，而且对当事人的回避申请还设立了复议程序，应该说对当事人申请回避权的保护是比较严密的。因此，将"应当回避的审判人员未回避的"列为二审程序中发回重审的审判程序违法事由而引起程序回转未免有矫枉过正之嫌。[1]

（3）无诉讼行为能力人未经法定代理人代为诉讼的。当事人具备诉讼行为能力是其实施的诉讼行为依法取得相应法律效果的前提，自诉讼要件角度观察，当事人具备诉讼行为能力也是诉讼要件之一，当事人欠缺诉讼行为能力将导致起诉不合法，对此理论上应驳回起诉而非发回重审。[2]

（4）违法剥夺当事人辩论权利的。违法剥夺当事人辩论权利将造成一审程序中言词辩论的缺失，在此意义上有适用发回重审制度的必要。但剥夺当事人辩论权利的表现多岐，司法界定面临模糊与不确定，[3] 逻辑关系上，可以说前文涉及的违法缺席判决与遗漏当事人也是违法剥夺当事人辩论权利的具体情形。质言之，违法剥夺当事人辩论权利是违反程序规范的诉讼行为的客观后果，而非某类违反程序规范的诉讼行为的直接描述，在适用范围上远不止某种具体情形，因而不宜作为发回重审审判程序违法的具体例示。

综合以上可知，《民事诉讼法》第一百七十条以及《民事诉讼法解释》第三百二十五条在法条规定的立法技术以及与具体例示事项的列举上并非科学完美。从违法的严重性角度来看，六种审判程序违法确实给人"严重违反法定程序"的直观感受，但细究会发现，六种审判程序违法分属不同性质和类型的审判程序违法，其中，"遗漏当事人"与"无诉讼行为能力人未经法定代理人代为诉讼"具有欠缺诉讼要件的性质，并非单

---

① 参见赵泽君《民事诉讼发回重审制度的反思与构建——以民事诉讼法修正案草案为视角》，《政法论坛》2012年第4期。

② 如我国台湾地区"民事诉讼法"第二百四十九条：原告之诉，有下列各款情形之一，法院应以裁定驳回之……四、原告或被告无诉讼能力，未由法定代理人合法代理者。

③ 参见刘学在《违法剥夺当事人辩论权利的含义和表现》，《人民法院报》2009年12月15日第5版。

纯违背程序规范。立法上本因立法技术之问题，导致"严重"之标准难以识别，最高人民法院为解决识别标准的问题，希冀通过限定列举的方式将概括事项规定完备，却又因立法技术的原因造成识别标准更加混乱。不仅如此，除"违法缺席判决"之外，其他例示事项均未体现发回重审审判程序违法事由应有的特质，"严重违反法定程序"的术语也未反映发回重审的制度本质。以疏漏的现行规范为指导，势必造成司法实践中"严重违反法定程序"认定多岐，理由多样的乱象。尽管完善现行规范未必能杜绝此类"司法乱象"，但至少规范层面的完善可以为实务者提供相对明确的裁量指引。

5. 未赋予当事人相应的程序选择权

发回重审本质上是对一审判决审判程序违法的一种救济途径，如上文所述，其主要价值是保障程序公正，维护当事人审级利益。根据民事诉讼法理中基本的处分原则，当事人有权在法律允许的范围内自由处分其相关诉讼权利，与程序相关的诉讼权利自然也是其中一种。而综观现行发回重审的相关立法，虽然以保护当事人的审级利益为目的，但未体现出对当事人程序选择权的认可和尊重，当事人的程序主体地位并未得到凸显。因此，一直以来学界就是否应当在发回重审制度中赋予当事人相应的程序选择权问题都存在争议。对此，笔者持肯定态度。在我国的发回重审制度沿革和设计中，一直贯彻着"审判权本位"思想，虽然《民事诉讼法》已经规范了基于审判程序违法发回重审的具体适用情形，但是正如前所述，"严重违反法定程序"的标准不仅难以识别，而且能够发回重审的审判程序违法事由被限缩在极窄的担保范围内。尽管在规范层面，《民事诉讼法解释》第三百二十五条对能够发回重审的"严重违反法定程序"作了封闭性解释，但是在司法实践中，在一审判决存在其他程序瑕疵时，法官仍拥有决定是否发回的自由裁量权，而双方当事人对此处理和过程无法参与更无法形成有效的干预。从理论上来讲，诚如我国台湾地区学者邱联恭先生所提出的应当保障程序关系人的程序利益之观点，[①] 审级利益作为一项程序性利益，根据当事人选择权之法理应属于当事人可以选择放弃的利益，这样的原理和制度设计的要求在规范层面应有所反映。

---

① 立法者及司法者均应对于程序关系人，就关涉该人利益、地位、责任或权利义务之程序利用及程序进行，赋予相当之程序参与权及程序选择权，借以实现、保障程序关系人之实体利益及程序利益。参见邱联恭《程序选择权论》，台湾三民书局 2000 年版，第 33 页。

　　事实上，在我国目前司法大环境之下，"重实体轻程序"的观念和现象仍然十分突出，即便是双方当事人本人也往往更关注自己的实体权利是否得到公正处理，宁愿放弃某些不甚重要的诉讼权利，也不愿反复纠结于程序瑕疵的问题。① 例如在某一具体案件中，双方当事人对一审判决中存在的程序瑕疵均未表示反对，均不赞成发回重审，而更倾向于将时间花费在实体问题的处理上，认为虽然发回重审是对程序正义之实现的不懈追求，但是这种追求却推迟了实体正义的实现，但站在审判者的角度，同时追求实体公正和程序公正却是其对待法律应有的专业态度，在当事人未行使其选择的权利之前，受诉法院不能贸然决定是否发回重审。于是，当事人与法院之间就会针对是否需要将案件发回的问题产生观念和操作上的矛盾，当事人倾向于实现实体公正，受诉法院则应本着尊重当事人程序选择的立场。而实务操作中，二审法院往往忽视当事人的程序选择，长期忽视当事人的程序选择权肆意选择发回重审的处理方式，可能导致当事人将发回重审视为上下级法院之间彼此推诿，无视其诉讼权利的行为，对我国司法的权威性及公众信赖程度产生不良影响。而作为二审裁判者，想要解决这种矛盾就应当注重平衡理论制度设计与当事人实际诉求之间的关系，充分尊重当事人的诉讼权利，若一味无视当事人请求，频繁自行发回重审，必将损害发回重审制度设计之初所设想的价值及功能。因此，二审法院对于一审程序的审判程序违法进行纠正和规制的同时也要考虑当事人的诉求和利益，如果双方当事人自愿放弃审级利益而追求程序的迅速推进以及纠纷的快速解决，二审人民法院应当尊重双方当事人放弃审级利益的合意不将案件发回一审人民法院重审。我国台湾地区"民事诉讼法"也明确赋予了当事人程序选择的权利。② 笔者认为，如此制度设计殊值借鉴和参考。

二　发回重审的审判程序违法事由之实务评判

　　司法实务是理论研究的问题来源，想要客观了解我国民事司法中的

---

　　① 参见姚佳《民事诉讼二审发回重审制度的重新审视——兼评〈民事诉讼法修正案〉第40条之规定》，《福建警察学院学报》2013年第2期。

　　② 我国台湾地区"民事诉讼法"第四百五十一条第一项规定，第一审诉讼程序有重大瑕疵者，第二审法院得废弃原判决，而将该事件发回原法院，但以维持审级制度认为必要时为限。紧接着其第二项明确规定，前项情形，应予当事人陈述意见之机会，如两造愿由第二审法院就该事件为裁判者，应自为判决。可见，即便是存在处于维护当事人审级利益的需要而应发回重审的重大程序瑕疵也可因为双方当事人同意放弃审级利益而改由二审法院自行裁判。

"严重违反法定程序"是如何认定的,必须对实务操作进行具体考察。一般而言,可以通过两种方式进行这种考察:一是与个别法官通过询问访谈,了解其裁判观点;二是对裁判文书进行整理、归类,通过文献分析把握实务状况。前者可以直观真切地了解法官裁判观点的形成过程,后者对实务状况有着更为全面的掌握。笔者在本书研究以及既往研究相关问题期间在不同的时间阶段①分别在聚法案例网、中国裁判文书网、北大法宝法律数据库司法案例等网站上分别以不同的关键词对二审发回重审的案例进行了检索,并专门针对实践中我国二审人民法院发回重审所适用的审判程序违法事由以及各法院对"严重违反法定程序"的识别与认定进行了统计与分析,具体下文将详细展开。

(一)基于审判程序违法事由的发回重审整体态势

为深入考察二审发回重审制度尤其是基于审判程序违法事由的发回重审制度在我国当前司法实践中的实际运行样态,笔者在第一阶段的实证研究过程中选取了湖北省武汉市②中级人民法院2014—2017年四年间办理的二审案件为研究样本进行考察。③ 2018年10月9日,笔者以法院名称为"湖北省武汉市中级人民法院"、案件类型为"民事案件"、检索关键词为"审判程序违法"、审判程序为"民事二审"、时间起止为"2014年1月1日—2017年12月31日"分别在"中国裁判文书网""北大法宝—司法案例"数据库中进行了检索,在两个数据库中所检索到的裁判文书进行逐一查阅,并删除重复的裁判文书后得到如下数据(见表5-11)。

表 5-1　　　2014—2017 年湖北省武汉市中级人民法院发回重审情况

	2014 年	2015 年	2016 年	2017 年
二审结案数(件)	3214	4102	6856	8145
发回重审数(件)	173	217	461	465
发回重审率(%)	5.38	5.29	6.72	5.71

①　笔者在2018年、2019年、2020年分三个阶段就基于审判程序违法事由的发回重审制度在司法实践中的适用状况进行了实证研究。

②　武汉市地处我国中部,经济社会发展水平居全省首位,诉讼氛围较为浓厚,诉讼程序相对来看较为完善,且武汉市占地辽阔,人口众多,民事纠纷较为频繁,以此为样本具有较高的普遍性和代表性。

③　参见占善刚、杨宇铮《基于审判程序违法事由的民事案件发回重审探析——以湖北省武汉市中级人民法院2014—2017年二审案件为样本》,《西部法学评论》2019年第2期。

从表 5-1 的数据反映出的情况来看，2014—2017 年四年间，武汉市中级人民法院发回重审的案件数量总体呈现出逐年递增的趋势，但是总体上升幅度不大，对比同样日益增加的二审结案数量，发回重审率呈现出较为稳定的态势，基本上维持在 5%—7%这一区间段内。

正如表 5-2 数据所示，2014—2017 年，在武汉市中级人民法院发回重审案件数量总体上升的大环境之下，以审判程序违法为由发回重审的案件在总体上亦呈现出逐年递增的态势，但其所占比例则呈现出下降的趋势，尤其是 2015 年与 2014 年相比有明显的下降趋势。由上述数据分析可知，武汉市中级人民法院发回重审的理由仍然以实体瑕疵为主，以适用审判程序违法为由发回重审的案件仅占据着少数地位，但这并不意味着司法实践中一审审判程序违法的情形较少出现，表 5-3 中的数据便是印证。

表 5-2　　　　2014—2017 年湖北省武汉市中级人民法院基于程序违法事由发回重审的总体情况

	2014 年	2015 年	2016 年	2017 年
发回重审数（件）	173	217	461	465
以审判程序违法为由发回重审数（件）	54	46	108	86
以审判程序违法为由发回重审的案件占所有发回重审案件数量的占比（%）	31.21	21.20	23.43	18.49

表 5-3　　　　2014—2017 年湖北省武汉市中级人民法院基于审判程序违法事由的上诉及发回情况

	2014 年	2015 年	2016 年	2017 年
以审判程序违法为由提起上诉的案件数（件）	190	277	384	410
经审查确有审判程序违法情况的案件数（件）	91	88	198	151
以审判程序违法为由发回重审的案件数（件）	54	46	108	86
以审判程序违法为由发回重审的案件占经审查确有审判程序违法情况案件数量的占比（%）	59.34	52.27	54.55	56.95

透过分析表 5-3 的数据，我们不难看出，以原审程序存在违法情况

为由提起上诉的案件数量呈现逐年递增的趋势，从一个方面反映出了我国当事人对自身案件程序正义的重视程度和保护意识正处于逐步上升的状态，是我国逐步走出"重实体、轻程序"这一困境的良好反馈，也在一定程度上反映出受诉法院和双方当事人一贯持有的"重实体、轻程序"的理念有所淡化。与此同时，从另一个方面来看，二审法院以审判程序违法为由发回重审的案件数量仅占据了其经审查确认一审存在审判程序违法的案件数量的一半，这说明还有大量《民事诉讼法》以及《民事诉讼法解释》明确规定应发回重审的六种"严重违反法定程序"情形以外的审判程序违法情形涌入第二审程序。而在这其中，有一些审判程序违法的情形确实仅属于一般的程序瑕疵，而囿于我国民事诉讼立法中对一般的审判程序违法尚缺乏如程序异议权这样及时有效的救济和补正制度，二审法院仅能在上诉程序中确认该行为于一审程序违反程序法规范之规定，既无法使进行中的程序恢复到违法前的状态，又无法改变一审程序所作的实体判决，二审法院只能维持原判，驳回上诉。实际上，针对一般性审判程序违法的此种处理在确认了一般性审判程序违法构成上诉理由的同时，又无法对该类"轻微"的审判程序违法进行有效的纠正和规制。程序异议权的制度性缺失使得大量本可在一审程序中就予以及时纠正的程序瑕疵涌向二审程序而造成二审法院的负担。例如，在一民间借贷纠纷案件中，上诉人上诉称"案件适用简易程序审理，本应在三个月之内审结，结果一审法院却花了一年的时间审结，也未转为普通程序，超出了法定的审理期限"。而二审法院却认为"虽然一审法院适用简易程序审理本案超过审理期限，程序上有瑕疵，但不属于《中华人民共和国民事诉讼法》第一百七十条第一款第（四）项规定的严重违反法定程序的情形，且一审判决实体处理并无不当。综上所述，冯某某要求改判的上诉理由不能成立，应予驳回"。① 另外，即便是存在着重大的程序瑕疵，有法院认为该审判程序违法不属于立法所明确规定的六种情形而不适用发回重审制度，如在一

---

① 参见武汉市中级人民法院（2017）鄂 01 民终 4895 号二审民事判决书。类似的案件还有武汉市中级人民法院（2017）鄂 01 民终 4721 号二审民事判决书；武汉市中级人民法院（2017）鄂 01 民终 3669 号二审民事判决书，等等。诚然，从本质上讲，在以当事人为架构的民事诉讼中，诉讼程序主要由当事人提出的请求、主张和举证来推进，很难要求法院必须在某个特定期限内终结诉讼程序，现行《民事诉讼法》中有关 6 个月或 3 个月内必须结案的强行规则 （转下页）

房屋买卖合同纠纷中，又如，在一施工合同纠纷案件中，原审判决存在着未依法送达和错误使用简易程序的审判程序违法情形，武汉市中级人民法院作为第二审法院虽然确认了这些瑕疵的存在，却认为这些程序瑕疵并不影响一审的实体判决，而判决驳回上诉，维持原判。① 上诉人以一审判决违反"不告不理"的原则请求撤销一审判决，该案受诉法院确认了审判程序违法的情形存在却依然判决驳回上诉，维持原判，并在其二审民事判决书中明确写道"一审判决虽然存在判非所请的情形，但是不属于法律规定的严重违反法定程序的情形。故上诉人的上诉理由不能成立，本院不予支持"。② 不仅如此，还有存在证据未经合法质证、未经合法代理等严重违反法定程序的案件都最终以二审法院判决驳回上诉维持原判而了结。

从这些司法实例和实践数据中也窥见，实践中有诸多"非法定"的本应发回原审人民法院重审的严重审判程序违法无法得到相应的救济。究其原因，笔者认为乃是由于我国的司法实务中，最高人民法院发布的司法解释向来被各级法院的法官奉为裁判之圭臬，甚至有高于《民事诉讼法》等实体法的权威。在《民事诉讼法》第一百七十条第一款第（四）项被《民事诉讼法解释》第三百二十五条改造性地解释为限制列举规范后，可以以审判程序违法为由发回重审的制度适用被限缩在极窄的范围内，可以想见的是，司法实践中一定会有部分法院将能够发回重审的审判程序违法事由仅机械地拘泥于《民事诉讼法》以及《民事诉讼法解释》中所列举或规定的六种审判程序违法事由，这也就不难理解为何即便存在超请求这样明显严重违反法定程序的情形，前述武汉市中级人民法院也未将其认定为严重违反审判程序违法的情形而发回重审。这一现象和解释论分析似乎也能从表5-2和表5-3的两组数据中得到印证，即在表5-2中，2015年以审判程序违法为由发回重审的案件数量占所有发回重审案件数量的比值

（接上页）被一再"软化"，基本上沦为训示规范。且从制度趣旨来看，审理期限意在促进诉讼，督促法院加快办案进度，提高效率，如果案件实体裁判正确，仅仅因为超审理期限也不应被定性为"严重违背法定程序"，进而发回重审或启动再审，武汉市中级人民法院不认为其应发回重审是值得赞同的，但另一方面我们必须注意到，一审程序超出审理期限仍然属于程序瑕疵，而这一程序瑕疵在这些案例中几乎均无法在一审中得到及时补正，上诉到二审程序后也不能得到法院实质性的补救。正如上诉案件中，当事人面对法院拖延一年未审结案件也无能为力，这也从侧面说明了赋予当事人程序责问权的重要性。

① 参见武汉市中级人民法院（2017）鄂01民终3210号二审民事判决书。

② 参见武汉市中级人民法院（2017）鄂01民终7249号二审民事判决书。

明显下降，而表 5-3 中 2015 年以审判程序违法为由发回重审的案件数量最少，且与 2014 年以审判程序违法为由发回重审的案件数量相比也有明显的减少。

（二）二审发回重审审判程序违法事由的总体适用状况

为了更加全面地了解全国其他城市的第二审人民法院以审判程序违法为由撤销原判决发回重审制度的适用状况，在第二阶段的实证研究中，①笔者于 2019 年 3 月在聚法案例网上，在民事案由中以"《中华人民共和国民事诉讼法》第一百七十条第一款第（四）项"，限定裁判文书于"本院认为"部分进行检索，共检索到 18375 份裁判文书，其中上海市 100份，深圳市 240 份，北京市 723 份。笔者以上海、深圳、北京这三个城市为地域范围，以 2015 年 2 月 5 日至 2019 年 3 月 5 日为时间范围随机抽取了 219 份裁判文书作为实例样本进行分析。②

在笔者检索得到的 219 份裁判文书中，受诉法院裁定不支持发回重审的案件有 21 件，约占总样本数量的 10%。在法院裁定发回重审的 198 件案件中，未在裁判文书中写明具体的审判程序违法情形便直接以"严重违反法定程序"为由而发回重审的案件有 31 件，约占 14%。剩余 167 份发回重审的裁判文书中，以《民事诉讼法》和《民事诉讼法解释》所明确列举出来的六种"严重违反法定程序"为理由适用发回重审制度的案件就有 113 件，占比达 51%。除开前述六种"严重违反法定程序"的情形以外，还有 54 件案件因各种各样的理由被发回重审，约占 25%。具体如图 5-1 所示。

考虑到对北京、上海、深圳三个城市的样本进行分析可能无法反映我国中西部地区的适用状况，因此笔者在第三阶段的实证分析中，又以全国各地方的高级人民法院所作的裁判文书为对象进行了实证研究。笔者经相

---

① 参见占善刚、张博《我国民事审判程序违法救济之初步检讨》，《南大法学》2020 年第 4 期。

② 219 份判决书中，37 份来自上海，88 份来自深圳，94 份来自北京。通常认为北京、上海、深圳乃是经济发达且法治建设相对完善的城市，尽管数据为随机抽样，且总样本数量不多，但笔者认为能够一定程度上反映司法实践中发回重审的标准。笔者之所以挑选的时间范围为 2015 年 2 月 4 日至 2019 年 3 月 5 日的裁判文书，是因为我国民事诉讼法经过 2012 年的修订，将第一百七十条第一款第（四）项规定的发回重审范围限定为"严重违反法定程序"的情形，后最高人民法院于 2015 年 2 月 4 日颁布的《民事诉讼法解释》第三百二十五条更是将"严重违反法定程序"的情形严格控制在六种情形，这种立法上的修改最为直接的后果表现为司法实践中法官认定发回重审的标准发生了改变。

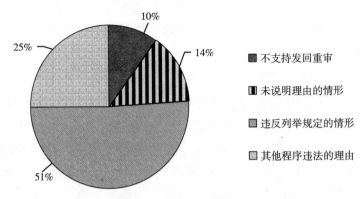

图 5-1　裁判文书中发回重审理由的列明情况

关裁判文书发现,① 截至 2020 年 9 月 5 日,全国高级人民法院适用《民事诉讼法》第一百七十条第一款第(四)项以"严重违反法定程序"为由撤销原判决发回重审的上网的裁判文书共 863 份,保留符合条件的有效裁判文书 370 份。②

通过对本研究第二、第三阶段所搜集到的裁判文书进行数据统计与分析,笔者发现,我国司法实践中第二审人民法院发回重审制度中审判程序违法事由的总体适用状况还存在着以下问题,以下将逐一列举分析。

1. 部分列举规定的"严重违反法定程序"的情形几乎没有适用

通过分析第二个阶段所搜集到的 113 份以六种列举规定的"严重违反法定程序"的情形为理由发回重审的裁判文书样本,笔者进一步发现,司法实践中法官适用这六种情形的比例存在巨大的差异,更有甚者,有的情形被频繁适用,而有的情形则几乎没有被适用过。例如,法院以一审中遗漏当事人为由发回重审的案件有 76 件,约占总样本数量的 67%,以一审中违法缺席判决为由发回重审的案件 30 件,约占总样本数量的 26%。将这两组数据相结合,以"遗漏当事人"为由发回重审以及以"违法缺席判决"为由发回重审的案件数量共占六种列举规定的 93%,显而易见,

① 笔者于中国裁判文书网中的高级检索栏中,选择了法院层级为"高级法院"、案件类型为"民事案件"、审判程序为"民事二审",判决结果为"撤销原判决发回重审",并以"违反法定程序"为关键词进行全文检索。

② 笔者通过对每份裁判文书进行阅读、筛选、分类,其中有 5 份裁判文书并非以违反法定程序的理由发回重审,有 374 份裁判文书中未阐述违反法定程序的具体情形,另有 114 份为普通共同诉讼中同一事件针对不同当事人出具的裁判文书,总计 493 份裁判文书被排除在有效的样本之外。

实践中"遗漏当事人"和"违法缺席判决"被认定为严重的审判程序违法而被发回重审的情形最为常见。除此以外，以一审中"无诉讼行为能力人未经法定代理人代为诉讼"为由发回重审的案件2件，占比2%；以一审中"审判组织不合法"为由发回重审的案件4件，占比4%；以一审程序存在"剥夺当事人辩论权利"的瑕疵为由而发回的案件1件，占比1%。另外，司法实践中法官适用后三种"严重违反法定程序"的情形极为少见。须注意的是，在法院裁定发回重审的198份判决文书中，"应当回避的审判人员未回避"的情形未被一起发回重审案件所提及。一言以蔽之，在2012年修法及2015年司法解释颁布之后，发回重审的理由虽然被严格限定在六种"严重违反法定程序"的范围中，但《民事诉讼法》第一百七十条第一款第（四）项之规定所列举的"遗漏当事人"与"违法缺席判决"这两种情形更容易为法官所认定，在实践中也是最常见的发回重审的审判程序违法情形，最高人民法院所明确列举的四种情形则基本上未被适用。具体如图5-2所示：

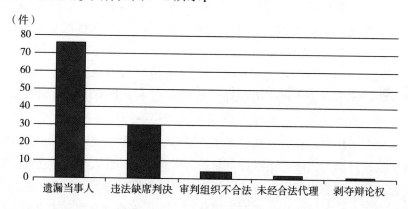

图5-2　各项应发回重审的法定审判程序违法事由的适用状况

在第三阶段的实证研究中，笔者也发现到，在《民事诉讼法》和《民事诉讼法解释》中所明确列举的六项"严重违反法定程序"的事由中，同样也明显呈现出适用率两极分化的局面。其中，因为"遗漏当事人"和"违法缺席判决"而被发回第一审人民法院重审的案件数量最多，分别有147件和75件，占据了裁判文书总数量的39.73%和20.27%。而因"违法剥夺当事人辩论权利"与"应当回避的审判人员未回避"两种审判程序违法的情形被撤销原判并且发回重审的案件数量较少，前者有

26 件，而后者只有 6 件，分别仅占据了总数量的 7.03% 和 1.63%。值得注意的是，在本阶段所搜集到的裁判文书中，尚没有法院适用"无诉讼行为能力人未经法定代理人代为诉讼"这一"严重违反法定程序"的事由而将案件发回原审人民法院重审。具体如表 5-4 所示：

表 5-4　　　各项应发回重审的法定审判程序违法事由的适用率

类别	遗漏当事人	违法缺席判决	审判组织的组成不合法	应当回避的审判人员未回避	违法剥夺当事人辩论权利	无诉讼行为能力人未经法定代理人代为诉讼	前六种以外的其他情形
数量（件）	147	75	33	6	26	0	83
占比（%）	39.73	20.27	8.92	1.62	7.03	0	22.43

综观第三阶段的实证分析所得出的二审发回重审的审判程序违法事由的适用状况，其与前述第二阶段实证分析所得的结果相差无几，两次的实证分析数据中都有不少二审人民法院将《民事诉讼法》和《民事诉讼法解释》中未例示的审判程序违法情形纳入定性为"严重违反法定程序"而发回第一审人民法院重审，并且"无诉讼行为能力人未经法定代理人代理""应当回避的审判人员未回避"等事由在实践中都极少被适用。这更进一步验证了《民事诉讼法解释》第三百二十五条采用限定列举的立法方式将"严重违反法定程序"限制在其所列举的四项事由之范围内完全无法涵盖实践中存在的审判程序违法情形，也无法满足现实状况的适用需求，这样反而为实践中法官在判断某一审判程序违法属于严重违反法定程序而适用发回重审机制时造成了一定的阻碍。不仅如此，该条中所列举的部分严重违反法定程序的情形不仅从理论上说不符合发回重审事由的应然特质，从司法实践的适用上看也略显多余。

2. 部分的发回重审的理由不属于立法所规定的审判程序违法情形

如前所述，即便现行法将发回重审的情形作了如此严苛、明确地界定，① 司法实践中，法官仍将不少不属于列举事项的审判程序违法的一审案件发回重审。在第二个阶段笔者检索到的 198 份法院发回重审的裁判文书中，有 54 份裁判文书涉及非属于六种列举事项而被发回重审。其中法

① 现行《民事诉讼法》第一百七十条第一款第（四）项及 2015 年《民事诉讼法解释》第三百二十五条对发回重审之条件进行了严格的限定，仅限于六种明确列举的"严重违反法定程序"的情形。

官将当事人不适格①作为"严重违反法定程序"的裁判文书有 17 份，将
判决依据的基本事实不清或者基本事实错误②作为"严重违反法定程序"
的裁判文书有 10 份，将审理超出诉讼请求或者遗漏诉讼请求③进行判决
作为"严重违反法定程序"的裁判文书有 8 份。不仅如此，还有法官将
"一审程序依法应当中止审理，但是法院未能中止审理""一审法院没有
记录×××当事人对该司法鉴定意见书的质疑，且未能明确×××当事人的各
项诉讼请求""一审法院作出的两份裁判文书所记录的查明事实及判决结
果均存在不同之处""×××当事人诉称的内容和请求与法院认定的事实及
判决主文的内容不一致，且法院作出的判决书与一审法院向×××当事人送

①　立法者在《民事诉讼法》第一百七十条第一款第（四）项所列举的遗漏当事人属于当
事人不适格的一种表现形式，并不能因此将当事人不适格的其他情形视作严重违反法定程序。法
官之所以于实务中这般认定，笔者猜想应当与立法者设置的严重违反法定程序的标准不明确
有关。

②　判决依据的基本事实不清属于民事诉讼法第一百七十条第一款第（三）项规定的发回重
审理由，判决依据的基本事实错误属于《民事诉讼法》第一百七十条第一款第（二）项规定的
自行改判的理由，在此皆被认定为严重违反法定程序。事实错误或不清皆应属于实体判断层面的
问题，并非程序错误，而司法实务中的法官皆将事实错误认定为程序性错误有碍严重违反法定程
序理由的统一。并且，将"原判决认定基本事实不清"作为发回重审的理由本来就是有待商榷
的。通常讲来，原判决认定基本事实不清可能由两方面原因所导致：其一，原审法院违反法定诉
讼程序，该运行的程序没有运行，该遵守的原则没有遵守，因此导致案件事实没有认定清楚；其
二，囿于认知能力的限制，原审法院依据法定程序，穷尽审理手段，依据双方当事人提供的证据
仍然未能认清基本事实。就第一种情形而言，笔者认为，由于"原判决认定基本事实不清"乃
是由原审法院未遵守法定程序导致，此种情形下被发回重审表面上是由于"原判决认定基本事实
不清"本质上仍是基于审判程序违法，因此，"原判决认定基本事实不清"并不能单独作为发回
重审的事由。就第二种情形而言，笔者认为将"认定基本事实不清"的案件发回原审法院重审
则明显有悖于民事诉讼证明责任理论，缺乏正当性。根据证明责任原理，在民事诉讼中，待证明
的事实在审理结束时若仍处于真伪不明的状态，应由对该事实负证明责任的当事人承担不利后
果。这也为 2015 年《民事诉讼法解释》第九十条第二款所确认，其内容是"在作出判决前，当
事人未能提供证据或者证据不足以证明其事实主张的，由负有举证证明责任的当事人承担不利的
后果"。因此，上诉审法院在原审判决"认定基本事实不清"的情况下，理应自行审理，审理后
仍无法认定的，应当依据证明责任进行裁判，而不是发回重审。参见占善刚、刘芳《审判程序违
法与发回重审——〈民事诉讼法〉第一百七十条之检讨》，《江西财经大学学报》2014 年第 5
期。总而言之，认定基本事实不清的案件不仅在理论上不能被发回重审，依据现行《民事诉讼
法》也不能将其归类为第一百七十条第一款第（四）项所规定"严重违反法定程序"的情形。

③　遗漏诉讼请求被发回重审实乃是《民事诉讼法解释》第三百二十六条之规定，但这般规
定与《民事诉讼法》第一百七十条第一款第（四）项的规定严重冲突，会阻碍严重违反法定程
序标准的设定。理论上认为对于一审程序遗漏当事人的诉讼请求，实乃判决脱漏案件，只需当事
人申请原审法院作出补充或者追加判决即可。参见王甲乙、杨建华、郑建才《民事诉讼法新
论》，台湾三民书局 2002 年版，第 232 页。

达的判决书也存在内容上的差异"① 等审判程序违法理由作为"严重违反法定程序"的情形，类似裁判文书多达 17 份，且审判程序违法的理由不尽相同。稍加分析便可窥见，法官在司法实务中受理的审判程序违法案件数量并不鲜见，除了立法明确予以列举的六种"严重违反法定程序"的案件以外，在其他以审判程序违法为由发回重审的案件中，较多地存在当事人言词辩论不够充分，当事人的审级利益未得以保障的情形。法官适用发回重审一方面须以"严重违反法定程序"为前提，另一方面又要顾及发回重审的内在机理和案件公正处理的要求。若二者有冲突时，法官不得已才会突破法律明文列举之限制规定，从而将本不属于列举事项之理由作为"严重违反法定程序"而适用发回重审之制度。不仅如此，我们也可以看出，在司法实践中，法官认定属于应当发回重审的审判程序违法事由的标准各不一样，有的法院如前述武汉市中级人民法院的裁判文书中所显示的一样，完全受《民事诉讼法》和《民事诉讼立法》所明确列举的六种"严重违反法定程序"的事由限制，并将其他事由一概排除在外，而有的法院则会突破这六种法定的情形而经由自己的裁量，判断将其他审判程序违法的情形也定性为"严重违反法定程序"而适用发回重审制度。

而在笔者第三个阶段所检索到的 370 份高级人民法院作出的裁判文书中，仍然有 83 份裁判文书没有拘泥于《民事诉讼法》以及《民事诉讼法解释》所列举的六项严重违反法定程序的情形，而是将其他的审判程序违法情形也认定为"严重违反法定程序"的情形，从而事实上扩张了当事人据之上诉并应当发回重审的严重性审判程序违法事由。笔者通过进一步分析二审人民法院以法定的六种"严重违反法定程序"的事由以外的审判程序违法事由发回重审的 83 份案件发现，高级人民法院认为原判决存在《民事诉讼法》及《民事诉讼法解释》明确规定的六种"严重违反法定程序"情形以外的其他的应当撤销原判决并发回重审的"严重违反法定程序"情形主要分布如表 5-5 所示：

---

① 参见深圳市中级人民法院（2017）粤 03 民终 10606 号二审民事裁定书；深圳市中级人民法院（2017）粤 03 民终 18504 号二审民事裁定书，深圳市中级人民法院（2017）粤 03 民终 2743 号二审民事裁定书，北京市第一中级人民法院（2018）京 01 民终 4661 号二审民事裁定书。

表 5-5　　　　　　六种"严重违反法定程序"情形以外的
其他发回重审的审判程序违法情形

类型	数量（份）	占比（%）
遗漏诉讼请求①	10	12.05
超请求判决②	16	19.28
未组织质证③	22	26.51
未尽释明的义务④	16	19.28
送达程序不合法⑤	8	9.64
诉讼代理人无代理权⑥	6	7.23
未对证据调查申请答复⑦	2	2.41
应中止诉讼而未中止⑧	1	1.20
违法先行判决⑨	1	1.20
违法不公开审理⑩	1	1.20

---

①　参见贵州省高级人民法院（2018）黔民终字第644号二审民事裁定书；湖北省高级人民法院（2018）鄂民终字第681号二审民事裁定书；河南省高级人民法院（2017）豫民终字第374号二审民事裁定书；江西省高级人民法院（2016）赣民终字第519号二审民事裁定书等。

②　参见云南省高级人民法院（2019）云民终字第1244号二审民事裁定书；吉林省高级人民法院（2019）吉民终字第124号二审民事裁定书；海南省高级人民法院（2015）琼民终字第21号二审民事裁定书；河南省高级人民法院（2014）豫民终字第92号二审民事裁定书等。

③　参见安徽省高级人民法院（2019）皖民终字第699号二审民事裁定书；湖南省高级人民法院（2019）湘民终字第236号二审民事裁定书；山东省高级人民法院（2017）鲁民终字第1009号二审民事裁定书；陕西省高级人民法院（2019）陕民终字第16号二审民事裁定书；广东省高级人民法院（2017）粤民终字第574号二审民事裁定书等。

④　参见云南省高级人民法院（2019）云民终字第1082号二审民事裁定书；江西省高级人民法院（2019）赣民终260号二审民事裁定书；广东省高级人民法院（2017）粤民终字第393号二审民事裁定书；贵州省高级人民法院（2018）黔民终字第148号二审民事裁定书；辽宁省高级人民法院（2017）辽民终字第528号二审民事裁定书等。

⑤　参见江西省高级人民法院（2018）赣民终字第435号二审民事裁定书；云南省高级人民法院（2018）云民终字第703号二审民事裁定书；河北省高级人民法院（2017）冀民终字第210号二审民事裁定书；河南省高级人民法院（2016）豫民终字第1246号二审民事裁定书等。

⑥　参见江苏省高级人民法院（2018）苏民终字第1123号二审民事裁定书；湖南省高级人民法院（2018）湘民终字第801号二审民事裁定书；吉林省高级人民法院（2017）吉民终字第399号二审民事裁定书等。

⑦　参见海南省高级人民法院（2018）琼民终字第47号二审民事裁定书；浙江省高级人民法院（2012）浙民终字第42号二审民事裁定书。

⑧　参见云南省高级人民法院（2019）云民终字第118号二审民事裁定书。

⑨　参见江苏省高级人民法院（2016）苏民终字第5741号二审民事裁定书。

⑩　参见山东省高级人民法院（2014）鲁民终字第436号二审民事裁定书。

　　另外，我们应当清醒地意识到，相比于可能影响判决结论形成的形态多样的审判程序违法情形，民事司法实务中前文所援引的部分高级人民法院所作的裁判文书中所认定的其他的"严重违反法定程序"的情形只占其中的一部分，因而并不足以涵盖当事人的全部不服原判决的审判程序违法事由。另外，司法实践中，还存在着部分法院将"应当合并审理而未合并审理"或"本应合并审理却分别审理判决"，"违反专属管辖与级别管辖"，"未处理当事人的管辖权异议"等情形视为"严重违反法定程序"的情形。①

　　（三）不属于应发回重审的审判程序违法情形被发回重审处理

　　民事诉讼的理想不仅在于程序的公正公平，还在于诉讼程序运行的迅速经济。② 在民事诉讼中，民事诉讼程序是由受诉法院以及双方当事人实施的诉讼行为环环相扣，有序地层层推进展开而生成的。某一诉讼行为不仅必须以前一诉讼行为的实施为基础，同时又构成了后一诉讼行为的前提。诚然，在民事诉讼的过程中，由于法院或者当事人的疏忽出现审判程序违法的瑕疵时有多见，但是如果法院认定在程序进行中某一诉讼行为确实存在审判程序违法的瑕疵，那么无论违反的轻重程度，在这一诉讼行为基础上所作其他后续行为都要被推翻重来的话，之前法院和当事人所做的工作都成为徒劳，难免又要消耗大量的时间和司法资源，造成诉讼程序的拖延，显然与民事诉讼经济、迅速的理想价值相违背，不仅如此，程序的反复也极易造成诉讼程序的不安定。大陆法系国家或地区的民事诉讼立法中明确限定仅有重大的程序瑕疵，即在有维护当事人审级利益以及进一步进行言词辩论的必要时才允许二审人民法院发回重审，其他情况均得自行裁判，这一设置的目的也是确保诉讼程序经济、迅速地推进，维护程序安定。我国《民事诉讼法》第一百七十条第一款第（四）项修改的目的也是为了遏制法院滥用发回重审之制度。

　　然而，令人遗憾的是，笔者在实证调研的各个阶段都发现我国司法实践中有不少本不应该被发回重审处理的审判程序违法被第二审人民法院定性为严重审判程序违法而发回重审。例如，在浙江省高级人民法院（2018）浙民终1085号民事裁定书中，第二审人民法院认为第一审人民

---

　　① 参见占善刚、刘洋《我国民事诉讼中"严重违反法定程序"的识别与界定》，《法学论坛》2020年第2期。

　　② 参见［日］上田徹一郎《民事诉讼法》（第7版），法学书院2011年版，第37页。

法院没有审查上诉人所提出的管辖异议便直接作了判决，违反了法定程序，并依照《民事诉讼法》第一百七十条第一款第（四）项的规定发回重审。① 笔者认为，在此类案件中，人民法院故意或过失不审查当事人的管辖异议申请固然属于审判程序违法的情形，但是如果仅仅是原审法院没有管辖权而没有其他程序瑕疵，其严重程序尚不足以构成应当发回重审的严重违反法定程序的情形，其原因在于，诉讼案件究竟应该由哪个法院管辖，是各个法院的案件分配的问题，无论案件由哪个法院审理，其所适用的法律都是相同的，在保障程序公正、合法地进行的情况下，从理论上而言，对其裁判结果并没有多大的影响。没有管辖权的一审法院也是在走完了法庭质证，法庭调查等必需的程序，查清案件事实之后才对双方当事人的纠纷作出实体判决，原审法院虽没有管辖权，但并未侵犯当事人的辩论权利和审级利益，也并不会影响判决的错误，这都不符合前述二审发回重审的审判程序违法事由应有的特质。因此，没有管辖权的法院如果已就本案为实体上的判决，若因管辖权之问题，可以由上级法院废弃第一审判决，再移送于有管辖权的法院重新进行辩论裁判，疏失诉讼经济原则。② 我国台湾地区"民事诉讼法"第四百五十二条之规定③便是绝佳佐证。我国现行《民事诉讼法》第一百二十七条第二款④所规定的应诉管辖制度中也将专属管辖和级别管辖视为例外，但是即便在第一审法院违反了专属管辖或者级别管辖的情况下，二审法院也不得将案件发回重审，而是应当废弃原判决移送有管辖权的人民法院进行审理。⑤ 我国司法实践中却有二审法院以原审法院违反级别管辖为由发回重审；⑥ 又如，在甘肃省高级人民法院（2016）甘民终338号二审民事裁定书中，第二审人民法院仅以一审法院的送达方式不符合法律规定便认定为发回重审的"严重违反法定

---

① 类似的还有新疆维吾尔自治区高级人民法院（2018）新民终262号二审民事裁定书，山东省高级人民法院（2018）鲁民终1102号二审民事裁定书，陕西省高级人民法院（2016）陕民终491号二审民事裁定书等。

② 参见杨建华《民事诉讼法要论》，北京大学出版社2013年版，第40页。

③ 我国台湾地区"民事诉讼法"第四百五十二条规定："第二审法院不得以第一审法院无管辖权而废弃原判决，惟专属管辖，事涉公益，不在此限。"

④ 《民事诉讼法》第一百二十七条第二款规定："当事人未提出管辖异议，并应诉答辩的，视为受诉人民法院有管辖权，但违反级别管辖和专属管辖规定的除外。"

⑤ 参见全国人大常委会法制工作委员会民法室编《中华人民共和国民事诉讼法条文说明、立法理由及相关规定》，北京大学出版社2012年版，第211页。

⑥ 例如在重庆市高级人民法院（2018）渝民终606号二审民事裁定书中，法院以第一审不应属于中级人民法院管辖认定为严重违反法定程序而发回重审。

程序"的情形。笔者认为，送达的首要功能在于"告知"，受到法院"告知"的当事人才有机会参与到诉讼程序中来，就自身请求提出主张与证据。如果对当事人欠缺合法有效的送达，诉讼法上很多效果将不会发生，大陆法系通说甚至认为诉讼系属的起算点即为诉状合法送达至被告。① 法院依照法定方式进行文书送达是其职责所在，违背法定送达方式的送达即是送达瑕疵，是审判程序违法，但如果违法的送达方式依然达到"告知"效果，当事人的诉讼参与权并未因此受到影响，则没有必要推翻已经经过或完结的诉讼流程，以维护程序安定与经济。当然，如果法院的违法送达没有达到"告知"效果，则另当别论。本案中，仅以送达方式存在审判程序违法本不应被发回重审处理。除此之外，还有实践中较少出现，但也属于将审判程序违法的严重程度尚未达到应当发回重审的"严重违反法定程序"之标准而被发回重审的案例，例如，在沈阳市中级人民法院（2019）辽01民终15207号二审民事裁定书中，上诉人对被上诉人的诉讼代理人的资格有异议且因此提出上诉，二审法院判决发回重审。很显然此种情形并不构成传统理论中"未经合法代理"②之发回重审的理由，本案中能够主张未经合法代理的只能是被上诉人而非上诉人，被上诉人未提出代理权存在问题，则法院不能仅以上诉人对被上诉人的诉讼代理人资格有异议为由发回重审。

（四）各地法院对"严重违反法定程序"识别不一甚至互相矛盾

值得注意的是，在民事司法实务中，各级法院就《民事诉讼法》第一百七十条第一款第（四）项及《民事诉讼法解释》第三百二十五条所明定的六种以外的审判程序违法情形是否也能适用发回重审制度并未形成一致的立场。同样以各高级人民法院的二审判决为例，截至2020年9月3日，笔者在中国裁判文书网中以"高级法院""民事二审""违反法定

① 参见张卫平《重复诉讼规制研究：兼论"一事不再理"》，《中国法学》2015年第2期。
② 代理权等的缺失是指声称为代理人（包括法定代理人和诉讼代理人）的人进行诉讼行为却无代理权，未成年人或者是成年被监护人本人进行诉讼行为，被保佐人、被辅助人、法定代理人进行的诉讼行为必须获得授权而未获得等。因这些情形下当事人的程序权利的保障并未能够保障，当事人并未充分行使诉讼行为，其主张并未在诉讼中得到充分体现的可能性较高，足以构成诉讼程序的重大违法而成立上告理由。参见［日］河野正宪《民事诉讼法》，有斐阁2009年版，第825页。

程序""驳回上诉"为关键词检索相关裁判文书①发现，上文中所援引的部分高级人民法院所作的裁判文书中所认定的属于可撤销原判决并发回重审的其他的"严重违反法定程序"的同一审判程序违法事由，在不同的高级人民法院甚至同一所高级人民法院所作的不同的裁判文书中却被认定为不属于"严重违反法定程序"。例如，针对法院在进行证据调查时未组织当事人质证，河北省高级人民法院在（2019）冀民终字第299号二审民事判决书中认为，一审法院虽未组织开庭对当事人第一次开庭结束后提交的证据进行质证并且未采纳该证据，但并不属于"严重违反法定程序"的情形，判决驳回上诉请求，维持原判。湖北省高级人民法院在（2017）鄂民终字第1840号二审民事判决书中认为，鉴定意见的补充意见仅是对鉴定意见的进一步说明和解释，并未对鉴定意见作实质性修改，一审法院并未组织双方对此进行质证并不属于"严重违反法定程序"的情形。② 又如，在针对法院未尽释明的义务的情形，广东省高级人民法院在（2018）粤民终字第1102号二审民事判决书中认为，一审法院在对涉案《合作协议》效力的认定上与原告的认识不一致，在没有向原告进行释明并征求其是否变更诉讼请求的情况下，就作出了诉讼请求的判决，虽有不当之处，但不属于《民事诉讼法》中的"严重违反法定程序"的情形，因此本案无须发回重审。甘肃省高级人民法院在（2017）甘民终字第215号二审民事判决书中认为，一审法院认为本案的实际情况达不到欺诈的认定标准，但构成重大误解，应对当事人予以释明是否变更确认无效的诉讼请求为申请人民法院予以撤销，一审法院未予释明即判决确有不当之处，但不构成应当发回重审的严重的审判程序违法情形。③ 再如，针对法院送达不合法的情形，山东省高级人民法院也认为，一审法院在本案无须再次开庭审理的情形下，为传唤当事人向其送达"开庭传票"的方式虽有欠妥

---

① 以中国裁判文书网为案例库，将正文中所述关键词作为检索条件进行检索，共获得1107条结果。通过对每份裁判文书进行筛查，其中共有1002份裁判文书并非以违反法定程序为理由发回重审，予以排除；另有5份裁判文书与采纳的相重复，予以排除。其余100份裁判文书予以采纳。

② 另参见山东省高级人民法院（2018）鲁民终字第989号二审民事判决书；安徽省高级人民法院（2016）皖民终字第987号二审民事判决书；广东省高级人民法院（2017）粤民终字第591号二审民事判决书；黑龙江省高级人民法院（2015）黑民终字第61号二审民事判决书等。

③ 另参见广东省高级人民法院（2018）粤民终字第921号二审民事判决书；辽宁省高级人民法院（2018）辽民终字第266号二审民事判决书；湖北省高级人民法院（2018）鄂民终字第574号二审民事判决书等。

当，但因一审法院该程序瑕疵未对其诉讼权利产生不利影响，不属于《民事诉讼法》第一百七十条第一款第（四）项规定的严重违反法定程序的情形，故对上诉人关于一审法院程序错误的上诉理由不予支持。① 江苏省高级人民法院在（2015）苏商终字第 51 号二审民事判决书中认为，原审判决送达程序虽然存在瑕疵，但并没有剥夺当事人举证、质证和辩论的权利，不构成严重违反法定程序的情形。② 还如，针对法院未对当事人的证据调查申请作出答复以及应中止诉讼而未中止的情形，浙江省高级人民法院在（2019）浙民终字第 929 号二审民事判决书中认为，一审中，当事人向法院递交了调查取证申请，一审法院未予以明确回应，确实存在不当。但一审法院未对当事人调查取证申请予以回应的问题并未影响当事人的实体权益，亦不属于严重违反法定程序之情形，二审仅予以指正。山东省高级人民法院在某一判决书中明确写道，一审法院未在判决中对两公司提交的调取证据申请及中止审理申请予以回应，程序上存在瑕疵，但并不属于发回重审的严重审判程序违法。③ 此外，上诉人以原审中诉讼代理人无代理权为由上诉，法院虽然肯认一审法院在被上诉人委托诉讼代理人的资格认定方面确实存有瑕疵，却认为其不影响本案基本事实的查明以及当事人相关诉讼权利的行使，故而不属于《民事诉讼法》第一百七十条第一款第（四）项规定的严重违反法定程序，应予发回重审的情形。④ 以上皆为适例。以前述被法院认为属于"严重违反法定程序"的审判程序违法事由上诉而被其他二审法院认为不属于"严重违反法定程序"驳回上诉的实例所在多有。可见，我国民事审判实务中，法院对"严重违反法定程序"的认定各不一样甚至互相矛盾。在裁判文书网上公开后，这种"同案不同判"现象会被发现、放大，必将极大地损害司法权威和司法公信力。

考究裁判理由中法院认定"严重违反法定程序"的标准，审判程序是否违法仅需将诉讼主体实施的诉讼行为与程序规范的具体要求进行比对

① 参见山东省高级人民法院（2017）鲁民终字第 523 号二审民事判决书。
② 另参见浙江省高级人民法院（2019）浙民终字第 1504 号二审民事判决书；河南省高级人民法院（2018）豫民终字第 1379 号二审民事判决书；贵州省高级人民法院（2017）黔民终字第 43 号二审民事判决书；广东省高级人民法院（2014）粤民终字第 576 号二审民事判决书等。
③ 参见山东省高级人民法院（2017）鲁民终字第 1942 号二审民事判决书；另参见河北省高级人民法院（2017）冀民终字第 505 号二审民事判决书。
④ 参见上海市高级人民法院（2017）沪民终字第 237 号二审民事判决书。

即可判断，难点在于在违法程序中依据怎样的标准与理由来识别"严重违反法定程序"。为更好地了解哪些因素左右法院作出严重违反法定程序的认定，笔者对前述驳回上诉的 100 份裁判文书样本中法院认为程序虽有瑕疵但尚未构成"严重违反法定程序"的"裁判理由"作出归类。因为"裁判理由"是对"裁判结果"的说理和阐释，推理严谨说理充分的"裁判理由"可以提高"裁判结果"的可接受性，对"裁判理由"进行研究有助于正确分析"裁判结果"是否合理合法。法院认定"严重违反法定程序"的标准是什么，何以受诉法院认为程序虽然违法但不严重可以不用发回重审？如图 5-3 所示，虽然有少数法院以当事人实体权利与诉讼权利没有受到影响，[①] 或程序瑕疵不足以影响案件事实认定与正确判决的实体标准作为识别指引，[②] 但是，司法实践中大部分的法院仍然是较为严格地按照《民事诉讼法》第一百七十条及其《民事诉讼法解释》第三百二十五条所列举的六种法定情形为参照和判断标准。[③]

　　总而言之，笔者认为，不考量审判程序违法与被声明不服的判决结论有无因果关系，将撤销原判决，发回重审之审判程序违法事由应当具有"严重违反法定程序"之性质的现行立法框架下，必然在一定程度上压缩了可认定为应当发回重审的审判程序违法事由的范围，使得当事人以法定的"严重违反法定程序"以外的审判程序违法为不服原判决的原因并据之上诉时，无论该审判程序违法是否影响原判决结论的形成，都有可能无

---

　　① 如安徽省高级人民法院（2020）皖民终 317 号二审民事判决书，北京市高级人民法院（2019）京民终 33 号二审民事判决书，辽宁省高级人民法院（2015）辽民一终字第 00075 号二审民事判决书，辽宁省高级人民法院（2018）辽民终 266 号二审民事判决书，河北省高级人民法院（2017）冀民终 505 号二审民事判决书，江苏省高级人民法院（2015）苏商外终字第 00051 号二审民事判决书，四川省高级人民法院（2016）川民终 1056 号二审民事判决书，浙江省高级人民法院（2014）浙商终字第 50 号二审民事判决书，广东省高级人民法院（2014）粤高法民三终字第 576 号二审民事判决书等。

　　② 如湖北省高级人民法院（2019）鄂民终 803 号二审民事判决书，宁夏回族自治区高级人民法院（2018）宁民终 308 号二审民事判决书，河北省高级人民法院（2017）冀民终 717 号二审民事判决书，甘肃省高级人民法院（2018）甘民终 601 号二审民事判决书，江西省高级人民法院（2020）赣民终 141 号二审民事判决书，湖北省高级人民法院（2014）鄂民一终字第 00028 号二审民事判决书等。

　　③ 如新疆维吾尔自治区高级人民法院（2020）新民终 38 号二审民事判决书，吉林省高级人民法院（2020）吉民终 119 号二审民事判决书，山东省高级人民法院（2020）鲁民终 260 号二审民事判决书，浙江省高级人民法院（2019）浙民终 1504 号二审民事判决书，四川省高级人民法院（2019）川民终 245 号二审民事判决书，云南省高级人民法院（2019）云民终 182 号二审民事判决书，吉林省高级人民法院（2019）吉民终 283 号二审民事判决书等。

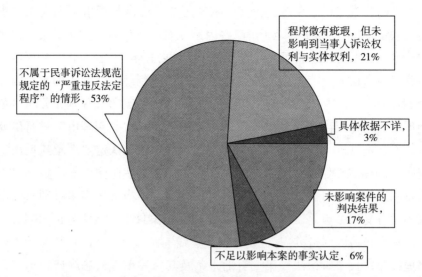

程序微有疵瑕，但未影响到当事人诉讼权利与实体权利，21%

不属于民事诉讼法规范规定的"严重违反法定程序"的情形，53%

具体依据不详，3%

未影响案件的判决结果，17%

不足以影响本案的事实认定，6%

图 5-3　法院认定审判程序违法不适用发回重审制度的理由

法得到二审法院的救济。并且，从另一方面而言，如前文所述，实践中仍然有不少法院并未拘泥于《民事诉讼法解释》第三百二十五条的限制，而是自己去判断某种情况是否属于可以发回重审的"严重违反法定程序"的情形。这样一来，不仅造成了全国各地法院对二审应当发回重审的审判程序违法事由之"严重违反法定程序"认定标准上的不统一甚至互相抵牾、混乱无序的局面，也使得很多不应该发回重审的案件被发回重审，有些应当发回原审法院进一步续行辩论的案件却被驳回上诉，维持原判。当事人的上诉利益被不当地侵蚀也就在所难免。在责问权制度在我国民事诉讼中尚未建立的背景下，该问题显得尤为突出。①

第三节　因审判程序违法发回重审之完善

从本章第二节所分析的发回重审的审判程序违法事由之实践适用状况

----

①　我国民事诉讼如果一如德国《民事诉讼法》第二百九十五条、日本《民事诉讼法》第九十条建立责问权制度，至少可以部分地使一审审判程序违法在一审诉讼程序进行中即因当事人的适时责问而得到即时的纠正，断不必经由当事人上诉请求二审法院予以纠正。而在现行民事诉讼立法框架下，诸如传唤、送达、证据调查等领域存在的审判程序违法情形只能由二审法院认定为不属于"严重违反法定程序"的情形，其结果，不属于"严重违反法定程序"的审判程序违法事实上便一直"适法"地存在，不能获得有效的救济。

可知，2012 年《民事诉讼法》的修正非但不能达到立法者修法的最初目的，还弱化了二审法院对发回重审之严重性审判程序违法的识别和辨识能力，① 一方面，单一的"严重"标准在实践中有进一步演变成纯粹的"排除"标准的倾向，几乎剥夺了法院的自我裁量权。另一方面，"严重违反法定程序"的六种情形也无法满足司法实践的现实需求，因此亟须完善二审发回重审的审判程序违法事由之设置，建构相对统一的识别标准来应对实践中的各种需求，避免法官裁量的失范和混乱。为求《民事诉讼法》所规定的因审判程序违法而发回重审的事由符合发回重审制度的设置初衷及其应然特质，并且便于法官作出正确的判断，笔者认为，理应遵循以下的制度要求来设置发回重审的审判程序违法事由。

一　明示发回重审乃是二审自行改判的例外

民事诉讼中的二审程序是一审程序的续行，二审人民法院应当在查清事实后自行判决，即便一审程序中存在程序瑕疵，二审法院原则上也应当尽量在二审中消除或纠正该程序瑕疵，而非发回重审再让一审法院就程序瑕疵问题重新审理。② 正如前文所析，发回重审制度是有悖于诉讼效率和诉讼经济原则的，将案件发回重审意味着程序的逆行及重来，不仅会导致法院和双方当事人时间和经济成本的增加，也会推迟实体正义的实现。

---

① 也即，如果司法实践中若是存在《民事诉讼法》第一百七十条和 2015 年《民事诉讼法解释》第三百二十五条所列举的六项"严重违反法定程序"的情形之外的情形，法院对这一审判程序违法的情形能否发回重审没有统一的判断标准。

② 在继续审理制的背景下，第二审程序乃是第一审程序的继续，二审法院应当结合一审程序中收集和判断的诉讼资料，结合其在二审中获得的诉讼资料作出综合裁断。继续审理制构建的核心乃是如何在制度构建上保证第二审程序乃是一审程序继续而不是全面的复审，由此，一审判决事实认定对二审法院具有的拘束力成为制度构建的重点，囿于研究主题的限制，对此不作展开。将审级制度定位为继续审理制，可能面临二审终审面临的一些问题。在采行三审终审的诉讼体制下，一审二审程序皆为事实审程序，第三审程序为法律审程序。与此不同的是，在我国两审终审的诉讼制度体制下，将第二审程序定位为事实审，进而将发回重审必须以案件有必要在第一审程序中由当事人进行进一步的言词辩论为前提作为二审发回重审的要件可能面临的最大质疑是，由于我国采行两审终审，若第一审程序与第二审程序皆为事实审程序，法律审的功能将会落空。对此，需要注意的是，事实审审理并不意味着第二审法院仅审查事实认定问题不审查法律适用。事实上，无论一审程序还是二审程序均需要既认定事实又适用法律。事实审与法律审的审级的区分仅仅在三审终审体制中，设置第三审法院作为专门的法律审级的司法环境下才有意义。二审终审的诉讼体制并不妨碍第二审法院继续审理的功能。继续审理制的改革重点在于建立一审事实认定对二审法院的拘束力，二审法院对于一审法院已经审查完毕的诉讼资料不行复审。与此类似的观点，可参见傅郁林《论民事上诉审程序的功能与结构》，《法学评论》2005 年第 4 期。

2002 年德国联邦司法部进行的民事诉讼改革内容之一即是限制发回重审的适用，德国立法者认为发回重审应该是二审法院处理上诉案件的例外。① 日本的民事诉讼立法在规定二审法院关于审判程序违法的审理时分两步走，第一步先审查是否因审判程序违法而影响判决结论正确，也即从审判程序违法与判决结果之间是否成立因果关系来判断是否需要撤销原判，再根据是否需要保护当事人审级利益判断是否需要发回重审。很多第一审诉讼程序的法律违背程度并未达到剥夺当事人审级利益的情形，对此第二审法院应在第二审审理当中重新进行该程序或在排除该审判程序违法行为的基础上自行判断，若是认为判决结论确有不当且与此审判程序违法相关，则应当以此审判程序违法为由撤销原判、自行裁判；若认为判决结论正确，日本学说大多认为对该种情形并没有因该诉讼程序的违反特意撤销原判的必要，② 而判例则认为需要在撤销原判的基础上判断是否需要发回重审。③ 我国民事司法实践中以适用法律错误为由依法改判、撤销或者变更原判决的第二审裁判中，实体法律适用错误占绝大多数比例，而程序法适用错误的案例则十分鲜见。④ "严重的"审判程序违法这一条件设置使得实践中认为审判程序违法仅能通过发回重审加以规制。如此的立法制度安排背后的立法目的似乎是将发回重审与自行判决置于等同重要的位置，至少不能从中解读出，发回重审为二审法院自行裁判的例外这一法

---

① 参见全国人大常委会法制工作委员会民法室编《中华人民共和国民事诉讼法解读》，中国法制出版社 2012 年版，第 477 页。

② 参见［日］小室直人、贺集唱、松本博之、加藤新太郎《民事诉讼法》（Ⅱ），日本评论社 2003 年版，第 205 页。

③ 日本大审院昭和 12 年 10 月 4 日判例，《大审院民事判例集》第 16 卷，第 1488 页；日本最高法院昭和 29 年 4 月 27 日判例，《最高裁判所民事判例集》第 13 号，第 685 页。

④ 笔者于 2020 年 10 月 20 日在中国裁判文书网以案件类型为"民事案件"，案由为"民事案由"，理由为"适用程序法"，审判程序为"二审"，裁判日期为"2019 年 1 月 1 日至 2019 年 12 月 31 日"为搜索条件进行检索，共检索到 11 个结果，其中仅 (2019) 内 01 民终 3382 号案件与 (2019) 晋 05 民终 51 号案件为本书所研究对象，且仅 (2019) 晋 05 民终 51 号案件中第二审法院根据适用程序法的错误为由撤销原判决，自行判决。与此相对的是，2019 年涉及审判程序违法的案件数量为 2994 件，可见我国民事诉讼实践中"适用法律错误"事实上演变为适用实体法错误。《民事诉讼法》第一百七十条规定了第二审法院自行裁判的适用情形，即"原判决、裁定认定事实错误或者适用法律错误"，其中审判程序违法应当符合"适用法律错误"这一情形。按照文义解释，适用法律错误应当包括适用程序法的错误和适用实体法的错误，但是，由于同条第（四）项已经对严重的审判程序违法规定了发回重审的规制手段，故而有意见认为此种规定会导致法院不必为非严重的审判程序违法承担任何诉讼上的法律后果，由此间接可以看出学者及法官在看待审判程序违法以及适用法律错误时习惯将二者分离，故而多数意见亦默认"适用法律错误"并不包括程序法适用错误。

理。不难想象，由于大多数上诉人均以审判程序违法为由请求发回重审，对于大多数第二审法院而言，其只需审查此种行为是否构成严重的审判程序违法即可，缺少了第二审法院是否需要加以纠正的思考阶段。笔者认为，在这样的制度设计下，很难期待第二审人民法院针对存在审判程序违法的一审判决，能够做到谨慎地而非恣意地适用发回重审，并选择自行裁判方式加以纠正审判程序违法。

因此，在选择构成民事诉讼二审发回重审的审判程序违法事由时，我们必须关注到《民事诉讼法》中"严重违反法定程序"的立法本意：第一个层次的含义是一审法院严重违反法定程序所生成的裁判不具有正当性，应被撤销。第二个层次的含义是只有通过一审法院重新审理该案件的途径，才能充分彻底地恢复程序的正当性，且案件还有需要当事人进一步辩论的必要，并且这种审判程序违法造成的影响无法或不便在二审中直接消除，从而才有必要进入一审程序。我们必须考虑的是，发回重审达成的目的与发回重审这一手段之间应具备相称性，发回重审所耗费的司法资源与维护的权益之间应成相应的比例，并将对程序安定性的影响控制在最小限度内。① 因此，笔者认为，在关于二审审判程序违法的规制上，我们必须遵循以二审法院自行改判、消除瑕疵为原则，以发回重审为例外的大前提，我国《民事诉讼法》在未来修法之时应首先增设由二审法院自行裁断的规定，若审判程序违法影响案件正确判决，且需要进一步言词辩论的，才由二审法院撤销原判决、发回重审之类似规定。

二　明确列举发回重审的审判程序违法事由

正如前所述，二审法院因审判程序违法撤销原判决必须以其与判决结果错误成立因果关系为要件。由于审判程序违法与判决结论之间的因果关系不容易证明，为降低当事人对审判程序违法与判决结论之间的因果关系的证明难度，防止审判程序违法出于因果关系的证明困难而被逃避规制，德国、日本的《民事诉讼法》均采取限定列举的方式设置了绝对的上告理由，其被不可反驳地推定审判程序违法与被声明不服的判决之间有因果关系。受此启发，笔者认为，可以参照域外民事诉讼立法中的绝对上告理

---

① 参见占善刚、欧力为《论民事发回重审的应有审判程序违法事由》，《时代法学》2020年第2期。

由而在我国民事诉讼二审发回重审的制度中设置绝对的导致发回重审的事由。① 笔者认为，足以构成绝对的发回重审的审判程序违法事由如下：

（1）剥夺当事人的程序参与权或者违反程序规范的诉讼行为导致当事人未能有效参与诉讼。当事人的法定参与权又称法定听审权，② 是指当事人有权在符合法律规定的法官面前进行攻击防御，陈述观点。受裁判结果直接影响的人应有权利且应当享有充足的机会有效参与到生成裁判的诉讼程序中来，从而对裁判结果的形成施加积极的影响，这是程序公正的实质要求。③ 因此，法院在未使当事人充分利用程序法所提供的攻击和防御的机会的情形下，不能径行裁判。④ 法院需充分保障当事人在言词辩论结束前对法院之裁判认定的预测，使当事人能充分利用攻击防御方法。⑤ 此外，在一审诉讼程序中，如果受诉法院违背了诉讼法规范，未能充分地保障当事人的参与权，可能导致诉讼资料在某种程度上的不齐备，一审判决的合法性与成熟度势必存疑。同时，此情形也必将损害当事人的审级利益，应当采取发回原审法院重新进行审判。参考前述德、日立法及学说，剥夺当事人法定参与权、当事人未能有效参与诉讼而导致发回重审的审判程序违法主要有以下情形可以作为绝对的发回重审的审判程序违法事由：①当事人未经合法传唤使而缺席判决的；②未告知当事人证据调查期日即进行证据调查的；③第一审法院未合法地组织当事人进行公开言词辩论的；④当事人未经合法代理的；⑤应当开庭审理而未开庭审理的。

---

① 所谓绝对的发回重审审判程序违法事由，是指上诉审法院不需要对违法行为的性质及其影响作出进一步的判断，便可直接据此作出撤销原判、发回重审之裁定的事由。在发回重审制度中设置"绝对的发回重审的审判程序违法事由"，对于有效地抑制二审法院滥用发回重审制度，在一定程度上限缩法官的自由裁量，甚至减少同案不同判现象的产生都有积极作用，不仅如此，其对避免下级法院的程序错误、维护程序公正也是极为必要的。因为法院的审判过程一旦违反了程序正义的基本原则，不论其是否产生了不公正、不可靠的裁判结果，都将对公正的审判造成消极的影响，为案件的审理带来一种诉讼程序上的非正义，这就意味着这种违反程序正义的审判程序既不具有公正性，也不具有合法性和正当性，从而无法为人们所普遍接受。

② 参见［德］尧厄尼希《民事诉讼法》，周翠译，法律出版社2003年版，第159—161页。［德］汉斯-约阿希姆·穆泽拉克《德国民事诉讼法基础教程》，周翠译，中国政法大学出版社2005年版，第61页。

③ 美国学者贝勒斯指出："一个人在对自己利益有着影响的判决制作以前，如果不能向法庭提出自己的主张和证据，不能与其他各方及法官展开有意义的辩论、证明和说服等，就会产生强烈的不公正感，这种感觉源于他的权益受到了裁判者的忽视，他的道德主体地位遭受了法官的否定，他的人格遭到了贬损。"参见陈瑞华《刑事审判原理论》，北京大学出版社1997年版，第63页。

④ 参见李浩《论法律中的真实——以民事诉讼为例》，《法制与社会发展》2004年第3期。

⑤ 参见李浩《论法律中的真实——以民事诉讼为例》，《法制与社会发展》2004年第3期。

（2）裁判组织组成不合法。公正审判的前提是由合法、合格的法官组成的审判组织居中进行裁判。由不合法的裁判组织作出的判决，必然会动摇社会民众对公正司法的信赖进而会削弱司法制度的根基。因此，笔者认为，裁判组织组成不合法应当作为引起二审发回重审的审判程序违法事由，具体包括两种情形。①

另外，与"绝对上告理由"不要求当事人证明审判程序违法情由与裁判结果存在因果关系类似，"绝对二审发回重审的审判程序违法"一旦出现即视为导致了一审裁判结果错误，无须当事人进行因果关系的陈述与证明。与此同时，"绝对发回重审的审判程序违法理由"意味着其适用排除第二审法院的自由裁量，具体而言，一旦二审法院确认一审程序中出现前面讨论的两种"绝对二审发回重审的审判程序违法"情形，其必须采取发回重审的处理方式，而不能自行裁判。

三　增设"有必要续行言词辩论"之概括事项

如前所述，我国现行《民事诉讼法》第一百七十条第一款第（四）项，采用例示列举的方式来规制发回重审的审判程序违法事由，所列例示事项并不具有同一性质，其概括性用语为"严重违反法定程序的"，不仅因为过于抽象而容易造成受诉法院理解判断和适用上的困难，还不当地限定了应当被发回重审救济的审判程序违法事由的适用范围。笔者认为，在删去第一百七十条第一款第（四）项所例示列举的事项，设置了绝对的无须法院自行判断即直接适用发回重审制度的审判程序违法事由之后，还应当设置相对的构成二审发回重审的审判程序违法事由。② 笔者认为，相对的引发二审发回重审的审判程序违法事由应当回归到 2012 年《民事诉

---

① 第一，原审法院违反了法定的回避制度。法官中立原则是现代诉讼程序的基本原则，是"程序正义的基础"，回避制度为法官保持中立、平等对待双方当事人提供了制度上的保障。法官违反了回避制度，由不能参与判决的法官参与了判决，无异于一个不具有审判资格的法官充当了案件的裁判者，其所作的裁判自然也就不具有正当性。第二，合议庭在组成上违反法律的规定。违法组成的法庭根本不具备审判的资格，它所进行的审判活动也就属于违法的审判，其所作的裁判自然也就不具有法律效力。

② 所谓相对的发回重审审判程序违法事由，是指一审法院存在审判程序违法的情形时，上诉审法院可根据案件具体情况，斟酌是否裁定发回重审的事由，其认定与适用涉及法官一定的自由裁量权。与绝对的发回重审事由的审判程序违法相比，相对的发回重审事由的审判程序违法性相对较弱，其并未构成对民事诉讼法基本原则、基本制度的违反，但足以影响当事人的诉讼利益和实体权益，具体案件中的情形认定需要二审法院作出综合判断。

讼法》修正前之规定，即"原判决违反法定程序，可能影响案件正确判决的"，并增加"剥夺当事人审级利益，有必要进一步进行辩论"之必要条件。现对以上要件的阐述如下：

（1）审判程序违法可能影响案件正确判决的。对于以非绝对的二审发回重审审判程序违法作为上诉理由的二审案件，上诉审法院必须考虑原审法院的审判程序错误与原审判决之间存在因果联系，再决定是否采取作出发回重审的裁决。仅在这种审判程序违法行为已经达到可能影响原审判决结果的程度时，上诉审法院才有必要作出撤销原判的裁决。反之，如果上诉法院认为审判程序违法行为不影响实体裁判结果，则不必要发回重审，作维持原判处理即可。①

"原判决违反法定程序，可能影响案件正确判决的"之要件设定对因果关系认定采取的"可能性"标准，而非"盖然性"标准。如前所述，

---

① 依照前文对因果关系的考量分析以及实体与程序相互关系的论证，实现诉讼程序正义无论包括多少价值层次，最终都要归结到对结果公正性的保障上，程序的正义总是被与通过程序而达到的结果正义联系起来考虑。上诉审法院只有在认为原审法院假如不存在有关审判程序违法行为就不会作出原审判决结果的时候，才可以将这种受到审判程序违法行为直接影响的原审判决加以撤销，发回重审。反之，假如原审法院的某一审判程序违法行为不会对原审判决结果产生任何直接的影响，那么，这就意味着当事人在一审中所得的言词辩论结果足以使第二审人民法院得出与一审法院相同的判决，当事人的实体利益并未受损，上诉法院就不能作出撤销原判的裁决。无论是美国的无害错误原则，英国上诉法院的判决可靠性原则，还是德国的相对第三审上诉理由规则，都践行了这一理念：原审法院的审判程序违法行为只有在达到足以影响判决结果公正性时，才可以成为上诉法院发回重审的充分条件。在 2012 年《民事诉讼法》进行第二次修改前，原《民事诉讼法》第一百五十三条就强调审判程序违法对案件正确判决的影响："原判决违反法定程序，可能影响案件正确判决的，裁定撤销原判决，发回原审人民法院重审。"当时有学者认为这种做法有悖于程序公正独立价值，主张正确的做法是"在原审违反了法定程序的情况下，不论是否影响实体裁判，均应发回重审，在裁判已经生效的情形下，则应进行再审。对个案而言此举具有保障公正的意义，因为诉讼公正本身便意味着程序合法……"但是，正如德国法学家布鲁诺·里梅尔施帕特尔所说："任何导致了对当事人不利的裁判的程序错误都是一样严重的。……因为无论站在当事人的主观或是客观立场上都不存在令人信服的标准来区分所谓严重的或轻的程序错误。""严重"本身的含义并不是自明的，还需要其他的参照作为识别基准。这些标准中若是少了对实体的影响，就会使人产生疑问："为什么在具体的诉讼中与实体法错误相比更应当打击程序错误"？当事人所追求的最终仍然是实体上胜诉的结果。发回重审制度的落脚点还是实体裁判结果上的更正。因此，足以影响案件正确判决的审判程序违法事由可以说是二审法院撤销原判决的必要条件，也是启动发回重审制度的前提。另外，也应当指出，在民事诉讼中，有些程序乃是专为当事人的利益而设的，依诉讼法理，法院没有遵守的瑕疵可因当事人不进行责问而治愈。之所以承认放弃责问权不得再对抗有瑕疵的诉讼行为，其目的在于维护程序的安定。参见〔日〕谷口安平《程序正义与诉讼》，刘荣军译，中国政法大学出版社 1996 年版，第 2 页；〔德〕布鲁诺·里梅尔施帕特尔《上诉条件》，载〔德〕米夏埃尔·施蒂尔纳编《德国民事诉讼法学文萃》，赵秀举译，中国政法大学出版社 2005 年版，第 610 页。

"盖然性"标准要求当事人证明审判程序违法与实体裁判错误之间成立因果关系,"可能性"说仅要求达到使得二审法院认为若无此项审判程序违法,裁判结果将会不同即可。① 总体而言,"盖然性"的要求比之"可能性"的"证明标准"要高,于当事人而言,达到"盖然性"的证明要求比之"可能性"的要求要高。考虑到审判程序违法与实体裁判错误之间的因果关系的证明不似实体法下侵权行为与损害结果之间具有相对明显可见因果联系,所以不应对审判程序违法与实体裁判错误之间的因果关系证明作过高要求。② 笔者认为,采取"可能性"标准较为适宜,故而采取了"原判决违反法定程序,可能影响案件正确判决的"之表述。

(2)剥夺当事人审级利益,有必要进行进一步言词辩论。审判程序违法与判决结果有因果关系,并不必然导致发回重审。也即第一审诉讼程序即使存在审判程序违法的行为,可能影响案件正确判决,上诉审法院也要斟酌继续审理制度之趣旨,只有在认为如果不发回重审,就会剥夺当事人审级利益的情况下才可以发回重审。这是因为,发回重审作为一种权利救济手段和纠正审判程序违法的途径,其具有自身难以克服的缺陷和局限。③

剥夺当事人审级利益的表现形式便是在一审案件中当事人未充分进行言词辩论,法院要想查清作为裁判基础的事实必须还要双方当事人进一步

---

① 参见〔日〕铃木正裕、铃木重胜、福永有利、井上治典《注释民事诉讼法》(8),有斐阁1998年版,第253页。

② 参见〔日〕斋藤秀夫《民事诉讼法概论》,有斐阁1982年版,第573页。

③ 发回重审并不是对违反程序规范的诉讼行为的实施者施加的惩处,这种规制审判程序违法的手段更多情况下所影响的是非实施违法行为诉讼主体的程序利益。换言之,发回重审不仅没有使违反程序规范的诉讼行为实施者遭受惩处,却在客观上使那些违反程序规范的诉讼行为的相对人因为发回重审而遭受一定利益损害,因为作为非诉行为的主体(对方当事人或受诉法院)因为发回重审导致其对于运用诉讼解决纠纷的期待暂时性地破灭了。另外,因为第一审程序存在审判程序违法情形,案件的原审判决被上级法院撤销,所有业已进行完毕的审判程序也宣告无效,双方当事人及受诉法院为解决纠纷所做的努力归于徒劳,为此而产生的诉讼成本也白白耗费。而在第一审法院存在审判程序违法的情形下,当事人要为这种与自己无关的违反程序规范的诉讼行为付出代价,即承受违法诉讼程序所生成的判决。正是因为发回重审制度这种自身缺陷,所以应当严格限制发回重审的适用范围。而在我国两审终审的背景下,发回重审制度又有其优点,即其意味着能够避免由终审直接改判所带来的不利益,维护当事人本应享受的程序利益。二审法院发回重审和二审法院自行改判的区别在于,发回重审的案件重新经历了符合程序规范的一审程序后,当事人仍然有机会上诉并接受上级法院的审判,如果二审法院对一审程序中尚未审理或审理不尽的事项径直作出判决,事实上将会导致当事人之间的本案争执仅经过了一级法院的审理,显然剥夺了当事人的审级利益,也动摇了民事诉讼审级制度的根基和初衷。

进行言词辩论来形成相应的裁判基础供受诉法院据以作出裁判。若二审法院能综合利用一审、二审的诉讼资料，比如能在依法进行证据调查的基础上无须双方当事人作进一步的言词辩论便可自行作出成熟的裁判，则没有必要将案件发回一审法院重审。所以，只有在审判程序违法导致当事人审级利益受到侵害，且有续行言词辩论之必要的条件下才有必要适用发回重审制度。无损审级利益的典型审判程序违法情形便是质证的程序瑕疵与法院的证据调查方式的瑕疵。由于质证环节位于主张与举证之后，单纯的质证并不会导致新的诉讼资料的提出，而是针对证据的可采性与关联性向法官陈述意见，而是否采信当事人针对证据关联性和可采性的陈述属于法官自由心证的范畴，故而大多情形下不涉及新诉讼资料的提出。在二审程序中法院可重新组织进行质证，并且无论一审程序中的当事人有无进行质证，上诉后均由第二审人民法院根据自由心证进行判断，且不受一审法院裁判结果的影响。与此同理，证据调查方式的瑕疵也是能通过二审法院纠正而无损当事人审级利益的程序性瑕疵。必须强调的是，审级利益可以被当事人自愿放弃。对于有些当事人而言，其更在意自己的实体权益纠纷是否得到妥善、快速地处理，甚至为求尽快结案愿意牺牲自己的程序利益，而不愿二审法院进行发回重审的处置方式。因此，笔者认为，在当事人自愿放弃审级利益又不损害国家及社会公共利益的情况下，当事人放弃审级利益的，二审法院应自行裁判而无须发回重审。比如，双方当事人在二审程序中达成了不发回重审的合意可以视为当事人放弃其享有的二审终审的审级利益，二审法院当尊重当事人的程序选择权，不采取发回重审的处置方式，而应自行进行裁判。

需要说明的是，审判程序违法影响案件正确判决的，一定会导致案件存在续行言词辩论必要，因为既然影响了案件正确判决，该审判程序违法情形必然导致了作为裁判基础的事实和证据资料未能适法完整地呈现于口头辩论程序之中，故而存在继续言词辩论之必要。

四　小结

立法者运用例示规范之立法技术，须遵循例示规范之要求，方才能达到例示规范的目的。例示规范采取"列举+概括"的模式，在列举完例示事项后，以概括事项提炼前面例示事项的共性和特质，以便法官在司法实务操作中间遇到例示事项以外的新情况时候，可以在例示事项的相互比对中找到较为统一的裁量尺度，避免法官自由裁量的失范与失序。现行《民事诉讼法》第一百七十条第一款第（四）项徒有例示规范的形式，却未达到例示规范的要求。具体而言，其列举的例示事项不能作为二审发回重审审判程序违法事由的具体例，作为概括事项的"严重违反法定程序"也未能总结提炼出二审发回重审审判程序违法事由的独特性质，以此种不"规范"的例示规范作为实务操作识别"严重违反法定程序"的指引，必然引发实务操作的失范与混乱，① 因而无法达到例示规范统一裁量尺度的规范目的。

　　笔者认为，应借鉴德国、日本《民事诉讼法》之规定体例，对无须法官自由裁量便能直接导致发回重审之效果的审判程序违法事由通过限定列举规范的立法方式进行明确的列举，具体事项可列为：（1）未告知当事人证据调查期日即进行证据调查的；（2）第一审法院未合法地组织当事人进行公开言词辩论的；（3）当事人未经合法代理的；（4）第一审法院应当开庭审理未开庭审理的；（5）第一审法院违法缺席判决的。此外，可另行单独规定"原判决违反法定程序，可能影响案件正确判决的，裁定撤销原判决，依法改判，在有维护当事人审级利益需续行言词辩论之必要时，发回原审人民法院重审"。

----

① 参见占善刚、刘洋《我国民事诉讼中"严重违反法定程序"的识别与界定——基于1000 份裁判文书的文本分析》，《法学论坛》2020 年第 2 期。

第六章 审判程序违法类型化
处理之再审救济

对于审判程序违法最为严厉的规制手段莫过于废弃原来的诉讼程序和法院作出的判决，再审程序的设定即体现了此一要旨。依照前文所述审判程序违法类型与救济手段相匹配的解释原理与制度要求，作为再审事由的审判程序违法当属违法性最为严重的审判程序违法类型。在前文讨论了作为程序异议权规制对象的审判程序违法之后，本章将专门探讨作为再审事由的严重性审判程序违法。作为程序性再审事由，开启再审程序的这一类审判程序违法须首先满足再审程序的补充性与再审事由的法定性这两个基本要求。

第一节 再审程序的补充性与再审事由的法定性

从学理上讲，民事再审程序即审判监督程序，① 是指人民法院对已经形成既判力的终局生效判决、裁定，发现在审理程序推进的过程中具有重大错误或者生效判决据以作出的实体依据存在"异常情形"，从而影响原终局判决的正确性，动摇了当事人信赖法院生效判决的根基，依法应对原民事案件进行再次审理的程序。② 通常而言，为了维持确定判决的法安定

---

① 具体来讲，审判监督程序是开启再审程序必备的前置程序，它的全部作用集中体现为引起再审程序的发生与进行，但其本身并不能够直接使确有错误的生效裁判得到纠正；再审程序则是审判监督程序的后续程序，它的开启必须以审判监督程序的进行为前提，但它具有使确有错误的生效判决得到纠正的独特功能。国内学者一般认为，审判监督程序即再审程序是指具有审判监督权的法定机关依法引起再审所应遵循的程序。参见赵钢、占善刚、刘学在《民事诉讼法》，武汉大学出版社 2012 年版，第 376 页。

② 参见张卫平《有限纠错——再审制度的价值》，《法律适用》2006 年第 7 期。

性，终局判决一旦发生法律效力，则双方当事人必须加以尊重，将确定判决所确定的法律关系作为纠纷解决的基准，双方当事人均不得对该判决结果有所争执，此即确定判决既判力的体现。不过，立法者若对法律安定性的要求一以贯之，一概不考虑作为生效判决基础的诉讼程序或诉讼资料具有重大错误的"异常情形"，绝对禁止"异常情形"的生效判决获得再一次审理的机会，难免无法平衡判决的正确性和公平性，也将无法维持人民对于司法裁判的信赖。[①] 所以，如果发现审理程序推进的过程中具有重大漏洞或者生效判决据以作出的实体依据具有"异常情形"，影响原生效民事判决、裁定的正确性，应当依法对案件通过再审程序进行审理。简而言之，为维持生效判决的既判力，不得轻易废弃原来的诉讼程序和判决、裁定，但在程序推进过程中具有重大程序错误或者判决据以作出的实体依据具有"异常情形"时，为维持诉讼程序的正当性和保障裁判结果的正当性，制度设计上容许通过作为特别救济手段的再审程序对违法诉讼程序进行救济，变更不正当的裁判结果。

需要注意的是，与民事第二审程序不同，再审程序并非民事案件上诉审理的常规纠错程序，而是一种特殊的声明不服程序，是赋予已经具有法律效力的民事终局判决再一次审理机会的程序。这种救济程序的特殊性具有以下三个方面的特点：其一，救济对象的特殊性。基于继续审理制的要求，第二审上诉程序乃是对第一审普通程序的续行审理程序，为纠正终局裁判的常规救济手段，其救济手段所关注的对象为一审法院作出的未发生法律效力的判决或者裁定。再审程序则会有所不同，其关注的对象为终审法院作出的已经发生法律效力的判决或者裁定。再审程序的开启会冲破生效判决既判力的束缚，因而将再审程序称作特殊的救济程序。其二，适用范围的特殊性。在采行二审终审的我国民事诉讼中，任何诉讼案件在经过人民法院一审审理完结之后，一旦当事人不服一审判决向第一审人民法院或上一级人民法院提起上诉，就会无条件地进入第二审程序，因而，第二审程序乃是当事人寻求救济的通常诉讼程序。而再审程序不是民事程序运行中的"必经之路"，并非所有的民事案件均可通过再审程序予以救济。再审程序的开启会冲破生效法律文书既判力的束缚，势必会动摇通过裁判维持稳定的法律关系，导致当事人试图通过法院裁判定纷止争的功能不复

---

① 参见陈荣宗、林庆苗《民事诉讼法》（下），台湾三民书局 2015 年版，第 103 页。

存在，再审程序是以牺牲法律的安定性为代价，不可如同二审程序作为常规的救济手段。因此，为了保持法院裁判的稳定性和维护司法审判的权威性，法院能够开启再审程序的违法事由必须进行严格的限定，且须限制在极小的范围内。① 其三，审判程序的日本独立性。在民事审判程序的整个体系中，再审程序既不是独立的审级程序，也不是独立的诉讼程序。再审程序是在常规的裁判程序已经终结后的事后救济程序，无独立的审理程序，适用何种程序进行再审取决于被废弃的裁判生成于何种诉讼程序。大陆法系国家和地区大多实行三审终审制，再审程序作为特殊救济途径具有补充性，填补作为常规救济手段之第二审程序（控诉审）和第三审程序（上告审或称作法律审）的不足。而反观我国，由于实行两审终审制，再审程序不仅具有补充救济第二审程序裁判错误的功能，还在某种意义上吸纳了大陆法系国家和地区上告审（法律审）的功能。综上，再审程序是一种救济对象、救济方式、救济程序都十分特殊的救济途径，既不是独立适用的审级程序，也不是必须经过的审级程序，且因其以牺牲法律的安定性为代价，在我国民事诉讼程序中扮演着极为特殊的角色。

再审程序的特殊角色定位，不仅在极大程度上圈定了再审程序的核心功能，还对再审程序的制度设计和规则建构起着无可比拟的决定作用。在继续审理制的背景下，第二审程序实乃第一审程序的延续，为判决确定以前的常规声明不服制度；而再审程序是在案件审理程序终结后再开诉讼程序，为判决确定后非常的或特别的声明不服制度。二者对比，不难发现，再审程序的启动是以突破判决的既判力为代价，而第二审程序的启动不会以牺牲判决的既判力为代价，第二审程序作为一种救济手段，相对于再审程序而言，其适用应更加普遍。有鉴于此，再审程序相较于提起上诉、申请复议的普通声明不服制度而言，应作为一种补充性的声明不服制度，即当事人能够以提起上诉、申请复议的常规声明不服手段请求上一级法院进行纠错时，便不再允许当事人提出特别的声明不服制度。显然，再审程序作为非常规的声明不服制度，其核心功能是有限度地纠错，即补充性救济。② 为因应再审程序的补充性，申请再审的事由须受到法律规定的严格限制，从而防止再审程序适用的普遍化。

---

① 参见韩静茹《错位与回归：民事再审制度之反思——以民事程序体系的新发展为背景》，《现代法学》2013 年第 2 期。

② 参见张卫平《有限纠错——再审制度的价值》，《法律适用》2006 年第 7 期。

一　再审程序的补充性

再审程序的补充性是指，再审程序作为特殊的声明不服制度，相对于上诉程序或者申请复议等普通的声明不服制度而言，是一种补充性的声明不服制度。[①] 大陆法系国家和地区虽然将法院可以开启再审程序的各种再审事由罗列在其《民事诉讼法》中，但是具体个案的违法情形即便满足了法律规定的再审事由也不会当然地允许当事人向法院申请再审，从而开启非常规的声明不服程序。当事人在终局判决的诉讼程序进程中，如果既有的再审事由能依照上诉程序向法院主张该事由或者知道该事由却不向法院提出，待判决生效后，则不可依据该事由向法院申请再审。[②]

（一）大陆法系国家及地区关于再审程序补充性的立法例

德国《民事诉讼法》对再审程序补充性之规定为大陆法系国家和地区的典型代表。德国《民事诉讼法》第五百七十八条第一款将再审之诉，分别规定为无效之诉（因程序错误而提起）和回复原状之诉（因实体错误而提起）。[③] 该法于随后的第五百七十九条第一款明确了能够据以提起无效之诉的数项事由，并于第二款规定"在第一项及第三项的场合，可以依上诉主张无效时，不能提起无效之诉"，这便是德国对于提起无效之诉补充性的规定。尽管德国《民事诉讼法》将提起无效之诉补充性的规定与提起回复原状之诉补充性的规定分条款论述，但其对于提起回复原状之诉补充性的规定并无较大差别。多项可以提起回复原状之诉的再审事由被明确罗列于第五百八十条规定，并于其后的第五百八十二条规定："回复原状之诉，仅以当事人没有可以归责于自己的事由不能在此前的程序中，特别是不能依故障申请或控诉或附带控诉主张回复原状的事由为限是适法的"明确了回复原状之诉的补充性。日本《民事诉讼法》最初与德国《民事诉讼法》无异，将再审之诉一分为二，分别为无效之诉和回复

---

① 参见李浩《再审的补充性原则与民事再审事由》，《法学家》2007 年第 6 期。
② 参见陈荣宗、林庆苗《民事诉讼法》（下），台湾三民书局 2015 年版，第 118 页。
③ 无效之诉，因求诉讼手续上（即形式上）显有失误或违法之判决之取消。回复原状之诉，因求实体上（即为判决基本之事实）有不法之判决之取消。参见［日］高木丰三《日本民事诉讼法论纲》，陈与年译，中国政法大学出版社 2006 年版，第 359 页。

原状之诉，后于 1926 年修法过程中将二者合为一体，[①] 并于第三百三十八条第一款但书中明确了再审的补充性原则，即"有下列情形时，对确定的终局判决可以以再审之诉声明不服，但当事人已经为控诉或者上告理由主张时，或明知其事由而不为主张时，不在此限"。[②] 我国台湾地区现行"民事诉讼法"与日本现行《民事诉讼法》规定如出一辙，未能于立法层面明确区分无效之诉和回复原状之诉，[③] 但也特别强调再审程序的补充性，其第四百九十六条第一项但书"但当事人已依上诉主张其事由或知其事由而不为主张者，不在此限"的规定，即凸显了再审程序的补充性原理，[④] 并进一步体现了再审程序乃是特别的声明不服制度之特质。[⑤] 总之，再审的补充性规定如同公理一般普遍存在于大陆法系国家和地区的民事诉讼法中。其蕴含的机理是，上诉与再审均为当事人对原判决表示不服的救济手段，对于同一事由无给予二次主张机会的必要，且无须给予自行放弃申请不服机会之人再次救济的机会。

（二）再审程序补充性之功能

在大陆法系国家和地区的民事诉讼立法中，之所以确立再审程序的补充性原则是基于以下两点考虑：其一，再审程序与上诉审程序虽然都是当事人依据已经作出的判决向法院提出的声明不服手段，都请求法院对案件进行再一次的审理，对原审法院的事实认定与法律适用两方面进行审查，从而试图达到法院撤销原判决，作出对其有利判决之目的，但再审程序声明不服的法院判决、裁定已经具有法律上的确定效力，而上诉审程序声明不服的法院判决、裁定不具有法律上的确定效力。[⑥] 再审程序乃是特殊的声明不服制度，不可如上诉审的通常声明不服制度一般广泛适用。法院针

---

① 参见［日］高桥宏志《重点讲义民事诉讼法》，张卫平、许可译，法律出版社 2007 年版，第 484 页。

② 参见［日］伊藤真《民事诉讼法》（第四版补订版），曹云吉译，北京大学出版社 2019 年版，第 506 页。

③ 参见马龙《正确理解民事诉讼再审中"新的证据"之内涵》，《证据科学》2019 年第 5 期。

④ 参见胡夏冰《民事再审事由的比较分析》，《人民司法》2010 年第 17 期；韩青、赵信会《既判力视域下的民事检察制度构建》，《河北法学》2011 年第 11 期；卢正敏《民事诉讼再审新证据之定位与运用》，《厦门大学学报》（哲学社会科学版）2009 年第 3 期。

⑤ 参见许士宦《民事诉讼法（下）——口述讲义　民事及家事程序法　第一卷》，台湾新学林出版股份有限公司 2017 年版，第 575 页。

⑥ 参见李浩《再审的补充性原则与民事再审事由》，《法学家》2007 年第 6 期。

对当事人声明不服的请求，应优先利用上诉制度予以救济，否则，若当事人待判决确定后始利用再审制度予以救济，会徒增法院及对造当事人的劳力、时间、费用，不仅从根本上背离了诉讼经济原则，还会严重损及当事人的程序利益。① 其二，再审程序的开启是以牺牲法院生效裁判的安定性为代价，再审程序适用的空间须限定于一个相对狭窄的界域内。立法者通过明确列举再审所审查的违法情形将再审程序启动的空间限定于一个相对狭窄的范围，强调再审程序的补充性原理则可进一步通过程序手段将再审程序启动的空间压缩到更加有限的界阈内，从而彰显再审程序乃是非常规的救济途径之特质。

二　再审事由的法定性

（一）再审事由法定之意义

一旦受诉法院所作出的终局判决获得确定，不论终局判决实际上是否为错误的判决，也即不管法院是否对双方的实体权利义务关系作出了与实际状况不相一致的裁判，双方当事人也不可再继续争执，否则，两造当事人间的民事纠纷将永无休止，法院定纷止争、居中审理的功能将会丧失殆尽，诉讼便不再是终局性的纠纷解决机制，作为民事诉讼运行结果的判决作为纠纷解决基准之功能将一并不复存在。但尚应注意的是，理论上讲，仅当受诉法院所推进诉讼程序符合诉讼规范的要求，也即诉讼程序合法，诉讼程序所形成所产出的判决才具有正当性，只有具备强制败诉的当事人忍受不利益判决的合理基础，败诉的当事人方才应当无条件地接受。立法者一方面为了维护法院作出的确定判决对案事实认定的正确性，另一方面为了保护败诉方当事人享有的正当法律权利免遭不当侵害，对于有一定瑕疵存在或者未能依法给予当事人辩论机会的生效判决，设立了特别的事后救济程序，使败诉当事人能通过再审事由开启审判监督程序，将确定判决的错误结果予以消除，使得纠纷恢复到判决确定前，当事人之间的民事纷争没有解决的状态。

从以上分析中可以看出，基于确定判决的终局性，启动再审必须满足

---

① 参见许士宦《民事诉讼法（下）——口述讲义　民事及家事程序法　第一卷》，台湾新学林出版股份有限公司 2017 年版，第 577 页。

法定的条件和情形，也即再审事由具有法定性，其基本的制度要求和价值取向是判决一旦生效，不得轻易废弃。再审事由法定的意义一方面在于，当事人可以通过主张再审事由请求法院将原具有法律上的确定效力的终局裁判废弃，另一方面在于，基于再审程序作为救济手段的特殊性以及不能轻易废弃生效判决的价值定位，是否启动再审程序以废弃原生效判决取决于再审事由是否满足，对于再审程序启动的条件是否满足不得存在任何自由裁量的空间，也即受理再审申请的法院是否启动再审程序仅以原审程序中是否存在当事人主张的再审事由为基准，不得于法定的再审事由之外以其他的理由启动再审程序。

（二）我国再审事由法定之特殊性

不同于域外立法，因特殊历史原因，[①] 我国现行再审程序还具有法律监督程序之性质，赋予审判机关与检察机关审判监督的权力，并对当事人提出申请不服生效判决的事由享有审查决定权。[②] 再审程序的启动除了可以由当事人主动地向审判机关、检察机关申请以外，还可以由当事人被动地接受检察机关及审判机关的职权审查。从历次修订的关于民事诉讼再审程序的规定来看，当事人主动地向检察机关、审判机关申请开启再审程序和被动地接受检察机关、审判机关依据职权审查的模式启动再审程序所依据的再审事由存在些许差异。在当今权利维护意识高涨、当事人自我申诉意识强烈的时代，若不顾这种现象的存在，必然导致审判机关与检察机关

---

① 1982 年《民事诉讼法（试行）》第一百五十八条规定："当事人、法定代理人对已经发生法律效力的判决、裁定，认为确有错误的，可以向原审人民法院或者上级人民法院申请，但是不停止判决、裁定的执行。"从 1982 年《民事诉讼法（试行）》的立法规定来看，审判监督基本结构为不服生效裁判的当事人通过申诉等类似于信访的方式寻求纠错的救济，而法院从中发现裁判错误的线索，并决定是否依职权提起再审。这便意味着诉讼外的信访申诉与诉讼程序交织混同，当事人和社会常常抱怨申诉信访遭到推诿、打发等"踢皮球"的现象，导致当事人投诉无门。于是，1991 年《民事诉讼法》于第一百八十四条增加了检察院通过抗诉的手段提起再审程序的权力，从而制衡法院独断再审的权力。参见王亚新、陈杭平、刘君博《中国民事诉讼法重点讲义》，高等教育出版社 2017 年版，第 281—282 页。

② 这显然是职权主义司法理念的产物。理论界对此也有激烈探讨，诸多学者提出一系列观点试图完全撤销或者极力限制法院、检察院决定民事再审的权力。有的学者认为，法院依职权启动民事再审违背了司法中立原则。给法院加挂一些社会干预职能，会使裁判机关变成具有多种职能的国家机关。也有的学者认为，法院和检察院依职权启动民事再审违背了当事人处分权原则。还有的学者认为，法院依职权启动民事再审与民事裁判的既判力理论相矛盾。参见张卫平《民事再审事由研究》，《法学研究》2000 年第 5 期；刘荣军《民事诉讼法律关系理论的再构筑》，载《民商法论丛》（第九卷），法律出版社 1997 年版，第 275 页；叶自强《论判决的既判力》，《法学研究》1998 年第 2 期。

职权主义审查模式与当事人自我主张模式的激烈碰撞。① 为改变这种矛盾冲突局面的出现，并且为避免对审判机关、检察机关权力配置作太多改动，立法部门需要从制度层面统一安排由当事人主动地向审判机关、检察机关申请和由当事人被动地接受检察机关及审判机关的职权审查从而开启再审程序的违法事由。因此，再审事由的法定性不仅要求立法者在法律规定中明确再审事由，从而严格限制法院开启再审程序，还要求立法者规定的再审事由具有统一性。再审事由的统一性要求体现在，无论是法院依职权进行自我审查开启再审程序还是检察院利用抗诉开启再审程序抑或是当事人提出申请的方式开启再审程序，申请再审的事由应当统一，② 不可因开启再审程序方式不同而有所差异，立法更不应该针对三种启动再审程序作分别之规定。

第二节　再审审判程序违法事由之比较法考察

一　再审审判程序违法事由之比较立法例

考察域外之立法，再审事由皆于再审程序章节的某一条款中明确列举，由法官严格认定和适用。例如，德国《民事诉讼法》于第五百七十九条第一款规定了四种可以提起无效之诉的情形，③ 于第五百八十条规定了八种可以提起回复原状之诉的情形。④ 又如，日本《民事诉讼法》第三

---

① 参见虞政平《再审程序》，法律出版社 2007 年版，第 3 页。
② 参见张卫平《再审事由规范的再调整》，《中国法学》2011 年第 3 期。
③ 德国《民事诉讼法》第五百七十九条第一款规定：（1）作出判决的法院不是依法律规定组成的；（2）依法不得执行法官职务的法官参与裁判，但主张此种回避原因而提出回避申请或上诉，未经准许的除外；（3）法官因有偏颇的危险应该进行回避，并且回避申请已经宣告有理由，而该法官仍然参与了裁判；（4）当事人一方在诉讼中未经合法代理，但当事人对于诉讼进行已明示或默示地承认的除外。
④ 德国《民事诉讼法》第五百八十条规定：（1）对方当事人就作为判决基础的供述宣誓，因故意或过失有责地违反了宣誓义务时；（2）作为判决基础的证书是伪造或变造的时；（3）在作为判决基础的证言或鉴定时，证人或鉴定人有责地违反了可罚的真实义务时；（4）判决是通过由当事人的代理人或对方当事人或其代理人实施与诉讼有关的犯罪行为取得时；（5）参与判决的法官对当事人有责地违反了与诉讼有关的可罚的职务上的义务时；（6）判决以普通法院、旧时代的特别法院或行政法院的判决为基础，而这些判决已由其他的有确定力判决撤销；（7）当事人发现或存在有利用可能的：a. 就同一事件以前发布的有确定力的判决或，b. 其他的能给当事人带来有利的裁判的证书；（8）欧洲人权法院已确认为保护人权及基本自由的欧洲公约或其议定书被违反，而判决是基于该违反作出时。

百三十八条第一款明确列举了十种再审事由。① 再如，我国台湾地区"民事诉讼法"第四百九十六条第一款明列十三种情形的再审事由。②

综观大陆法系国家和地区的民事诉讼立法，开启再审程序的审判程序违法事由大体相同。例如，德国《民事诉讼法》第五百七十九条第一款规定的四种审判程序违法事由为："（1）作出判决的法院不是依法律组成的；（2）依法不得执行法官职务的法官参与裁判，但主张此种回避原因而提出回避申请或上诉，未经准许的除外；（3）法官因有偏颇之虞应行回避，并且回避申请已经宣告有理由，而该法官仍参与裁判；（4）当事人一方在诉讼中未经合法代理，但当事人对于诉讼进行已明示或默示地承认的除外。"又如，日本《民事诉讼法》第三百三十八条第一款列举的三种审判程序违法事由分别为："（1）未依法组成判决裁判所；（2）依法不能参与判决的法官参与判决；（3）欠缺法定代理权、诉讼代理权，代理人欠缺作出诉讼行为的必要授权。"再如，我国台湾地区"民事诉讼法"第四百九十六条第一款列举的三种情形的审判程序违法再审事由为："（1）判决法院之组织不合法者；（2）依法律或裁判应回避之法官参与裁判者；（3）当事人于诉讼未经合法代理者。"简而言之，大陆法系国家和

---

① 日本《民事诉讼法》第三百三十八条第一款规定：（1）未依法组成判决裁判所；（2）依法不能参与判决的法官参与判决；（3）欠缺法定代理权、诉讼代理权，代理人欠缺作出诉讼行为的必要授权；（4）参与判决的法官作出与案件相关的职务上的犯罪行为；（5）因他人应受刑事处罚的行为而作出自认或妨碍提出影响判决的攻击或防御方法；（6）以伪造或变造的文书以及其他物件作为证据作出判决；（7）以证人、鉴定人、翻译人、宣誓当事人或法定代理人的虚假陈述作为判决的证据；（8）作为判决基础的民事或刑事判决以及其他裁判或行政处分被以后的裁判或行政处分变更；（9）对影响判决的重要事项未予判断时；（10）申请再审的判决与以前的确定判决相抵触。

② 我国台湾地区"民事诉讼法"第四百九十六条第一款规定"（1）适用法规显有错误者；（2）判决理由与主文显有矛盾者；（3）判决法院之组织不合法者；（4）依法律或裁判应回避之法官参与裁判者；（5）当事人于诉讼未经合法代理者；（6）当事人知他造之住居所，指为所在不明而与涉讼者。但他造已承认其诉讼程序者，不在此限；（7）参与裁判之法官关于该诉讼违背职务犯刑事上之罪者，或关于该诉讼违背职务受惩戒处分，足以影响原判决者；（8）当事人之代理人或他造或其代理人关于该诉讼有刑事上应罚之行为，影响于判决者；（9）为判决基础之证物系伪造或变造者；（10）证人、鉴定人、通译、当事人或法定代理人经具结后，就为判决基础之证言、鉴定、通译或有关事项为虚伪陈述者；（11）为判决基础之民事、刑事、行政诉讼判决及其他裁判或行政处分，依其后之确定裁判或行政处分已变更者；（12）当事人发现就同一诉讼标的在前已有确定判决或和解、调解或得使用该判决或和解、调解者；（13）当事人发现未经斟酌之证物或得使用该证物者"。但以如经斟酌可受较有利益之裁判者为限。其他大陆法系国家和地区的再审事由规范还可参见刘思阳《论民事诉讼法修正案中的程序性再审事由的修订》，《河北法学》2008 年第6 期。

地区的民事诉讼立法中，开启再审程序的审判程序违法事由可以概括为三种情况，分别为参与案件审理的法院不合法、参与案件审理的法官不合法以及参与案件的当事人未经合法代理。

二　再审审判程序违法事由之特点

根据前文所述，域外再审程序的补充性和再审事由的法定性均是与再审程序的特殊定位相适应的制度性要求。从前述大陆法系国家及地区的民事诉讼立法所设置的可以开启再审程序的审判程序违法事由中可以总结出以下特点：

（一）开启再审程序的审判程序违法事由与上诉第三审事由中绝对的上告理由部分重合

不同于我国实行四级两审终审制，除了设立作为常规的民事诉讼程序的第一审程序和第二审程序外，大陆法系国家和地区普遍采用三审终审制，即在第一审普通审理程序和第二审上诉审（控诉审或事实审）程序之后，还设立了第三审（上告审或法律审）程序，第三审法院也为终审法院，其原则上不审理案件的事实问题，仅审理案件中适用法律规定的问题，专注于阐释法律适用的原则性问题或进行法条的修正，从而达到统一法律适用的目的。[①] 上告审基于只审查法律适用问题的原则，通常首先需要上告法院依职权审查上告理由的合法性，即当事人提起上告的理由是否属于原判决违反法律的情形。其后，上告法院将审理原判决违反法律的行为是否会影响裁判结果，若缺乏必要的因果联系，该违法行为则不被关注，无法启动再审程序。但因一些审判程序违法行为在性质和类型上属于动摇正当程序根基的审判程序违法，且审判程序违法行为与原判决结果是否具有关联性难以证明，因此立法者于法律条文中明确列举该种情形，将特定的重大审判程序违法情形规定为上告理由，无须上告审法院审查审判程序违法行为与原判决结果之因果关系，只要列举的审判程序违法行为存在，则视为原判决审理违反法律规定，拟制其与判决结果不当之间存在因果联系，理论界将这些审判程序违法行为称为绝对的上告理由。[②]

综合来看，大陆法系国家和地区所罗列的绝对上告理由大体上具有内

---

① 参见［日］高木丰三《日本民事诉讼法论纲》，陈与年译，中国政法大学出版社2006年版，第340页。

② 参见陈荣宗、林庆苗《民事诉讼法》（下），台湾三民书局2015年版，第64页。

在的一致性。德国《民事诉讼法》第五百四十七条规定因法律违反而作出裁判的情形为："（1）判决的法院没有依规定组成时；（2）依法被除斥法官职务的法官参与了裁判时，但该障碍依忌避申请没有成功地主张除外；（3）法官以有偏颇之虞被忌避并且忌避申请已经宣告有理由，该法官仍参与裁判时；（4）当事人在程序中没有根据法律的规定被代理时，但当事人对诉讼追行已经明示地或默示地承认的除外；（5）裁判基于违反了关于程序的公开的规定的口头辩论作出时；（6）裁判违反本法的规定没有附有理由时。"

日本学者认为上告审程序所处理的案件应限定于违反了如宪法那样的与法律的重要解释相关的事项，将对判决的上告限定于真正重要的事项，进而凸显了法律审的实质，发挥法律审的作用。因此，日本民事诉讼中的上告理由包括违反宪法、绝对的上告理由和对判决产生影响的明显违法情形三种。① 其中，日本《民事诉讼法》第三百一十二条绝对上告事由②之拟定皆考虑其与宪法层面的同等关系，如判决所中裁判官的资格与任命由宪法及其他法律规定；专属管辖权为关于民事裁判权行使的具有高度公益性的事项；口头辩论适用公开原则乃是日本《宪法》第八十二条之规定。唯独判决不附理由或理由矛盾之事由难以辨别，通常与法院基于证据认定事实相关联，具有一定程度上的相对性，或并非为绝对的上告理由。③

我国台湾地区"民事诉讼法"第四百六十七条将第三审上诉的理由限定于违背法令的情形，即判决不适用法规或适用法规不当的情形。④ 我国台湾地区理论界依据第四百六十九之一条的规定将违背法令的情形区分

① 参见［日］伊藤真《民事诉讼法》（第四版补订版），曹云吉译，北京大学出版社2019年版，第490页。

② 日本《民事诉讼法》第三百一十二条规定绝对上告事由为："（1）未依法组成裁判所；（2）依法不能参与判决的法官参与判决；（2-2）违反国际裁判管辖中关于日本裁判所专属管辖的规定；（3）违反国内专属管辖的规定；（4）欠缺法定代理权、诉讼代理权，或代理人欠缺作出诉讼行为的必要授权；（5）违反公开口头辩论的规定；（6）判决不附理由，或理由中存在矛盾。"

③ 参见［日］伊藤真《民事诉讼法》（第四版补订版），曹云吉译，北京大学出版社2019年版，第491—492页。

④ 参见我国台湾地区"民事诉讼法"第四百六十七条规定："上诉第三审法院，非以原判决违背法令为，不得为之。"第四百六十八条规定："判决不适用法规或适用不当者，为违背法令。"

为当然违背法令的情形和其他违背法令的情形,① 我国台湾地区学者认为,通常情形下当事人上诉至第三审法院须存在违背法令的情形,需要法院审查判决所违背的强行法规与判决结果是否具有因果联系。原则上只有判决所违背的强行法规对原裁判的结果具有因果关系及影响才允许当事人提起第三审上诉程序。但若当事人提出的上诉理由为当然违背法令的事由,因当然违背法令的事由均为违反诉讼程序的重大事由,法院不仅无须审查判决所违背的强行法规是否与原裁判的结果具有因果关系,也不允许被上诉人提出反证证明该项事由的存在与原判决结果之间无因果关系,法院只需依据当然违背法令的情形就可以认定当事人提起的第三审上诉有理由。我国台湾地区"民事诉讼法"第四百六十九条所规定的当然违背法令的情形本存在六种,② 后于 1984 年,因我国台湾地区"民事诉讼法"第四百七十七条之一的增订,我国台湾地区学者皆认为当然违背法令情形中的"判决不备理由或理由矛盾者"已经成为相对的上告理由。③

由前述大陆法系国家和地区民事诉讼立法的规定可以看出,大陆法系国家和地区虽然将裁判不附理由或理由矛盾列于绝对的上告理由中,但因其与事实判断具有极大的关联性,常被视为相对的上告理由,需要上告法院进行斟酌、判断。反观法院组织、法官回避、当事人代理、专属管辖等程序问题,因关涉的程序问题重大,故被其民事诉讼立法列举为绝对的上告事由。将大陆法系国家和地区民事诉讼立法中常用的绝对上告事由和开启再审程序的审判程序违法事由进行比较,不难发现,绝对上告事由除了违反专属管辖和公开言词辩论之事由未列入开启再审程序的审判程序违法事由以外,其他诸如裁判组织组成不合法、法官未依法回避且参与裁判、当事人未受合法代理的审判程序违法事由与开启再审程序的审判程序违法事由完全吻合,并无二致。

---

① 参见我国台湾地区"民事诉讼法"第四百六十九之一条明确指出,因当然违背法令的情形以外的事由提起第三审上诉的,需要经过第三审法院的审查判断。自反面解释,当然违背法令的情形无须经过法院审查,便可提起第三审上诉。

② 我国台湾地区"民事诉讼法"第四百六十九条规定当然违背法令的情形为:"(1)判决法院之组织不合法者;(2)依法律或裁判应回避之法官参与裁判者;(3)法院于权限之有无辨别不当或违背专属管辖之规定者;(4)当事人于诉讼未经合法代理者;(5)违背言词辩论公开之规定者;(6)判决不备理由或理由矛盾者。"

③ 我国台湾地区"民事诉讼法"第四百七十七条之一规定:"除第四百六十九条第一款至第五款之情形外,原判决违背法令而不影响裁判之结果者,不得废弃原判决。"

（二）开启再审程序的审判程序违法事由属于最严重的审判程序违法

从前述大陆法系国家和地区民事诉讼立法中常用的绝对上告理由来看，法院裁判组织组成不合法、法官未依法回避且参与裁判、当事人未受合法代理、违反专属管辖以及违反公开言词辩论皆为审判程序违法的重大事由，不仅性质严重，而且上告法院无须审查该事由与原判决结果是否有关联性便可认为该诉有理由，从而可以作出当然废弃原裁判之判决。但相较于开启再审程序的审判程序违法事由而言，上诉第三审事由中绝对的上告理由还多出了违反专属管辖和违反公开言词辩论之事由。

细细究之，专属管辖之程序规定虽为强制性规定，但这种强制性的规定是基于公益性的考量，便于法院进行证据调查和裁判执行，从而符合诉讼经济之要求。① 换而言之，专属管辖之适用与当事人实体权利保障之关联性小，当事人或法院不遵守专属管辖的程序规定时，并不会对案件判决的实体问题造成极其严重的影响，仅关涉法院证据调查或裁判执行的便利性问题。公开言词辩论之程序规定要求法院公开言词辩论时允许公众到场旁听，但何者作为言词辩论所需之事项皆由法官自由裁量，与事实判断之关联性重大，常不影响原判决之结果，因此常不被列为绝对的上告理由。② 由此可以看出，开启再审程序的审判程序违法事由会更加严苛于上诉第三审程序事由中的绝对的上告理由，不仅需要排除无关当事人实体权利保障的专属管辖之审判程序违法事由，还需要排除与事实判断相关联的公开言词辩论之审判程序违法事由，必须将审判程序违法事由严格限缩在极其有限的范围内，从而凸显再审程序乃非常规的救济手段，其相较于第二审程序等常规的声明不服途径而言，是一种补充性的声明不服方式。

（三）启动再审程序的审判程序违法事由仅限于法定的审判程序违法事由

从大陆法系的三审终审制的程序设置来看，大陆法系的法院审级结构是金字塔形结构，大量的一审案件涌入基层法院，部分案件过渡至二审法院，其中大部分案件由二审法院自行改判，小部分案件被二审法院发回重审。因上诉第三审程序乃法律审，立法者通过上诉理由的限制，仅允许极少数当事人经过第一审和第二审程序后向法院上诉至第三审程序。因此，

---

① 参见黄川《民事诉讼管辖研究》，中国法制出版社 2001 年版，第 158—159 页。
② 参见陈荣宗、林庆苗《民事诉讼法》（下），台湾三民书局 2015 年版，第 65 页。

再审程序开启的机会较少。不难发现，不论是上诉第三审程序的上告理由，还是开启再审程序的违法事由，皆存在筛查案件之作用，以防大量不必要通过上诉审或再审进行救济的案件涌向更高层级的审理程序。由于再审程序的定位为非常规的救济手段，补充前述救济程序的特殊救济手段，再审程序相较于上诉第三审程序而言，应当更加难以启动。因而，立法者所设置开启再审程序的事由须严苛于上诉第三审程序中的绝对上告事由，才可将再审程序的开启范围限缩至小于上诉第三审程序的范围。质言之，能够开启再审程序的审判程序违法事由应当是违法程度最为严重的审判程序违法事由，应当将其限缩到极其有限的范围内。如果案件的审判程序违法事由未能达到最为严重的地步，即前述裁判组织组成、法官参与裁判和当事人的合法代理等相关事项，当事人通过在第一审普通程序提出程序异议或通过第二审控诉程序声明不服即可，断然不能通过牺牲裁判的安定性来开启再审程序，从而动摇司法的公信力。对审判程序违法类型和救济模式进行金字塔式的划分也符合前文所述的审判程序违法性质和类型与救济方式相匹配的解释论方法和制度性要求，引发再审的审判程序违法情由处于"塔尖"位置，性质上属于最严重的审判程序违法，情形上仅限于法定的审判组织不合法、应当回避的审判人员未回避、缺乏合法的诉讼代理权三种审判程序违法情由。

三　再审审判程序违法事由之借鉴

总结前述大陆法系国家设立再审审判程序违法事由的特点，并非要求我国立法生搬硬套大陆法系再审审判程序违法之事由或上诉第三审程序的绝对上告理由。因为大陆法系国家和地区关于审级制度的立法规定与我国民事诉讼差异较大，机械照搬域外三审制度设立再审审判程序违法之事由难免出现适得其反的效果。大陆法系国家和地区普遍采用三审终审制，即第一审普通法院作出判决、裁定后，例皆允许当事人针对案情事项提出第二审控告，由二审法院进行续审，以纠正一审实体错误的方式向当事人提供正当的程序保障，若当事人依旧不服法院判决，第三审法院还允许当事人基于"重大法律问题"或"法律重要性"的理由提起第三审上告，以保证国家法律的统一适用。质言之，大陆法系国家或地区的上诉审程序存在功能之区分，第二审程序乃第一审事实审理的纠错程序，第三审程序仅审查法律层面的问题从而保证法律适用的统一。基于第二审控诉审和第三审上告审的功能区分，大陆法系国家和地区的民事诉讼中，第三审的案件会被严格筛查，能够进入第三审程序的案件数量极为有限。又受再审程序补充性和法定再审事由的"过滤"，事实上能够进入再审程序的案件数量少之又少。① 反观我国的民事诉讼立法，基于特殊的历史原因，采行四级两审终审制，② 上诉审程序没有明确地划分事实审理和法律审理之功能，二审法院的审理过程不仅具有事实审理功能，亦具有法律审理之功效。因此，当事人一旦不服一审判决、裁定向法院声明不服，便可进入二审程序。又因法定的再审事由范围十分宽泛，尤其部分条文之表述过于抽象，加之立法层面并未确立再审程序的补充性要求，自然而然的结果便是大量不服二审判决的案件涌入再审程序。从审级制度上比较，虽然我国和域外皆存在再审程序，但显而易见的是，我国与大陆法系国家和地区的再审程序之功能存在较大差异。我国再审程序所接收的民事案件数量、范围远超于大陆法系国家和地区的再审程序，若如大陆法系国家一般过于严苛地限

---

① 参见胡晓霞《论中国民事审级制度面临的挑战及其完善》，《政治与法律》2020 年第 4 期。以纠正错误裁判为根基的上诉制度追求的是公正价值，允许当事人在上诉程序中对案件的事实问题以及法律问题进行再次审理便具备正当性基础。与此不同的是，以保证国家法律统一适用为根基的上诉制度，除非事实问题可以转化为法律问题，上级审判机关仅得针对案件的法律适用问题进行审理。世界各国普遍设立三级或四级审判机关，普遍允许第一次上诉针对案情进行继续的审理或重审，而第二次上诉仅仅针对法律事项继续进行审理。概言之，第二审程序的功能主要侧重于纠正错误以向当事人提供正当程序保障，第三审程序的功能则专注于保证国家法律的统一适用。无论第二审程序抑或第三审程序，只有具备上诉利益，审判机关才有必要对上诉请求进行实体审理。然而，鉴于第二审程序和第三审程序的功能区分，第三审程序的启动显然应当更为谨慎。第三审程序的启动采取裁量受理上诉制，即只有"重大法律问题"或"法律重要性"的案件才可以获准进行第三次审理。与此同时，为了在全国范围内实现"法律的统一适用"宗旨，第三审程序通常只能由最高审判机关组织，受最高审判机关的审判资源限制，能够进入第三审程序的案件数量应当予以控制，故第三审程序采取裁量受理上诉制也是基于这种现实考量。

② 我国四级两审终审制乃是特殊历史时期的产物。在中央苏区时期，中华苏维埃共和国分别设立了县裁判部、区裁判部、省裁判部和最高法院四级审判机关，并实行"两审终审制"。在抗日战争时期，陕甘宁边区早期设立边区审判委员会、边区高等法院、地方法院（县司法处）三个审级的审判机关，后基于"国共合作"的大背景，遂撤销边区审判委员会，在名义上以南京国民政府设立的最高法院为第三审机关，但实际采用的是二级二审，这是因为处在敌人包围中的边区极难与国民政府取得联系，而边区又未设立南京国民政府最高法院的分院，由此实行二级二审。在解放战争时期，各解放区普遍设立了县司法科、专署司法科、行署司法处三个审级，实行"三审终审制"。由此可见，在中央苏区时期以及抗日战争、解放战争时期，中国共产党政权控制的地方主要实行"三级三审制"，但因战争形势以及国共关系的变化，也曾出现"四级三审制""两级两审制"等例外情形。参见中国社会科学院法学研究所、民法教研室民法组《民事诉讼法参考资料》（第一辑），法律出版社 1981 年版，第 45 页。现有的四级机关是在历史上各根据地和解放区设立的三级审判机关的基础上增加最高人民法院的结果，而两审终审更多的是考虑诉讼效益的问题。参见柴发邦《民事诉讼法学新版》，法律出版社 1992 年版，第 119 页。

制再审程序的审判程序违法事由，势必导致受到不公正判决的当事人无处寻求救济。

虽然大陆法系国家和地区的审级制度与我国有较大差异，其再审的审判程序违法事由不可生搬硬套，但其程序设定的内在逻辑仍值得我国民事诉讼立法合理借鉴。具体而言：

（一）强调审级程序间的内在衔接

大陆法系国家和地区的审级制度虽然与我国的两审终审有所不同，为三审终审制，但其审级程序功能的划分十分明晰，程序内在的衔接十分有序。大陆法系国家和地区的上诉审程序明确划分为第二审控诉审理程序和第三审上告审理程序，其功能分别为事实审理和法律审查。不服第二审程序的当事人寻求第三审救济时，须满足上告理由之要求，在不打破程序安定和侵害当事人程序利益的前提下，上告理由会将当事人不服的第二审民事案件进行有效筛查，以区别第二审与第三审程序之审理范围。同理，当事人如果经历了第三审程序后依旧不服法院判决，试图寻求再审程序救济时，首要前提是满足再审事由之要求。一言以蔽之，大陆法系国家和地区的审级程序推进是极度有序的，只有通过上告理由和再审事由的筛查，才可进入更高级别的审理程序。基于前述理由，大陆法系国家和地区民事诉讼立法所设置的再审程序的审判程序违法事由会充分考虑与前一审理程序的内在衔接，因而再审程序的审判程序违法事由与第三审上告审的绝对上告理由间具有内在的关联性。

反观我国民事诉讼立法，仅采用两审终审制，上诉审程序的功能定位为对第一审中所有的事实错误及法律错误在上诉请求的范围内进行纠正的程序。由于不存在第三审法律审程序，自谈不上第三审绝对的上告理由与再审事由之关系，但再审程序与上诉审程序的内在衔接依旧应为立法者所考量，再审审判程序违法事由的设置应当与二审中最为严重的审判程序违法事由具有内在的关联性，即原则上应参照我国现行《民事诉讼法》第一百七十条第一款第（四）项所明列的发回重审的"严重违反法定程序"事由设定再审事由。

（二）再审事由的设立应突出再审程序乃非常规救济手段之特质

一如前文所析，大陆法系国家和地区的审级程序功能明晰，内在衔接有序。高层级的法院会通过上告理由和再审事由的考量层层筛查当事人不服而向上一级法院提起申请的民事案件。不同于上诉审程序作为未生效判决的常规救济手段，再审程序乃以冲破生效判决既判力的束缚而开启的非常规救济手段。开启第三审的上告审判程序违法理由与开启再审程序的审判程序违法事由相比，开启再审程序的再审事由应当是性质更为严重的审判程序违法事由，只有如此才能突出再审程序乃非常规救济手段之特质。从前文整理的域外再审审判程序违法事由之特点来看，相较于第三审绝对的上告理由而言，再审审判程序违法事由的性质更加严重，范围更加狭窄即为绝佳佐证。具体至我国民事诉讼立法，为了突出再审程序乃非常规救济手段之特质，开启再审的审判程序违法事由相较于二审发回重审的审判程序违法事由而言，在性质上应当更加严重，在范围上应当更加狭窄。

第三节　我国再审审判程序违法事由的立法沿革及评析

一　再审审判程序违法事由的立法沿革

梳理我国民事诉讼中关于法定再审事由的立法沿革进程可以发现，立法者在不同时期对于再审程序的功能定位及法定的审判程序违法再审事由的理解存在较大转变。我国民事审判程序违法再审事由的确立及修订历经四次立法变革，以下分而述之。

（一）1982 年《民事诉讼法（试行）》的再审事由

1982 年《民事诉讼法（试行）》是中华人民共和国成立以后的第一部关于民事诉讼的立法规定，其中再审事由的规范十分简单、抽象地规定于第一百五十七条和第一百五十八条。[①] 第一百五十七条是关于法院依职权开启审判监督程序之规定，第一百五十八条是关于当事人或法定代

---

① 1982 年《民事诉讼法（试行）》第一百五十七条规定："各级人民法院院长对本院已经发生法律效力的判决、裁定，发现确有错误，需要再审的，提交审判委员会讨论决定。最高人民法院对地方各级人民法院已经发生法律效力的判决、裁定，上级人民法院对下级人民法院已经发生法律效力的判决、裁定，发现确有错误的，有权提审或者指令下级人民法院再审。"第一百五十八条规定："当事人、法定代理人对已经发生法律效力的判决、裁定，认为确有错误的，可以向原审人民法院或者上级人民法院申诉，但是不停止判决、裁定的执行。人民法院对已经发生法律效力的判决、裁定的申诉，经过复查，认为原判决、裁定正确，申诉无理的，通知驳回；原判决、裁定确有错误的，由院长提交审判委员会讨论决定。"

理人向法院申诉开启审判监督程序之规定。无论是法院依职权开启再审程序，抑或是当事人、法定代理人申诉开启再审程序，再审事由皆被规定为"原判决、裁定确有错误的"。从文义上讲，判决、裁定确有错误不仅涵盖了判决文书中法院认定实体法律关系的错误，也应当包括判决进程中法院所为的程序错误。其立法精神与目的即在于但凡判决存在错误，法院便存在开启再审程序的可能，此乃以"有错必究"作为立法理念直观映射的。质言之，1982 年《民事诉讼法（试行）》将再审程序定位为一项常规的救济途径，判决其中存在的任何错误皆可以开启再审程序，以追求案件判决结果完全的公平正义，立法者借此希冀纠纷的双方当事人能通过法院持续性地合乎实体法律规定解决纠纷。但该种立法规定客观上会极大动摇判决的安定性，开启再审程序会牺牲受诉法院所作判决的既判力，造成案件程序拖延不止、纠纷不断的尴尬局面，从而不利于维护司法的公信力。显然，在我国第一部《民事诉讼法》的规定中，再审程序所设立的审判程序违法事由范围过宽，应当限缩。具体言之，"原判决、裁定确有错误的"乃是宽泛的判断标准概念，有违再审事由的法定性特质，立法条文应当列明具体情形，而不是用宽泛的概念交由法官自由裁量和判断再审程序的启动。

（二）1991 年《民事诉讼法》的再审事由

我国 1991 年颁布正式的《民事诉讼法》沿袭 1982 年《民事诉讼法（试行）》的部分规定，于第一百七十七条和第一百七十八条分别规定了法院依据职权自我审查民事案件判决、裁定从而开启再审程序的再审事由和当事人通过向法院申诉表明不服从而请求法院开启再审程序的再审事由。[①] 虽然法定的再审事由仍承继自旧有的 1982 年《民事诉讼法（试行）》，被抽象地规定为已经发生法律效力的判决、裁定"确有错误的"，但是立法者于第一百七十九条和第一百八十五条明确了"确有错误的"

---

① 1991 年《民事诉讼法》第一百七十七条规定："各级人民法院院长对本院已经发生法律效力的判决、裁定，发现确有错误，认为需要再审的，应当提交审判委员会讨论决定。最高人民法院对地方各级人民法院已经发生法律效力的判决、裁定，上级人民法院对下级人民法院已经发生法律效力的判决、裁定，发现确有错误的，有权提审或者指令下级人民法院再审。"第一百七十八条规定："当事人对已经发生法律效力的判决、裁定，认为有错误的，可以向原审人民法院或者上一级人民法院申请再审，但不停止判决、裁定的执行。"

之含义，以例示规定的方式罗列出五种再审情形。① 相较于 1982 年《民事诉讼法（试行）》之规定而言，1991 年《民事诉讼法》严格地限定了再审事由的范围。其中审判程序违法的再审事由为第一百七十九条第（四）项的规定："人民法院违反法定程序，可能影响案件正确判决、裁定的。"不难发现，1991 年《民事诉讼法》第一百七十九条第（四）项关于开启再审的审判程序违法事由与第一百五十三条第（四）项关于在二审程序中撤销原判决发回重审的审判程序违法理由如出一辙。② 由此可以看出，立法者或许在一定程度上意识到二审程序中撤销原判决发回重审的审判程序违法情形应当与可以开启再审程序的审判程序违法事由间具有某种内在的关联性。然而，令人遗憾的是，立法者将"违反法定程序，可能影响案件正确判决、裁定的"之规定作为审判程序违法的再审事由，依旧过于抽象，不够明确具体，导致各地区各层级法院法官于具体个案中适用法律的标准难以统一，尤以"可能"之字眼更加凸显了裁量的不确定性，赋予了法官过大的自由裁量权，导致再审事由容易被扩大解释，最终结果便是再审程序被当作常规的救济手段，也与再审事由的法定性限定性相矛盾。

---

① 相较于 1982 年《民事诉讼法（试行）》，1991 年《民事诉讼法》于第一百八十五条新增了检察机关对生效判决、裁定行使抗诉权，通过抗诉开启再审程序，且明确了四种情形，与当事人向法院申诉开启再审程序的后四项再审事由完全吻合。第一百七十九条规定："当事人的申请符合下列情形之一的，人民法院应当再审：（一）有新的证据，足以推翻原判决、裁定的；（二）原判决、裁定认定事实的主要证据不足的；（三）原判决、裁定适用法律确有错误的；（四）人民法院违反法定程序，可能影响案件正确判决、裁定的；（五）审判人员在审理该案件时有贪污受贿，徇私舞弊，枉法裁判行为的。人民法院对不符合前款规定的申请，予以驳回。"第一百八十五条规定："最高人民检察院对各级人民法院已经发生法律效力的判决、裁定，上级人民检察院对下级人民法院已经发生法律效力的判决、裁定，发现有下列情形之一的，应当按照审判监督程序提出抗诉：（一）原判决、裁定认定事实的主要证据不足的；（二）原判决、裁定适用法律确有错误的；（三）人民法院违反法定程序，可能影响案件正确判决、裁定的；（四）审判人员在审理该案件时有贪污受贿，徇私舞弊，枉法裁判行为的。地方各级人民检察院对同级人民法院已经发生法律效力的判决、裁定，发现有前款规定情形之一的，应当提请上级人民检察院按照审判监督程序提出抗诉。"

② 1991 年《民事诉讼法》第一百五十三条规定："第二审人民法院对上诉案件，经过审理，按照下列情形，分别处理：（一）原判决认定事实清楚，适用法律正确的，判决驳回上诉，维持原判决；（二）原判决适用法律错误的，依法改判；（三）原判决认定事实错误，或者原判决认定事实不清，证据不足，裁定撤销原判决，发回原审人民法院重审，或者查清事实后改判；（四）原判决违反法定程序，可能影响案件正确判决的，裁定撤销原判决，发回原审人民法院重审。当事人对重审案件的判决、裁定，可以上诉。"

（三）2007 年《民事诉讼法》的再审事由

在 2007 年修订的《民事诉讼法》中，立法者对法定再审事由的调整较大。与前两次民事诉讼立法例相比，2007 年修订的《民事诉讼法》关于再审事由的规定更加明确具体，以第一百七十九条第一款明确列举了十三项再审事由，① 立法者主观上希冀通过细化再审事由化解申请再审难的司法实践难题，客观上却因再审事由的调整使得再审程序在我国民事诉讼程序中重新体系化定位。这次关于再审事由的立法修订主要集中在案件事实方面和程序正当性方面，② 案件事实方面以证据认定和证据收集为焦点，③ 程序正当性方面强调了审判主体的合法性和当事人的程序参与权。④

虽然 2007 年的修法已经细化了再审事由，但仍有部分关于审判程序违法的事由规定得过于抽象。例如，第一百七十九条第一款第（七）项"违反法律规定，管辖错误的"，因从一般诉讼理论而言，管辖之种类繁多，且区分标准不一，不同的管辖具有不同的法律意义和效果，若所有种

---

① 2007 年《民事诉讼法》第一百七十九条规定："当事人的申请符合下列情形之一的，人民法院应当再审：（一）有新的证据，足以推翻原判决、裁定的；（二）原判决、裁定认定的基本事实缺乏证据证明的；（三）原判决、裁定认定事实的主要证据是伪造的；（四）原判决、裁定认定事实的主要证据未经质证的；（五）对审理案件需要的证据，当事人因客观原因不能自行收集，书面申请人民法院调查收集，人民法院未调查收集的；（六）原判决、裁定适用法律确有错误的；（七）违反法律规定，管辖错误的；（八）审判组织的组成不合法或者依法应当回避的审判人员没有回避的；（九）无诉讼行为能力人未经法定代理人代为诉讼或者应当参加诉讼的当事人，因不能归责于本人或者其诉讼代理人的事由，未参加诉讼的；（十）违反法律规定，剥夺当事人辩论权利的；（十一）未经传票传唤，缺席判决的；（十二）原判决、裁定遗漏或者超出诉讼请求的；（十三）据以作出原判决、裁定的法律文书被撤销或者变更的。对违反法定程序可能影响案件正确判决、裁定的情形，或者审判人员在审理该案件时有贪污受贿，徇私舞弊，枉法裁判行为的，人民法院应当再审。"

② 有学者认为："我国再审事由的主观标准转变为客观标准，从实体标准转变为程序标准，从概括性标准转变为具体化标准。"参见汤维建、毕海燕、王鸿燕《评再审制度的修正案》，《法学家》2007 年第 6 期。

③ 如对"新证据"的界定如下：（1）原审庭审结束前已客观存在庭审结束后新发现的证据。（2）原审庭审结束前已经发现，但因客观原因无法取得或在规定的期限内不能提供的证据。（3）原审庭审结束后原作出鉴定结论、勘验笔录者重新鉴定、勘验，推翻原结论的证据。又如，突出了质证的程序价值，"原判决、裁定认定事实的主要证据未经质证"可以提起再审；再如，强调证据的真实性和关联性，"原判决、裁定认定事实的主要证据是伪造的""对审理案件需要的证据，当事人因客观原因不能自行收集，书面申请人民法院调查收集，人民法院未调查收集的"等。

④ 程序正当性主要体现在第八项至第十一项，分别是关于法院组织、审判人员回避、当事人合法参与至诉讼程序等方面的规定。

类的管辖错误皆可作为再审事由必然导致再审制度的定位错误。① 又如，第十项"违反法律规定，剥夺当事人辩论权利的"，因当事人的辩论权利过于宽泛，难以具体，甚至可以说当事人的辩论权利不仅会涵盖程序方面，还会与案件实体方面多有关联（当事人的辩论通常会涉及案件请求层面的声明、事实层面的主张、证据层面的提出，与案件诉讼资料、事实认定息息相关）。再如，第一百七十九条第二款"对违反法定程序可能影响案件正确判决、裁定的情形"，人民法院应当再审，依旧保留了 1991 年《民事诉讼法》之表述，将违反法定程序与生效的案件判决、裁定结果相联系，强调二者间的因果关系，赋予法官过大的自由裁量空间，导致案件"终审不终"的现象时常发生。总而言之，2007 年《民事诉讼法》将有关审判程序违法的再审事由进行了细化，相较于 1991 年《民事诉讼法》和 1982 年《民事诉讼法（试行）》而言，进步极大，但依旧与往日的立法步调一致，保留了再审法官巨大的裁量空间，未能特定审判程序违法的再审事由，未能达到再审事由的法定性限定性要求。

（四）2012 年《民事诉讼法》的再审事由

与 2007 年修订的《民事诉讼法》相比，2012 年《民事诉讼法》关于审判程序违法的再审事由之设定出现了以下两点变化：② 第一，删除了 2007 年《民事诉讼法》第一百七十九条第一款第（七）项"违反法律规

---

① 从管辖体系来看，管辖包括级别管辖和地域管辖，地域管辖又可以分为一般地域管辖和特殊管辖，与一般地域管辖相对的还有专属管辖、专门管辖。不同的管辖具有不同的法律意义和不同的法律效果。专属管辖要排斥一般地域管辖和协议管辖，违反专属管辖应当具有比违反其他管辖规定更严重的后果。专门管辖涉及特殊法院如海事法院的专门管辖权问题。如果无论何种管辖错误都可以启动再审，必然与再审制度的定位错位。笔者注意到人们之所以对管辖错误的矫正如此重视，以至于强调以再审手段来纠正其错误，其原因之一是期望通过矫正来避免司法地方保护主义，但是管辖制度的设计本身并不考虑如何防止司法地方保护主义的问题。尽管司法地方保护主义与民事诉讼所强调的平等原则是相违背的，应当努力消除和避免，但却不是或主要不是管辖制度所能解决的。试图通过改革管辖制度以及强化管辖纠错来实现防止地方保护主义的目的将是徒劳的。因为只要管辖法院为一方当事人所在地的法院，而不是双方所在地的法院时，司法地方保护主义就可能发生作用——要么有利于原告，要么有利于被告。要杜绝地方保护主义是司法体制和政治体制改革的问题。参见张卫平《再审事由规范的再调整》，《中国法学》2011 年第 3 期。

② 2012 年《民事诉讼法》第二百条规定：当事人的申请符合下列情形之一的，人民法院应当再审：（一）有新的证据，足以推翻原判决、裁定的；（二）原判决、裁定认定的基本事实缺乏证据证明的；（三）原判决、裁定认定事实的主要证据是伪造的；（四）原判决、裁定认定事实的主要证据未经质证的；（五）对审理案件需要的主要证据，当事人因客观原因不能自行收集，书面申请人民法院调查收集，人民法院未调查收集的；（六）原判决、裁定适用（转下页）

定，管辖错误的"之规定，将管辖错误作为一种审判程序违法事项从再审事由中剔除。这符合传统大陆法系国家规定再审事由之路径，因管辖之规定并非强行规范，一定条件下可以由当事人协议商定，不属于严重的审判程序违法事由，因而需予以删除。另外，从理论上讲管辖制度是为方便第一审法院之间对案件受理的分配，与诉讼的成立以及受诉法院对案件的实体审理没有实际影响。① 第二，基于再审程序的特殊角色考量，为了预防再审程序适用"普适化"，法定的可以开启再审程序的违法事由被细化且更加明确具体。立法者将 2007 年《民事诉讼法》第一百七十九条第二款"对违反法定程序可能影响案件正确判决、裁定的情形"的审判程序违法再审事由予以删除，使得开启再审程序的审判程序违法事由更加明确具体，避免不明确的再审事由规定成为败诉方当事人"缠讼"的托词。② 概括而言，2012 年《民事诉讼法》所规定的再审事由虽然依旧保留了第一百七十九条第一款第（九）项"违反法律规定，剥夺当事人辩论权利的"之规定，存在过于抽象的情形，③ 但与以往立法相比，其设置的再审事由更加明确具体，也更加符合再审程序为非常规救济手段的司法定位，贴近再审事由的法定性限定性要求。

细细推究 2012 年《民事诉讼法》第一百七十条第一款第（四）项与第二百条之规定，将会发现可以开启再审程序的审判程序违法事由与二审应当发回重审的审判程序违法事由存在龃龉之处，导致审判程序违法的救济体系混乱。2012 年《民事诉讼法》第一百七十条第一款第（四）项将二审发回重审的审判程序违法理由限定为"严重违反法定程序"的情形，

（接上页）法律确有错误的；（七）审判组织的组成不合法或者依法应当回避的审判人员没有回避的；（八）无诉讼行为能力人未经法定代理人代为诉讼或者应当参加诉讼的当事人，因不能归责于本人或者其诉讼代理人的事由，未参加诉讼的；（九）违反法律规定，剥夺当事人辩论权利的；（十）未经传票传唤，缺席判决的；（十一）原判决、裁定遗漏或者超出诉讼请求的；（十二）据以作出原判决、裁定的法律文书被撤销或者变更的；（十三）审判人员审理该案件时有贪污受贿，徇私舞弊，枉法裁判行为的。

① 参见占善刚《略论民事诉讼中的管辖恒定原则》，《法学评论》2001 年第 6 期。

② 我国台湾地区有学者也指出："因大陆（民事诉讼）再审原因无具体规定，故当事人借申诉程序请求再审之案件日益增加，致实务中大量重复申诉与长期缠讼的情形。"参见杨建华《大陆民事诉讼法比较与评析》（增订版），台湾三民书局 1994 年版，第 158 页。

③ 不管是违法缺席判决致使当事人无法于法庭上行使辩论的权利，还是在法庭上不允许当事人合法质证，抑或是因送达不合法导致当事人无法按时出席法庭，诸如此类违反程序规定的行为，最终都会侵害当事人的辩论权。换而言之，"违法剥夺当事人辩论权利"的表现形式不一而足。

并且删除了以往 1991 年《民事诉讼法》"可能影响案件正确判决"之字眼。毋庸讳言，立法者严格限定二审发回重审的条件确实能够极大减少发回重审案件的数量，抑制不当发回、随意发回重审等"怪异现象"的发生，① 但这种限定却忽视了其与再审审判程序违法事由之关系。整理最高人民法院阐释"严重违反法定程序"的理由不难发现，2015 年《民事诉讼法解释》第三百二十五条明列四种"严重违反法定程序"的情形参照了《民事诉讼法》第二百条申请再审事由中第（七）、（八）、（九）、（十）项所规定的审判程序违法情形，增加了"违法剥夺当事人辩论权利"的情形。② 从诉讼法理上来讲，在继续审理制的背景下，第二审程序实乃第一审程序的延续，为判决确定以前的通常声明不服制度；而再审程序是在案件审理程序终结后再开诉讼程序，为判决确定后非常的或特别的声明不服制度。二者对比，不难发现，再审程序的启动以冲破判决的既判力为代价，而第二审程序的启动不会以牺牲判决的既判力为代价，第二审程序作为一种常规性救济手段，相对于再审程序而言，其之适用会更加普遍。③ 立法针对审判程序违法行为，本可以利用通常救济程序予以救济，却待判决确定后始利用非常救济程序寻求救济，会徒增法院及对造当事人的劳力、时间、费用，不仅从根本上背离了诉讼经济维护之原则，还会严

① 在过去的较长时期里，二审法院利用发回重审的方式转嫁因判决而导致信访、申诉的风险或者摆脱查明事实的负担，从而导致乱发回、随意发回、不当发回的现象时有发生。在实务中甚至出现极端情形，造成个别案件在两审法院之间多次往返，绵延数十年而难以审结。由此引起当事人及公众关于二审"滥发回""乱发回"的激烈抱怨与批评。参见王亚新、陈杭平、刘君博《中国民事诉讼法重点讲义》，高等教育出版社 2017 年版，第 274 页。

② 《民事诉讼法解释》第三百二十五条所明列的四种"严重违反法定程序"的情形实乃是参照两处立法整合而成。其一，参照了 1992 年《民事诉讼法意见》第一百八十一条规定的四种"违反法定程序"的情形，删除了第四项的兜底性条款；其二，参照了《民事诉讼法》第二百条申请再审事由中第（七）、（八）、（九）、（十）项所规定的审判程序违法情形，增加了"违法剥夺当事人辩论权利"的情形。总体上讲，与 1992 年《民事诉讼法意见》第一百八十一条相比，2015 年最高人民法院颁布的《民事诉讼法解释》第三百二十五条删除兜底性条款后，极大地限定了严重违反法定程序的范围，从而与 2012 年《民事诉讼法》修订第一百七十条第一款第四项之立法理由一脉相承。除此之外，从最高人民法院比照《民事诉讼法》第二百条申请再审事由的审判程序违法情形拟定发回重审的"严重违反法定程序"的情形，可以看出，最高人民法院显然意识到了发回重审的审判程序违法情形与启动再审程序的审判程序违法情形之间须具备某种关联性。参见沈德咏主编《最高人民法院民事诉讼法司法解释理解与适用》，人民法院出版社 2015 年版，第 865 页。

③ 参见王亚新、陈杭平、刘君博《中国民事诉讼法重点讲义》，高等教育出版社 2017 年版，第 280 页。

重损及当事人的程序利益。[①] 退一步讲，发回重审虽然作为第二审程序自行审理的例外，但其适用的事由相较于申请再审的事由而言，也应当宽泛一些。因此，2012 年《民事诉讼法》和 2015 年《民事诉讼法解释》将六种须发回重审的严重审判程序违法情形完全等同于《民事诉讼法》第二百条规定的再审事由第（七）、（八）、（九）、（十）项所规定的审判程序违法情形也显非妥适。更令人费解的是，第二百条规定的再审事由所关涉的审判程序违法事由并非只有第（七）、（八）、（九）、（十）项，还有第（四）项"主要证据未经质证"、第（五）项"法院依当事人申请应调查收集证据而没有调查收集"以及第（十一）项"原判决、裁定遗漏诉讼请求"的规定。这也就意味着我国现行立法中再审事由涉及的审判程序违法范围较二审发回重审的审判程序违法宽泛，这有违再审事由的法定性、补充性自无待多言。2015 年《民事诉讼法解释》第三百二十五条虽然包含发回重审的审判程序违法情形与开启再审程序的审判程序违法情形之间应当具备关联性的意旨，但是其显然错误地理解了发回重审之救济手段与开启再审程序的救济手段间的关系。

二　我国再审审判程序违法事由的评析

回顾我国 1982 年《民事诉讼法（试行）》，再审程序的开启方式为当事人不服具有法律效力的判决、裁定须通过申诉的方式向法院提出后，由法院依据职权审查判断当事人的不服声明是否具有理由。这是因我国历史上极度尊崇申诉文化所致，根据日本滋贺秀三教授的考察，既判力这一诉讼制度在我国缺乏理论培育的土壤。在我国传承千年的法律世界中，既判力的观念不仅在司法制度中从未蕴含，在司法实践中也从未显现。与此相反，在我国从古至今的万千诉讼案件中，"不惮改错"被视为古代民众内心确信的恪守坚持的法律观念，同一纠纷的审理结果常被反复更易，"屡断屡翻"的现象一再上演。[②] 1991 年《民事诉讼法》修订审判监督程序增加检察机关通过抗诉的手段开启再审程序是对当事人在 1982 年《民事诉讼法（试行）》规定下申诉无门的回应，出于对法院独断再审程序

---

① 参见许士宦《民事诉讼法》（下），台湾新学林出版股份有限公司 2017 年版，第 577 页。
② 参见王亚新《对抗与判定：日本民事诉讼的基本结构》，清华大学出版社 2002 年版，第 343—344 页。

之制衡手段。① 因而，在特定历史时期和立法背景下，我国再审程序的提出主体多样。因主体的不同，导致再审理由的规定混乱、模糊，再审程序便难以具备非常规救济手段之特质，最终形成民事案件"终审不终"的尴尬局面，有违程序安定之要求。

尽管旧有再审制度所设立的再审事由存在诸多不足，但纵观我国民事诉讼中再审事由设置的立法沿革，不难看出其总体上呈现以下两个方面的飞跃：第一，虽然 2012 年《民事诉讼法》设置的可以开启再审程序的审判程序违法事由依旧保留第二百条第（九）项"违反法律规定，剥夺当事人辩论权利的"之抽象规定，但与以往的立法规定相比，具有长足的进步，将可以开启再审程序的审判程序违法事由逐步细化与明确，凸显了再审乃非常规的救济手段之本质属性。第二，立法历经四个版本的修订，逐步明确了可以开启再审程序的审判程序违法事由，且已经朝着大陆法系之立法规律发展。虽然立法者设置可以开启再审的审判程序违法事由与二审应当发回重审的审判程序违法事由存在龃龉之处，但其也意识到可以开启再审的审判程序违法事由与二审应当发回重审的审判程序违法事由存在某种内在的关联性，二者的设置应当体系化地处理二审程序与再审程序之关系，以建立审判程序违法科学合理的救济体系。

第四节　与发回重审的审判程序违法事由之比较

一　理论廓清

从既往的立法沿革梳理来看，立法者对于审判程序违法再审事由与二审发回重审的审判程序违法事由的理解发生了极大变化。1982 年《民事诉讼法（试行）》中的开启再审审判程序违法事由为原判决、裁定程序问题"确有错误"之表述，乃是开放的、抽象的规定，相较于二审发回

---

① 法院依职权启动再审程序，从 1982 年《民事诉讼法（试行）》规定来看，乃是启动再审程序的唯一途径。但在四次修法与司法实务的发展过程中，这种救济方式不仅备受争议，而且实务运用中的频率也日趋减少，仅成为辅助性救济手段。在理论界的发展过程中，对法院依职权和检察院抗诉开启再审声讨的声音更是不绝于耳，不排除将来立法将其废除的可能。法院依职权提起再审这一制度安排的缘起在于我国"诉访不分"和历史固有观念的原因，但我国现有民事诉讼逐渐从职权主义的道路脱离，转而走向强调当事人意思自治的当事人主义道路。再审事由的变化除了从立法的规范层面制定，理应结合我国几十年改革的立法及实务状态作综合考量。

重审的审判程序违法事由"违反法定程序可能影响案件正确判决"而言，开启再审的审判程序违法事由适用范围更加广泛。1991 年《民事诉讼法》则出现了些许变化，审判程序违法的再审事由被限缩，变更为第一百七十九条第（四）项"违反法定程序，可能影响案件正确判决、裁定的"，而二审发回重审的审判程序违法事由依旧沿袭了 1982 年之规定，审判程序违法的再审事由与二审发回重审的审判程序违法事由完全相同。2007 年《民事诉讼法》中审判程序违法的再审事由被严格明确为具体的几种情形，反观二审发回重审的审判程序违法事由依旧保持原有之表述。显然，2007 年《民事诉讼法》中审判程序违法的再审事由情形已经远少于二审发回重审的审判程序违法情形。毋庸讳言，在 2012 年以前的民事诉讼历次修法中，开启再审的审判程序违法事由不断限缩，逐步明确具体，且在范围上已经显现出少于二审发回重审之审判程序违法事由的立法趋向。不难发现，立法者修订可以开启再审之审判程序违法事由的意图乃明确再审程序为非常规的救济途径，不断缩小再审程序的适用空间，凸显出再审程序作为特殊的声明不服制度不同于二审程序之常规的声明不服制度，其救济和规制的审判程序违法乃是性质最为严重的审判程序违法情形。

　　然而，2012 年《民事诉讼法》关于审判程序违法的再审事由与二审发回重审的审判程序违法事由之关系因第一百七十条第一款第（四）项"严重违反法定程序"之设立而出现了较大变化。立法者于 2012 年《民事诉讼法》设置可以开启再审程序的审判程序违法事由虽然依旧保留第二百条第（九）项"违反法律规定，剥夺当事人辩论权利的"之抽象规定，但其仍具有长足进步。这是因为立法者沿着之前历次修法的路径，将可以开启再审程序的审判程序违法事由逐步细化，明确列举了第（四）项"认定事实的主要证据未经质证"、第（五）项"人民法院未调查收集的主要证据"、第（七）项"审判组织的组成不合法"以及"应当回避的审判人员没有回避的"、第（八）项"无诉讼行为能力人未经法定代理人代为诉讼"以及"应当参加诉讼的当事人未参加诉讼"、第（十）项"未经传票传唤，缺席判决的"、第（十一）项"遗漏或者超出诉讼请求的"六项规定，不断限定可以开启再审的审判程序违法事由情形，试图进一步彰显再审乃非常规的救济手段之本质属性。但令人遗憾的是，立法者仅仅将视域局限于修订可以开启再审的审判程序违法事由，未能综合考虑审判程序违法的再审事由与二审可以发回重审的审判程序违法事由之关系。如果将审判程序违法的再审事由与二审发回重审的审判程序违法事由比较，可以发现二者在审判程序违法情形的布设上存在很多叠合，如此，再审乃非常规救济手段之特质并未显现。

根据现行《民事诉讼法》第一百七十条第一款第（四）项的规定和《民事诉讼法解释》第三百二十五条的规定，我国二审程序发回重审的事由为六种"严重违反法定程序"的事由，分别为"遗漏当事人""违法缺席判决""审判组织组成不合法""应当回避的审判人员未回避""无诉讼行为能力人未经法定代理人代为诉讼""违法剥夺当事人辩论权利"。从一般诉讼法理观之，在继续审理制构造下，第二审法院是事实审法院，对于第一审程序之实体错误和程序错误进行纠正，乃第一审程序的续行审理程序，而再审程序的开启是以发生法律效力的终局判决在诉讼推进过程中存在重大错误为前提条件的。质言之，针对审判程序违法情形，再审程序的适用条件应当严苛于第二审程序的适用条件，即开启再审程序的审判程序违法事由应当是第二审程序的审判程序违法事由中违法程度较高的情形，开启再审程序的审判程序违法事由应当严苛于第二审程序中应当发回重审之事由。这是基于第二审程序中发回重审之判决相较于第二审程序自行判决而言，其处置手段更加严厉，即再审事由中的审判程序违法理由应当是第二审程序中最为严重的审判程序违法事由。那么，开启再审程序的审判程序违法事由应当限缩于这六种"严重违反法定程序"的情形。比照第二百条和第一百七十条中关于审判程序违法的规定来看，两个条文设置的审判程序违法情形存在较多叠和。将现行《民事诉讼法》第二百条第（八）项再审事由"应当参加诉讼的当事人，因不能归责于本人或者其诉讼代理人的事由，未参加诉讼的"与《民事诉讼法》第一百七十条第一款第（四）项"严重违反法定程序"所列举的"遗漏当事人"相比，[①]不难发现，两者的审判程序违法情形较为相似。同样地，《民事诉讼法》第二百条第（七）项中"审判组织的组成不合法"与《民事诉讼法解释》第三百二十五条第（一）项"审判组织的组成不合法的"，《民事诉讼法》第二百条第（七）项中"依法应当回避的审判人员没有回避的"

---

①　有的学者将《民事诉讼法》第二百条第（八）项再审事由"应当参加诉讼的当事人，因不能归责于本人或者其诉讼代理人的事由，未参加诉讼的"对应上"遗漏当事人"的情形，也有的学者认为应当是"违法缺席判决"的情形，司法实务也难以区分，总之，立法用语十分难以界定，导致法官在司法实务中几无适用空间。

与《民事诉讼法解释》第三百二十五条第（二）项"应当回避的审判人员未回避的"，《民事诉讼法》第二百条第（八）项"无诉讼行为能力人未经法定代理人代为诉讼"与《民事诉讼法解释》第三百二十五条第（三）项"无诉讼行为能力人未经法定代理人代为诉讼的"，《民事诉讼法》第二百条第（九）项"违反法律规定，剥夺当事人辩论权利的"与《民事诉讼法解释》第三百二十五条第一款第（四）项"违法剥夺当事人辩论权利的"，《民事诉讼法》第二百条第（十）项"未经传票传唤，缺席判决的"与《民事诉讼法解释》第一百七十条第一款第（四）项"严重违反法定程序"所列举的"违法缺席判决"，皆存在一一对应的关系。

需要注意的是，根据现行《民事诉讼法》第二百条所规定的再审事由来看，除开第（七）项、第（八）项、第（九）项、第（十）项与"严重违反法定程序"相类似的情形以外，还有第（四）项"主要证据未经质证"、第（五）项"法院依当事人申请应调查收集证据而没有调查收集"以及第（十一）项"原判决、裁定遗漏诉讼请求"的规定。现行《民事诉讼法》第二百条所规定的再审审判程序违法事由在情形远多于二审程序应当发回重审的审判程序违法事由情形，而且在相似或同类的情形上法官自由裁量的空间也更为宽泛，有违再审事由的法定性。总而言之，依照一般诉讼法理，能够开启再审的审判程序违法事由应当被严格限缩至法定范围，这个范围不应该超出二审发回重审的审判程序违法事由所涉情形与范围。回顾历次修法的审判程序违法再审事由和二审发回重审的审判程序违法事由，立法者显然未能科学合理地认识二审发回重审审判程序违法情形与再审发回重审审判程序违法来由的关系，在诉讼制度上也未对两者作体系化的安排。

二　实践检视

（一）审判程序违法再审事由的适用有违再审事由补充性之要求

案例一：在湖南省高级人民法院针对张某某、山西中钢能源煤化有限公司（原山西兴旺煤化集团有限责任公司）民间借贷纠纷案作出的(2020) 湘民终 1169 号民事判决书中，无论是上诉人张某某所主张的其与湖南上水公司之间是否存在借款关系、是否应当承担还款责任，还是上诉人山西中钢能源煤化有限公司所主张的其与湖南上水公司之间的借款关系不存在以及不应承担还款责任，皆为对实体问题的诉讼请求及理由，不涉及任何程序性事项。同时，被上诉人湖南上水公司的辩称也仅对实体问题作出回应，湖南省高级人民法院也仅审查事实问题，围绕新证据、一审法院查明事实等进行审查，未能关注一审法院的程序性问题。然而，待二审法院围绕实体问题作出的终审判决生效后，上诉人张某某及山西中钢能源煤化有限公司却以一审法院审理进程中未能合法适用缺席判决以及遗漏了田某某作为必要的共同诉讼人加入诉讼程序，因违背了《民事诉讼法》第二百条第（九）项、第（十）项的规定，从而申请最高人民法院进行再审。① 由此可知，上诉人张某某及山西中钢能源煤化有限公司本可以于二审程序以一审法院的程序性事项错误为由，请求二审法院进行审查，却不提出，待二审法院的终审判决生效后，才于再审事由中提出，导致程序性错误本可以于二审程序中得到纠正，却被拖延至再审程序审理，显然有违诉讼经济原则，不利于案件纠纷的迅速解决。

　　案例二：在云南省高级人民法院针对阮某某、云南橡胶投资有限公司合伙协议纠纷案作出的（2018）云民终 451 号民事判决书中，上诉人阮某某于上诉理由中提出云南橡胶投资有限公司于一审开庭时才出示的"2017 年 4 月 24 日证明"缺乏阮某某、阮云某及何某的签字，该证明的真实性存疑。阮某某认为一审法院未经质证便直接采用该证据，认定该证明乃阮某某和阮云某共同出具导致案件事实认定错误，有违程序合法的要求。随着程序推进，二审法院对该项问题已经作出说明并于判决理由中进行了相关陈述。但是，针对二审判决，阮某某依旧依据该项理由向最高人民法院申请再审，并于再审理由中表明"云橡投资公司一审开庭时才出示'2017 年 4 月 24 日证明'，一审期间也没有向阮云东、阮某某提供证据副本，剥夺了阮云某、阮某某的辩论权利"。② 毫无争议的是，阮云某于二审法院及再审法院所陈述的不服判决之审判程序违法理由并无差异，但云南省高级人民法院及最高人民法院对该项理由分别作出了相异的判断，也即对当事人同一的审判程序违法主张进行了两次审理和两次不同的判断，有违再审的补充性要求。

　　根据再审程序的补充性要求，相对于常规的声明不服制度而言，再审

---

　　① 参见最高人民法院（2020）最高法民申 4871 号民事裁定书。再审程序的补充性规定于我国立法层面无实质性规定，笔者仅能从司法实践中窥探相关实际操作的情况。关于再审程序的补充性实例，笔者未能进行全面的判决文书搜索，因为涉及再审程序补充性案例的发现必须依赖于第二审案件的违法事由和再审案件违法事由的对照比较，符合条件的案例较少，仅从中抽出两份判决文书进行简要说明。

　　② 参见最高人民法院（2020）最高法民申 42 号民事裁定书。

程序乃一种补充性的声明不服制度。如前文所析，审判程序违法的再审事由属于审判程序违法行为中违法程度最高、对程序正当性破坏最严重的情形，应当严重于二审发回重审所规定的"严重违反法定程序"，若审判程序违法行为已经于上诉审程序经过法院判决或当事人将已知的审判程序违法事由隐瞒至非常规的救济程序提出，则不可将其作为再审程序的审判程序违法事由，于再审中提起。从前述两份判决文书可以看出，再审程序的补充性要求被法院所忽略，当事人未经上诉审程序便径直启动了再审程序，不仅异化了再审程序乃特殊救济途径之本质，还导致上诉审程序被闲置，有违再审补充性的制度要求。

（二）再审程序逐步由常规救济手段变为特殊的救济手段

通过表6-1可以看出，① 1992年全国各地区各层级人民法院审理结案

表6-1　　全国各审级法院收案数量及二审发回重审案件数量变化

年份	一审收案数（件）	上诉收案数（件）	二审发回重审案数（件）	再审收案数（件）
1992	1948786	125096	10405	32288
1999	3519244	246241	21639	57430
2000	3412259	261800	23652	57816
2002	4420123	361697	30152	48180
2008	5412591	525282	34138	35246
2013	7781972	627116	30321	33362
2014	8307450	731416	39686	29145
2015	10097804	918605	49692	28330
2016	10762124	1088442	63173	29926
2017	11373753	1145959	79381	34778

---

① 表中数据来源于《中国法律年鉴》。之所以采取这些年份的数据，是因为这些年份数据较为有代表性。1992年的数据乃1991年《民事诉讼法》颁布后的法院司法实务的直接反映，2008年和2013年的数据也分别为2007年修订《民事诉讼法》和2012年修订《民事诉讼法》的法院司法实务的直接反映。1999年至2000年的数据具有突出特征，乃是再审案件数量之顶峰。2013年至今的数据能体现当下司法实务的现状。表中"一审收案数"是指，全国法院审结的案件中一审的民商事案件的审结数量，"上诉收案数"指因当事人提起上诉进入第二程序的案件数量，"二审发回重审案数"指当事人提起上诉进入二审程序后被法院发回重审的案件数量，"再审收案数"指启动再审进入本案再审程序的案件数量。

的第一审民事案件 1948786 件，当事人不服法院一审判决提起上诉程序的案件为 125096 件，当事人不服已经生效的判决申请再审程序的案件为 32288 件。上诉收案数占一审收案数的比例大约为 6.4%，再审收案数占二审收案数的比例大约为 25.8%。我们大致可以推导出，所有经过一审法院审理的民商事案件中，大约每十六个案件中存在一个案件被当事人提起上诉至第二审程序，经上诉审程序作出的具有法律效力的判决中，大约每四个案件中即存在一个案件可能被翻案。① 毋庸讳言，在 1992 年法院适用再审程序的救济措施比当事人提起上诉的寻求救济的频率更高，审判监督程序相较于提起上诉而言，是更为常规的救济手段。这刚好与前述 1991 年颁布的立法规定相对应，因为 1991 年《民事诉讼法》规定的可以开启再审的事由表述十分抽象，司法实务中法官可以裁量的权力过大，认定的审判程序违法事由必定会宽泛于二审可以发回重审的情形。1999 年、2000 年和 2002 年的相关司法统计数据亦反映出并无差异的情形，即进入本案再审程序的案件比例远远高于一审结案后进入上诉程序的案件比例。法院虽然穷尽了法定程序作出终审判决，待判决生效后却又被启动审判监督程序导致"终审不终"的情形，直到 21 世纪初仍是一种相当普遍的现象。

　　以司法实务的数据而言，再审程序在当时并非什么非常规或特殊性的救济手段，而是在一定实践意义上接近常规的或者普遍适用的制度。不过，这种司法现象从 2008 年起开始出现明显转变，当年一审程序审理结案的民事案件共 5412591 件，其中有 525282 件案件因当事人不服而提起上诉，后开启再审的案件有 35246 件，上诉收案数占一审收案数的比例大约为 9.7%，再审收案数占二审收案数的比例大约为 6.4%，且进入本案再审的案件从之前 2002 年的 48180 件陡然下降到 35246 件。由此可以发现，2008 年的数据变化与 2007 年《民事诉讼法》限定可以开启再审程序的审判程序违法事由息息相关。此后，再审收案数及再审收案数占上诉收案数的比例大致保持了逐渐下降的趋势。例如，据表 6-1 的统计来看，民商事案件的再审收案数在 2008 年已经下降至 35246 件，2013 年又下降至 33362 件，跌幅 5.3%，2014 年又再下降至 29145 件，跌到三万件以下，跌幅高达 12.6%。2013 年民商事案件的再审收案数占上诉收案数的

---

　　① 通常而言，于司法实务中，大多数民事诉讼的案件流程为一审程序至二审程序，最后才会进入再审程序。但不排除例外情形，一审终审的案件也有可能直接开启审判监督程序。

比例为 5.3%，2014 年民商事案件的再审收案数占上诉收案数的比例又大幅下跌至 3.9%，2015 年民商事案件的再审收案数占上诉收案数的比例再下跌至 3%，后逐渐平稳。显然，2012 年之后再审案件数量的持续下跌以及再审案件数量占二审案件收案数量的持续下跌与 2012 年《民事诉讼法》关于可以开启再审程序的事由的持续限定密不可分。虽然再审的补充性要求于我国司法实践中仍旧未能确立，但立法者通过对于再审事由的不断认识，再审程序开始回归其作为民事诉讼之非常规的或者特别的救济制度之本质属性。

（三）再审审判程序违法事由与二审发回重审的审判程序违法事由存在混乱适用

由表 6-1 数据来看，从 1992 年至 2008 年，二审发回重审案件数量始终少于再审收案数量，不难发现，司法实践中关于再审和发回重审之关系始终未能正确得到司法者正确的认识和把握，这与 2007 年以前民事诉讼立法之规定与此种司法乱象有必然关联，2007 年之前的民事诉讼立法在规范文本上没有很明确地区分两种审判程序违法的情形，引发了实务适用的混乱。从 2013 年开始，二审发回重审案件的数量呈现逐年递增的趋势，而再审收案数量与之相反，呈现逐年递减的趋势，再审收案数量占二审发回重审案件数量的比例逐年下降，这在一定程度上意味着再审程序开始呈现出非常规救济程序的特质，且再审的救济途径相较于二审发回重审之救济手段更加特殊。不过，2012 年《民事诉讼法》修改后，立法者仍然未能正确廓清审判程序违法与发回重审之关系，① 导致 2012 年后发回重审的案件大幅度增加。

为了能更好地探寻司法实务中可以开启再审的审判程序违法事由与二审发回重审的审判程序违法事由之关系，笔者于中国裁判文书网中检索相

---

① 现行《民事诉讼法》不仅将"严重违反法定程序"等程序错误作为二审可以发回重审之情形，还将"原判决认定基本事实不清"作为二审可以发回重审之情形。但是将"原判决认定基本事实不清"作为发回重审事由有悖于证明责任理论。诉讼程序是司法机关在当事人和其他诉讼参与人的参与下，按照一定的顺序、方式和手续作出裁判的过程。其运作的目的在于准确认定事实、正确适用法律，对案件作出正确的裁决——解决民事纠纷。严格遵守程序往往具有保障实体裁判的功能，也即在大多数的情况下，遵守了诉讼程序的要求，往往能够避免事实认定出现错误。"原判决认定基本事实不清"乃是由原审法院未遵守法定程序导致，此种情形下被发回重审表面上是由于"原判决认定基本事实不清"，本质上仍是基于审判程序违法，因此，"原判决认定基本事实不清"并不能单独作为发回重审的事由。参见占善刚、刘芳《审判程序违法与发回重审——〈民事诉讼法〉第一百七十条之检讨》，《江西财经大学学报》2014 年第 5 期。

关裁判文书①发现，我国高级人民法院适用《民事诉讼法》第一百七十条第一款第（四）项以"严重违反法定程序"为由撤销原判决发回重审的上网的裁判文书共 863 份，其中以《民事诉讼法》及《民事诉讼法解释》明确规定的六种"严重违反法定程序"以外的审判程序违法为由撤销原判决并发回重审的判决书共 83 份，占比 9.62%。进一步分析这 83 份裁判文书，笔者发现，高级人民法院认为原判决存在《民事诉讼法》及《民事诉讼法解释》明确规定的六种"严重违反法定程序"情形以外的其他的应当撤销原判决并发回重审的"严重违反法定程序"情形，其中因原判决遗漏诉讼请求而发回重审的判决书 10 份，② 占比 12.05%；因原判决超请求而发回重审的判决书 16 份，③ 占比 19.28%；因原判决法院法官未依法组织质证而发回重审的判决书 22 份，④ 占比 26.51%；因原审法院法官未尽释明的义务而发回重审的判决书 16 份，⑤ 占比 19.28%；因原审法院送达程序不合法而发回重审的判决书 8 份，⑥ 占比 9.64%；因原审程序

---

① 笔者以"高级法院""民事二审""违反法定程序""撤销原判决发回重审"为关键词，时间范围截至 2020 年 9 月 5 日。另外，由于我国司法实务中，最高人民法院发布的司法解释向被各级法院的法官奉为裁判之圭臬，尤以高层级的法院为典型例证。因而可以想见，在《民事诉讼法》第一百七十条第一款第（四）项被《民事诉讼法解释》第三百二十五条改造为限制列举规范后，民事司法实务中，二审法院以原审审判程序违法为由撤销原判决恒以《民事诉讼法》第一百七十条第一款第（四）项所列举的两种审判程序违法以及《民事诉讼法解释》第三百二十五条所明定的四种审判程序违法为常。当事人以这六种审判程序违法以外的审判程序违法作为不服原判决的原因提起上诉，最终被二审法院认定为构成"严重违反法定程序"进而撤销原判决定当少见。

② 参见贵州省高级人民法院（2018）黔民终字第 644 号民事裁定书；湖北省高级人民法院（2018）鄂民终字第 681 号民事裁定书；河南省高级人民法院（2017）豫民终字第 374 号民事裁定书；江西省高级人民法院（2016）赣民终字第 519 号民事裁定书等。

③ 参见云南省高级人民法院（2019）云民终字第 1244 号民事裁定书；吉林省高级人民法院（2019）吉民终字第 124 号民事裁定书；海南省高级人民法院（2015）琼民终字第 21 号民事裁定书；河南省高级人民法院（2014）豫民终字第 92 号民事裁定书等。

④ 参见安徽省高级人民法院（2019）皖民终字第 699 号民事裁定书；湖南省高级人民法院（2019）湘民终字第 236 号民事裁定书；山东省高级人民法院（2017）鲁民终字第 1009 号民事裁定书；陕西省高级人民法院（2019）陕民终字第 16 号民事裁定书；广东省高级人民法院（2017）粤民终字第 574 号民事裁定书等。

⑤ 参见云南省高级人民法院（2019）云民终字第 1082 号民事裁定书；江西省高级人民法院（2019）赣民终 260 号民事裁定书；广东省高级人民法院（2017）粤民终字第 393 号民事裁定书；贵州省高级人民法院（2018）黔民终字第 148 号民事裁定书；辽宁省高级人民法院（2017）辽民终字第 528 号民事裁定书等。

⑥ 参见江西省高级人民法院（2018）赣民终字第 435 号民事裁定书；云南省高级人民法院（2018）云民终字第 703 号民事裁定书；河北省高级人民法院（2017）冀民终字第 210 号民事裁定书；河南省高级人民法院（2016）豫民终字第 1246 号民事裁定书等。

中诉讼代理人无代理权而发回重审的判决书 6 份,[1] 占比 7.23%;因原审法院法官未对证据调查申请答复而发回重审的判决书 2 份,[2] 占比 2.41%;因其他原因导致程序错误而发回重审的判决书 3 份,[3] 占比 3.6%。

从前述裁判文书不难发现,在我国的民事司法实务中,各地高级人民法院在判断原审是否存在可以撤销原判决并发回重审的审判程序违法事由时,皆未完全拘泥于现行《民事诉讼法》第一百七十条第一款第(四)项以及《民事诉讼法解释》第三百二十五条之规定,而是将其他的审判程序违法情形也认定为"严重违反法定程序",从而事实上扩张了当事人据之上诉的审判程序违法事由。将现行《民事诉讼法》第二百条关于可以开启再审程序的审判程序违法事由与第一百七十条第一款第(四)项关于"严重违反法定程序"之情形仔细比对,第二百条所规定的范围更加宽泛,不仅囊括了"严重违反法定程序"的全部情形,还包括第二百条第(四)项"主要证据未经质证"、第(五)项"法院依当事人申请应调查收集证据而没有调查收集"以及第(十一)项"原判决、裁定遗漏或超出诉讼请求"之情形。显而易见的是,除"严重违反法定程序"以外的可以开启再审程序的审判程序违法事由刚好与前述案件中高级人民法院认为原判决存在《民事诉讼法》及《民事诉讼法解释》明确规定的六种"严重违反法定程序"情形以外的其他的应当撤销原判决并发回重审的"严重违反法定程序"情形相一致。[4] 基于司法实践数据的考察,高级人民法院的法官未能严苛遵守立法所限缩的"严重违反法定程序",事实上扩张了二审发回重审的理由,且扩张的界域与可以开启再审程序的审判程序违法事由相一致。这意味着,在司法实践中,法官虽然未能严格依

---

① 参见江苏省高级人民法院（2018）苏民终字第 1123 号民事裁定书;湖南省高级人民法院（2018）湘民终字第 801 号民事裁定书;吉林省高级人民法院（2017）吉民终字第 399 号民事裁定书等。

② 参见海南省高级人民法院（2018）琼民终字第 47 号民事裁定书;浙江省高级人民法院（2012）浙民终字第 42 号民事裁定书。

③ 其他原因分别为原审程序应当中止诉讼而未中止、违法先行判决以及违法不公开审理,相关案件详见云南省高级人民法院（2019）云民终字第 118 号民事裁定书;江苏省高级人民法院（2016）苏民终字第 5741 号民事裁定书;山东省高级人民法院（2014）鲁民终字第 436 号民事裁定书。

④ 查阅前述案例,可以发现原审法院法官未尽释明的义务、原审法院送达程序不合法、违法先行判决、违法不公开审理等审判程序违法的理由最终都可归为"违反法律规定,剥夺当事人辩论权利",属于现行《民事诉讼法》第二百条第(九)项之再审事由。

照法律规定适用审判程序违法之救济手段，混用了二审发回重审的审判程序违法事由与可以开启再审的审判程序违法事由，但一定程度上仍反映出二审发回重审审判程序违法事由与可以开启再审的审判程序违法事由之关系。

三　小结

综上所述，基于再审的补充性与再审事由的法定性要求，审判程序违法的再审事由仅限于动摇裁判正当性基础的审判程序违法，在范围和情形上要比二审发回重审的审判程序违法情形要少，范围要小，再审判程序违法情形与绝对上告理由发生叠合。在审判程序违法与实体裁判结果错误因果关系的认定上，两者并不相同。具体而言，民事诉讼立法拟制作为再审事由的审判程序违法与判决结果错误之间存在因果联系，即一旦出现再审审判程序违法事由，即认为实体裁判结果错误，撤销原判，启动再审。而作为二审发回重审的审判程序违法与裁判结果的因果联系则需要法院结合前文述及的审判程序违法与实体判决错误因果关系的认定性质与认定标准作出具体因果关系是否成立的认定。并且，在解释论上，二审发回重审的审判程序违法还应当满足侵害当事人审级利益、存在继续进行言词辩论的要件，作为再审事由的审判程序违法在这方面并不要求满足。

第五节　"违法剥夺当事人辩论权利"不应作为再审之审判程序违法事由

在我国民事诉讼立法中，再审事由包括实体性事由与程序性事由。其中，违法剥夺当事人辩论权利作为一项程序性再审事由被规定在现行《民事诉讼法》第二百条第（九）项："违反法律规定，剥夺当事人辩论权利的。"实际上，《民事诉讼法修正案（草案）》拟定时关于该再审事由的确立便受到诸多质疑，主要有：剥夺当事人辩论权利在实践中难以用明确标准衡量认定、法院在诉讼中合法行使诉讼指挥权与剥夺辩论权的界限模糊致使该再审事由在实务中适用极为混乱，当事人易滥用该不明确事由申请再审，加重受诉法院的负担等。① 但基于保障程序正当性、维护当事人程序主体地位及提高司法公信力等原因，该项再审事由仍被立法所采用。该再审事由确立后，不仅理论上显露出诸多不合理之处，司法实践中的适用也面临困境。现通过分析我国实务中的做法，从以下几个方面展开辨析，主张剥夺当事人辩论权利不应作为一项独立的再审事由。限于主题，本节仅针对"违反法律规定，剥夺当事人辩论权利的"一项审判程序违法作出检视，以此例证现行规范的失范和实务操作的失序，对于其他的审判程序违法再审事由不作详细探讨。

一 "违法剥夺当事人辩论权利"存在识别上的困难

我国民事诉讼立法对违法剥夺当事人辩论权利作为再审事由之一的规范极为有限，仅对具体情形作了简易列举加概括式规定，未统一法官在审查该事由时须遵循何种识别判断标准，故实务中涉及该项事由的审查与裁判极为混乱，有损当事人正当权益与公正司法秩序，该再审事由的存在价值令人生疑。

（一）实务中各级法院针对相同情形区别对待是对平等原则的违反

在我国民事诉讼立法中仅在第二百条对该再审事由作了描述性规定，即"违反法律规定，剥夺当事人辩论权利的"，而对当事人辩论权受何种程度的侵害可裁定再审无标准可循，且《民事诉讼法解释》中违法剥夺当事人辩论权的具体情形在认定时均依赖法官的自由裁量权，由其根据案件情况作出驳回申请或决定再审裁决。在实践中针对相同形态的事实状况，法院作出的裁决时常截然相反，急需改善。

案例一：在吉林省高级人民法院针对磐石市升旺供热有限公司诉黄某某等民间借贷纠纷案作出的（2017）吉民申 3473 号民事裁定书中，针对再审申请人提出的其在一审庭审过程中增加诉讼请求中的给付数额，而法院未对变更后的请求进行审查的再审事由，吉林省高级人民法院以《最高人民法院关于民事诉讼证据的若干规定》第三十五条第二款关于"当事人变更诉讼请求的，人民法院应当重新指定举证期限"的规定为依据，作出"一审法院在黄某某变更诉讼请求后没有重新指定举证期限，存在剥夺当事人辩论权利的情况，因此本案存在《民事诉讼法》第二百条第

---

① 参见孙祥壮《关于剥夺当事人辩论权的认定》，《人民法院报》2009 年 12 月 15 日。

九项规定的应当再审的情形”的裁定，指令中级人民法院对本案进行再审。

案例二：在梁桂某诉梁惠某合伙协议纠纷案中，再审申请人认为“根据《最高人民法院关于民事诉讼证据的若干规定》第三十五条第二款，梁惠某在庭审过程中变更了诉讼请求，原审法院既未告知梁桂某，也未重新指定举证期限，导致梁桂某丧失了辩论权利”，广东省佛山市中级人民法院作出的（2017）粤06民申257号民事裁定书中以“梁桂某称一审法院剥夺了其辩论权利，理由不成立，本院不予支持”驳回了再审请求。

基于对司法公正秩序的维护，法院对平等原则的遵守是基本要求。以上两个以“在庭审过程中变更诉讼请求，法院未重新指定举证期限”为由申请再审事由的案例，存在相同的事实情形却遭遇法院截然相反的裁定处分，是违法剥夺当事人辩论权利作为再审事由在实践中标准不一，适用混乱的具体表现。辩论权利作为一种抽象的法律权利，更是一种民主权利，其不易把握的特征在实务中存在极大隐患，极易导致对平等原则的违反。以上两个案例并非偶然，在总结案例中，针对法院未对当事人提出的事实证据审查认定等事实形态，当事人以违法剥夺辩论权利为由申请再审，各级法院作出的裁定说理形态各异，结果截然相反。这种实务中对该再审事由适用混乱的情形严重影响其存在的价值，与设定该事由以保障司法公信力的初衷背道而驰。

（二）法院在作出裁定时恣意以行为属于其行使诉讼指挥权为理由驳回该再审申请

因对辩论权侵害的程度无统一衡量标准，对诉讼中法官享有的诉讼指挥权并无限定，因此，违法剥夺当事人辩论权利与法院合法行使诉讼指挥权之间界限模糊，对两者的认定也较为混乱。在实务中集中表现为当事人申请再审时多以剥夺其辩论权利为由，而法院多以原审法院是在诉讼指挥权的合理范围内指挥诉讼进程为理由不予支持。此种实务中认定时的冲突关系加剧了法院与当事人之间的紧张氛围，司法公信力受到威胁，当事人对裁判的接纳度亦深受影响。

案例三：在孟范某诉孟繁某财产损害赔偿纠纷案中，再审申请人提出“开庭时法官打断申请人发言，剥夺当事人辩论权利”，山东省潍坊市中级人民法院以（2017）鲁07民申230号民事裁定书作出如下裁断：“剥夺当事人辩论权利，并非是审判人员在庭审中限制当事人发表意见就需启动再审程序，而只有在审判人员的行为明显阻碍、破坏当事人辩论权利的行使或者根本不让当事人行使辩论权利的，方构成'剥夺当事人的辩论权利'，本案原审不存在审判人员明显阻碍、破坏当事人辩论权利行使的情形。"

案例四：河南省平顶山市中级人民法院在侯某某诉关某某排除妨害纠纷案中，针对再审申请人提供的"违法剥夺辩论权"，作出（2018）豫04民申94号裁定："经查，本案在卷庭审笔录显示侯某某在原一、二审庭审中已经充分行使了质证、辩论等诉讼权利，侯某某当庭并未就此问题提出异议，而对于当事人涉及与案件事实无关的陈述，法庭有权予以制止，故侯某某申请再审称原一、二审法院违反法律规定，剥夺当事人辩论权利的理由亦不能成立。"

法官在诉讼中享有诉讼指挥权的程序性依据是对诉讼经济的追求，当事人将纠纷诉诸司法必然投入最大精力实现自身利益，若任由其开展诉讼活动易导致诉讼周期冗长，无休无止，此时诉讼指挥权"本质上是对诉讼程序所占用的时间进行管理和控制"①，主要表现为主持开展诉讼程序等纯粹程序性行为。除此之外，法院享有"实体性诉讼指挥权"，表现为给予当事人充分表达意见、主张的机会，弥补程序正当性原理缺陷而实现实体正义。② 美国、日本等国家法律均明确划定法官享有的诉讼指挥权范围，但因我国长期以来形成的职权探知主义传统，立法未对法官指挥权限范围予以明确划定，法官在法庭庭审中的主导性权力过大，直接导致在诉讼中法院以行使诉讼指挥权为由肆意剥夺当事人的辩论权利等程序性权利的现象屡屡发生。面对此种实践困境，笔者认为，在我国对法院诉讼指挥权范围明确划定前，违法剥夺当事人辩论权利的再审事由设定并无必要。

（三）法官对申请人提出的"其他情形"考量混乱

在"北大法宝"上收集的以违法剥夺当事人辩论权利为再审申请事

---

① 参见黄松有《诉讼指挥权：正当性基础与制度建构》，《中国社会科学》2003年第6期。
② 参见黄松有《诉讼指挥权：正当性基础与制度建构》，《中国社会科学》2003年第6期。

由的 100 个案例显示,① 法院在认定剥夺当事人辩论权利的违法情形时,以 "原审法院违反法律规定送达起诉状副本、上诉状副本或开庭传票,致使当事人无法行使辩论权利" 为依据决定再审事由的案例有 46 个, 具体表现为未进行送达、未穷尽其他送达方式而径直采用公告送达、无证据证明已送达诉讼文书等多种送达程序错误情形; 以 "违法缺席判决, 剥夺当事人辩论权利" 为再审事由的案例有 35 个; 与 "二审应当开庭审理而未开庭" 相关的案例有 20 个。

　　仅《民事诉讼法解释》明确规定的三项具体情形在当事人申请时易被法官识别和审查, 而法官针对《民事诉讼法解释》第三百二十五条第 (四) 项 "违法剥夺当事人辩论权利的其他情形" 很少具体考量, 多以未明确规定而予以否定。如在田某诉中余建设集团有限公司建设工程施工合同纠纷案中, 再审申请人主张被申请人提交的《民事上诉状补充意见》与之前提交的上诉状内容完全不一致, 但二审法院未依法向其送达, 且被申请人在庭审中也未陈述该意见, 致使其对该意见内容不知晓, 无法了解补充上诉的具体请求和理由, 无法行使辩论权。安徽省高级人民法院针对该项申请事由裁定: 被申请人提交的上诉状补充意见主要针对款额的具体计算, 而该款项数额问题本就是被申请人上诉状中明确载明的上诉理由之一, 不予支持该再审事由。此案例中, 当事人申请再审的理由未经立法明确, 法官在审查认定时随意性较大, 表现出对 "其他情形" 的审查重视程度欠缺。基于再审程序是特殊救济程序的性质, 违法剥夺当事人辩论权利作为启动再审程序事由之一应严格限制, 但现行《民事诉讼法》中对 "其他情形" 的概括式的规定应是给当事人维护自身辩论权利拓宽路径, 为其他立法未明确列举却实际剥夺当事人辩论权利的情形提供救济, 故应对该概括性规定予以明晰, 以发挥其作用。

　　除以上几种主要表现形式外, 违法剥夺当事人辩论权利在实践中还表现为: 无权代理人或无权代表人代为参加诉讼, 行使诉讼权利, 致使真正权利人未能参加案件审理, 剥夺了其辩论权;② 原告增加诉讼请求, 未送

---

① 以 "民事事由、再审程序、违法剥夺当事人辩论权利" 为关键词, "2013 年 1 月 1 日到 2018 年 8 月 1 日" 为时间间隔, 在 "北大法宝" 搜索到全国范围内以 "违法剥夺当事人辩论权利" 为再审事由的 100 个案例。

② 湖北省高级人民法院对邓某诉吴某某民间借贷纠纷案作出的 (2017) 鄂民申 3129 号民事裁定书即是以《民事诉讼法》第五十九条有关委托诉讼代理人的规定, 认定二审法院在无书面授权委托的情形下, 允许无权代理人参与诉讼剥夺了权利人对辩论权的行使, 裁定指令再审。

达相关文书，没有再次开庭，直接支持其诉讼请求，剥夺被告诉讼请求等。① 这些具体情形法律或《民事诉讼法解释》未予以明定，仅可用《民事诉讼法解释》中第三百九十一条第（四）项规定的"其他违法剥夺辩论权利"予以涵盖，在司法实务中，法官多不予认真考量，径直以不属于违法剥夺当事人辩论权的法定情形予以否定，也即"其他剥夺当事人辩论权"的概括式的规定在我国实际效用不佳，未能发挥概括保护当事人辩论权的作用。立法未明确规定的具体情形需法官在作出裁定前认真斟酌，自由裁量判定其是否确实剥夺了当事人辩论权利，不可以法律未明确规定该情形径直驳回申请。

（四）与对程序正义的追求不相符

在"北大法宝"上查找的 100 个以法院"违法剥夺当事人辩论权利"为再审事由的案例中，绝大部分法院将该程序违法事由作为再审事由的依据是：因当事人未行使辩论权，致使案件事实认定不清，也即将因剥夺辩论权利启动再审程序予以救济的缘由追溯至案件审理实体内容，也有很多法官将对辩论权的剥夺导致案件事实认定不清或适用法律错误作为是否裁定再审的判断标准，② 这无疑是我国司法实践中普遍存在的程序独立价值观念缺失的表现。即使有些法官为使当事人或社会公众易接受裁判而将裁判事由归结于实体违法，也不能否定该事由维护程序正义的重要意义。

违法剥夺当事人的辩论权，导致裁判实体内容有误自然应当适用特殊救济程序——再审程序予以纠正，但对辩论权的剥夺本身是对程序正当性原则的违反更应受到重视，此种实务中程序独立价值观念的严重缺失主要可归结于以下两个原因：（1）我国司法实践长期形成的注重案件客观事实的传统导致在诉讼过程中极易忽略当事人的辩论权。③ 对客观事实的追求，使得法院在诉讼程序中仅将当事人的辩论作为发现案件事实的手段，而忽视"辩论程序本身具有的参与、解释、说服的价值"④。

---

① 湖北省高级人民法院在肖某等诉中国人民财产保险股份有限公司昆山中心支公司机动车交通事故责任纠纷再审案中作出的（2017）鄂民申 310 号裁定即以该事由裁定再审。

② 参见黄杨《剥夺当事人辩论权之再审事由的类型化分析——以中国裁判文书网相关裁判为例》，载《深化司法改革与行政审判实践研究：全国法院第 28 届学术讨论会获奖论文集》，人民法院出版社 2017 年版，第 573 页。

③ 参见郭伟林《简论民事诉讼当事人的辩论权》，《南京大学法律评论》1994 年秋季号。

④ 参见黄松有《程序独立价值理论与中国民事审判实践》，《法学评论》2000 年第 5 期。

为追求案件客观事实，法院基于"职权探知主义"在诉讼中通过行使诉讼指挥权、调查取证权等方式主导诉讼进程，忽略当事人主张的事实、证据等辩论内容，违法剥夺当事人辩论权利的行为随处可见，当事人在诉讼中的参与毫无实质意义。（2）程序正当性理论在我国发展缓慢致使法官轻视程序独立价值，主要原因有我国几千年来"重人治轻法治"的传统思想，长期以来形成的司法是利用实体法律解决当事人之间实体争议的思维定式，① 我国沿袭大陆法系国家"重实体轻程序"的传统及程序法在我国法律体系中于晚清时才予独立、程序法观念薄弱。程序正当理论在我国发展缓慢，司法实务界多缺乏对程序独立价值的认识，诉讼程序被多数法官轻视，仅将其视为实现实体法内容的手段，继而法官对当事人享有的辩论权等程序参与权不予重视，在诉讼过程中不给予当事人辩论机会，应当开庭审理的案件仅书面审理，否定当事人的程序主体地位。法官在以该事由裁定再审时仍归结于实体违法的普遍做法，是该再审事由在实务中适用内容不规范的一大表现。将其作为再审事由的目的在于纠正审判程序违法，而在实践中仅将其作为审查纠正实体内容的跳板意义不大。

二 "违法剥夺当事人辩论权利"价值不彰

我国采取的是非约束性辩论原则，民事诉讼立法中当事人享有的辩论权对裁判结果的形成并无实质影响力，法院违法剥夺辩论权时侵害的只是当事人在法庭上具体实施辩论行为的自由，对裁判结果正确与否及程序正当性影响均较小，且再审程序的启动以牺牲判决既判力与司法权威为代价，将其确立为一项独立的再审事由意图实现的价值与付出的代价之间严重失衡，故其不应作为再审事由之一。在职权探知主义的传统下，为适应社会转型的进程中对新型纠纷解决机制的需求、紧跟国际社会立法潮流，我国通过出台一系列司法解释开始有意识地从职权探知主义向辩论主义转换，但我国民事诉讼立法中确立的辩论原则却未能借鉴到大陆法系国家辩论主义的精髓。采取当事人主义诉讼模式的国家中，其辩论主义是约束性辩论原则，主要内涵有：第一，直接决定法律效果发生或消灭的案件事实，只有当事人经辩论主张，法院才可作为判决的

---

① 参见田平安、杜睿哲《程序正义初论》，《现代法学》1998 年第 2 期。

依据，法院不能将当事人未经辩论主张的事实作为判决基础；第二，法院认定案件事实受当事人自认的约束，须对当事人自认的事实予以认定；第三，法院进行证据调查的范围只限于当事人提出的申请证据。[①]职权探知主义与辩论主义相较而言，首先在诉讼资料的提出与收集上存在根本性差异：辩论主义对诉讼资料和证据资料予以区分，并将庭审阶段相应分为口头辩论和证据调查，[②]遵循"证据资料不能代替诉讼资料"的原则，法院认定的事实必须是当事人在"辩论"中提出的事实，而职权探知主义中未对证据资料和诉讼资料进行区分，当事人参与辩论程序仅是法院认定案件事实的证据方法。[③]据此，辩论主义是当事人自主决定裁判基础事实，间接处分其享有的实体权益，[④]在其处分自由得到充分尊重的基础上解决私权争议的诉讼构造。当事人可支配法官裁判资料的形成是辩论主义的核心内容，只有当事人主张的事实、提出的证据可作为法院裁判基础资料；而在职权探知主义中，当事人进行的辩论仅仅是法院发现案件事实、获取证据材料的途径，对辩论的具体内容及结果，法院有权自由取舍认定，也即法官主导裁判基础事实的形成，当事人辩论权的行使对法院毫无拘束力，直接致使当事人享有的辩论权仅存在形式上的意义，对其自身权益维护无实质影响力。我国虽极力地从职权探知主义向辩论主义转换，在《民事诉讼法》第十二条确立了"当事人有权进行辩论"的辩论原则，但在诉讼进程中却未见其发挥具体作用。[⑤]与大陆法系国家的辩论主义不同，我国立法中该原则主要借鉴于苏联，确立目标并非为约束法官，而是要求当事人在法官主导案件事实查明时予以配合。[⑥]

　　我国在《民事诉讼法》中确立了辩论原则，且在相关司法解释中确立了自认制度，依当事人申请收集证据制度，但《民事诉讼法》第七条"人民法院审理民事案件，必须以事实为依据，以法律为准绳"的

---

①　参见［日］高桥宏志《民事诉讼法——制度与理论的深层分析》，林剑锋译，法律出版社 2003 年版，第 330 页。

②　参见段文波《我国民事庭审阶段化构造再认识》，《中国法学》2015 年第 2 期。

③　参见吴杰《辩论主义与协同主义的思辩——以德、日民事诉讼为中心》，《法律科学》2008 年第 1 期。

④　参见［日］谷口安平《程序的正义与诉讼》，刘荣军译，中国政法大学出版社 2002 年版，第 141 页。

⑤　参见张卫平《我国民事诉讼辩论原则重述》，《法学研究》1996 年第 6 期。

⑥　参见段文波《我国民事庭审阶段化构造再认识》，《中国法学》2015 年第 2 期。

规定界定了在我国民事诉讼中法院与当事人在证据调查收集及事实认定中的地位与作用。"以事实为依据"意味着法院在认定裁判基础事实时，可以完全不受当事人主张的事实、提出的证据的限制，即使当事人未实际出庭主张事实，提出证据，法院也可依据其查明的证据认定案件事实并作出最终裁判，此种仅以法院自身认定的客观事实为依据的立法将当事人辩论的意义缩减至最小。辩论应是双方当事人通过对各自提出的证据予以质证，争辩民事法律关系，明晰证据及案件事实的过程，立法设置直接忽视其在法院认定案件事实中的作用，仅将其作为法院发现事实的一种非必要手段。且我国《民事诉讼法》第一百二十五条第二款规定被告不提出答辩状不影响人民法院审理，第一百四十四条对被告可缺席判决的规定亦折射出当事人辩论权在诉讼中的作用微小甚至可被法院合法忽略。据此，我国确立的非约束性辩论原则是"空洞化"[1]的，仅规定当事人享有辩论权，对当事人行使辩论权后应产生的法律效力未明确规定。强调法院保障当事人辩论权也仅停留在确保当事人具体实施辩论行为的程序层面，未涉及辩论内容对裁判形成产生影响的实质内容，法院仍可将当事人未主张、未辩论的事实资料作为裁判基础。[2]而立法对法院调查取证权、诉讼指挥权的规定，使得在我国民事诉讼中当事人通过行使辩论权所主张的事实、证据资料均对法院裁判的形成无拘束力。如根据《民事诉讼法》第六十四条第二款，诉讼进程中认定案件事实需要的证据原则上由当事人及其诉讼代理人自行调查收集，在其因客观原因不能自行收集时方可由法院着手收集，看似是将证据调查收集权限由法院掌握转移至当事人手中，但该项进一步规定法院对其"认为审理案件需要的证据"应当调查收集，法官行使职权主导诉讼程序的进行，主动调查收集其认为审理案件需要的证据，对当事人提出的诉讼资料予以审查并选择性认定，即使当事人在诉讼中未主张的事实、证据也可作为其裁判的依据。即我国《民事诉讼法》虽赋予当事人辩论权，但其对裁判的形成并无实质性影响力，将其被违法剥夺列为再审事由意义微小。

---

[1]　参见刘学在《民事诉讼辩论原则研究》，武汉大学出版社 2007 年版，第 56 页。

[2]　参见翁晓斌、周翠《辩论原则下的法官实质指挥诉讼与收集证据的义务》，《现代法学》2011 年第 4 期。

　　除此之外，我国实行两审终审制，再审程序并非一个独立审级，而是裁判程序终结后的一种特殊事后补救程序，其启动以冲破原审裁判的既判力、程序安定性及司法权威等稳定因素为前提，① 故仅在诉讼程序存在重大瑕疵等情形致使判决正当性存疑时，方可通过再审程序予以推翻原判决②。这就对再审事由的合理设定提出了较高的要求，即有资格通过再审程序予以重新裁判的缘由必须对实体公正或程序正义有威力巨大的损害，值得冲破裁判的既判力、司法稳定性予以事后弥补。且基于比例原则，再审事由的设定应遵循违法情形使判决的正当性动摇的程度与冲破判决既判力、裁判稳定性的程度相当的原则，而在我国当事人享有的辩论权对裁判的形成不具有实质影响力的前提下，法院对辩论权的违法剥夺虽在表面上侵害了当事人享有的程序性权利，似应基于维护程序正当性列为可申请再审的事由，但辩论权的设置本身无实体内容，予以维护的程序性意义也微小，对其剥夺使判决的正当性动摇的程度不足以牺牲判决的既判力与程序安定性，故我国民事诉讼立法将法院违法剥夺无实质影响力的辩论权作为再审事由之一不仅不符合再审程序作为非常规事后特殊救济程序的性质，且对当事人权益的维护无实质帮助。

　　正是该事由缺乏实体内容支撑，仅为形式上的构建，法官才对当事人辩论权的行使不予重视，而辩论权对裁判形成无拘束力也使得法官滥用自由裁量权的现象频发，肆意违法剥夺当事人的辩论权等程序性权利。此种实体法中辩论权的内容空洞对裁判内容形成实质影响力的缺乏，更使得诉讼进程中当事人行使该权利对实体权益维护意义不大，即使对程序正当性有一定侵害也达不到要通过再审程序予以救济的程度。故基于当事人辩论权对裁判内容形成无实质影响力及再审作为特殊事后救济程序的性质，在立法赋予当事人辩论权对法院裁判实质影响力之前，违法剥夺当事人辩论权不应作为再审事由。

---

　　① 参见韩静茹《错位与回归：民事再审制度之反思——以民事程序体系的新发展为背景》，《现代法学》2013 年第 2 期。

　　② 参见江伟《民事再审程序的价值取向与申请再审程序的完善》，《法商研究》2006 年第 4 期。

三　"违法剥夺当事人辩论权利"可被其他再审事由吸收

基于再审的补充性原则,[①] 再审事由的具体设定应当精简化、严格化,将事由控制在一个较小的范围内以维护裁判的稳定性,也即各再审事由涵盖的范围应是彼此严格地界分的,尽量不可有相重叠的部分,以最大限度地发挥各事由启动再审程序的功能。从违法缺席判决作为再审事由的依据及各国立法可推断出违法缺席判决的情形可涵盖违法剥夺当事人辩论权利:当事人出席案件庭审旨在向法院主张自己的诉讼请求,提出作为法院裁判基础的诉讼资料,使法院最终作出于己有利的裁判,因此为维护当事人此权益,保障其可在庭审中有效辩论并参与法院裁判的形成,立法将"未经传票传唤,缺席判决的"列为再审事由之一。而缺席判决与对席判决的主要区别在于当事人是否在庭审现场,有无行使其辩论权,在法官面前提出自己的诉讼请求及支撑其成立的各种证据资料和诉讼资料,对另一方当事人提出的主张或请求予以反驳,充分参与诉讼,在审查证据资料及认定案件事实中发挥关键性作用。也即立法将"违法缺席判决"作为再审事由主要基于该行为导致当事人未出席庭审,自然未能就支撑自己的诉讼请求或反驳对方诉讼请求的证据审查和事实认定发表自己的意见或主张,故对当事人辩论权的维护通过"违法缺席判决"再审事由的设定便可实现,若将违法剥夺当事人辩论权作为单独的再审事由则与违法缺席判决之间保护的权益有重合部分,与再审事由设定的原则不符,也即违法剥夺当事人辩论权利的再审事由设置自无必要。此外,德国、日本民事诉讼立法均将"不出庭"和"不辩论"作为缺席的两种形态,[②] 也即当事人未行使辩论权是法院缺席判决的缘由之一,两者并非并列且独立的关系。根据德国《民事诉讼法》第三百三十条的"当事人在期日到场但不为辩论拟制为未到场"以及日本《民事诉讼法》第一百五十八条的"如果原告或被告在口头辩论期日里没有出庭,或虽然到了庭却未作本案的辩论

[①]　参见李浩《再审的补充性原则与民事再审事由》,《法学家》2007 年第 6 期。再审的补充性是指"再审相对于上诉、申请复议等救济途径而言,是一种补充性的救济方式"。若有些造成裁判错误的事由可通过上诉等途径得以纠正,而当事人未救济,则不允许其再以申请再审为方式获取救济。

[②]　参见占善刚《我国民事诉讼中当事人缺席规制之检讨》,《法商研究》2017 年第 6 期。

时"，将未辩论规定为当事人缺席的一种情形，① 故当事人未行使辩论权应当作为缺席判决的原因事由之一，因当事人在庭审中未能合法行使其辩论权，法院作出的缺席判决也无合法依据。德日等大陆法系国家立法将虽出庭但未辩论的情形也归属于"缺席"，是对当事人辩论权利的有力保障。只要当事人在庭审中未能有效辩论，法院作出判决的合理性及合法性便受到质疑。这更是对"当事人主义"的切实贯彻，当事人应在裁判的形成中发挥实质性作用，此种对法院裁判形成合理限制的做法，值得我国借鉴。故基于此德日等大陆法系国家将"不辩论"列为"缺席"情形之一的普遍概念划定，我国立法在已将违法缺席判决作为再审事由之一时，又将违法剥夺当事人辩论权列为独立事由自然不符合世界诉讼理论发展潮流。

在整理筛选出的 129 个以审判程序违法为再审申请事由的案例中，② 其中以"违法缺席判决，剥夺当事人辩论权利"为再审事由的案例有 35 个，法院在以该理由裁定再审时多同时引用《民事诉讼法》第二百条第（九）项与第（十）项，也即在司法实务中，法院多未将"违法缺席判决"与"违法剥夺当事人辩论权利"的再审事由予以明晰区分，而是一揽子将两项事由均作为决定再审的依据。如在涟源市罗家坪采石有限责任公司诉武汉东创投资担保有限公司等担保追偿权纠纷一案中，当事人以原审法院违反法定程序，采取公告方式送达开庭传票和民事判决书，致其未能收到相关法律文书，剥夺了其辩论、举证、应诉及上诉的诉讼权利为由申请再审，湖北省高级人民法院作出（2017）鄂民申 2299 号民事裁定书以其再审事由符合《民事诉讼法》第二百条第（九）项与第（十）项裁定再审。此种未对该两项事由予以区分认定的现象在司法实务中层出不穷，仅因此两项内容重叠，难以明确区分，从侧面反映出此两项无并列规定的必要。

在以"违法剥夺当事人辩论权利"为申请再审事由的 100 个案例中，以"原审法院违反法律规定送达起诉状副本、上诉状副本或开庭传票，致

---

① 参见［日］中村英郎《新民事诉讼法讲义》，陈刚、林剑锋、郭美松译，法律出版社 2001 年版，第 194 页。

② 笔者以"民事案由""再审""审判程序违法""湖北省"为搜索关键词，以 2013 年 1 月 1 日至 2018 年 7 月 30 日为时间间隔在"北大法宝"上共搜索出 1430 条结果，其中法院确以审判程序违法为原因决定再审的案例有 129 个。

使当事人无法行使辩论权利"为决定再审事由有 46 个案例，在这些案例中认定剥夺当事人辩论权利的原因——送达审判程序违法，与再审事由第（十）项"未经传票传唤，缺席判决的"中的原因相同，也即在司法实践中违法剥夺当事人辩论权利多是因"未经传票传唤"此类送达审判程序违法事由而导致，并且法院也以缺席的方式作出最终裁决，此即表示违法剥夺辩论权利是"未经传票传唤"与"违法缺席判决"之间的隐形逻辑必经点，在对前因和后果均作出明确规定时，将其单独作为再审事由自然无必要。"违法缺席判决"的事由可吸收"违法剥夺辩论权利"，在违法缺席判决时，被告一方当事人未出席庭审或中途退庭后，自然无法行使辩论权利，故"违法缺席判决"的必然结果是"违法剥夺辩论权利"，或言"违法剥夺辩论权利"是"违法缺席判决"的原因事实之一。两者相较而言，违法缺席判决较剥夺当事人辩论权利更易认定：违法缺席判决作为一个直接依据"未出席法庭审理"的客观事实便可判定的事项，标准明确，事实清晰。而剥夺当事人辩论权利情形复杂，在实践中表现形式多样，且我国尚无统一识别判断标准造成在一定范围内依赖法官自由裁量，需针对庭审情况具体分析具体认定，其适用中灵活性较强，不易把握。基于"违法缺席判决"可涵盖"违法剥夺辩论权利"且"违法缺席判决"更易认定和把握，我国立法不宜将"违法剥夺辩论权利"列为独立再审事由之一。

通过查找案例和数据统计发现"违法剥夺当事人辩论权利"的再审事由在具体适用中暴露出诸多问题，表明其不应作为一项独立再审事由：首先，因其无统一识别判断标准导致在实践中适用极为混乱，存在相同情形区别对待、法院肆意引用诉讼指挥权予以否定、对"剥夺当事人辩论权利的其他情形"不予重视，仍将剥夺辩论权作为启动再审的缘由归结为实体原因等一系列不规范情形；其次，因我国采用非约束性辩论原则，当事人享有的辩论权对裁判形成无实质影响力，该再审事由的确立价值微小；最后，通过该再审事由保护的权益可被"违法缺席判决"等事由涵括，其无独立存在必要。

第六节　我国再审审判程序违法事由的总体检讨与修正

一　再审审判程序违法事由的总体检讨

前文围绕违法剥夺当事人辩论权利这项审判程序违法再审事由做了规

范和实务上的检讨，其他审判程序违法的再审事由也可以作如上一节所展示的那样，进行实务梳理和详尽的规范分析，受篇幅所限，未能针对各项审判程序违法再审事由作详尽探讨，在此仅对各项审判程序违法再审事由在理论层面作总括式的检讨。针对我国现行《民事诉讼法》第二百条规定的再审事由，早有学者基于再审的补充性与法定性，逐条分析再审事由在历次修法中的成败得失，主流观点认为再审事由应当采用具体明确的表达方式，尽可能压缩法院的自由裁量空间，避免再审的泛用与误用，对再审事由应当作适当的删减调整。① 笔者认为，这样的观点正确可采，如果从前文述及的程序规范层次论，以及审判程序违法与救济方式相配称的原理上加以阐发，可进一步"补强"其合理性。

民事再审程序的启动以牺牲生效判决的既判力为代价，违反再审事由所指涉的程序规范将致使整个诉讼程序与裁判结果失去正当性基础，危及国民对诉讼制度的信赖。② 在比较法上，无论德国、日本还是我国台湾地区，引发再审的审判程序违法事由与绝对上告理由重合，对应到我国规定相当于"审判组织的组成不合法""应当回避的审判人员未回避""无诉讼行为能力人未经法定代理人代为诉讼或者应当参加诉讼的当事人，因不能归责于本人或者其诉讼代理人的事由，未参加诉讼的"三种事由。③ 不过，我国《民事诉讼法》第二百条列举的涉及审判程序违法的再审事由除以上三种外，尚包括"原判决、裁定认定事实的主要证据未经质证的""对审理案件需要的主要证据，当事人因客观原因不能自行收集，书面申请人民法院调查收集，人民法院未调查收集的""违反法律规定，剥夺当事人辩论权利的""未经传票传唤，缺席判决的""原判决裁定遗漏或超出诉讼请求的"这五项。笔者认为，这五项审判程序违法与前三种通例式的审判程序违法再审事由并非属于同一层次。下面将分而析之。

---

① 参见张卫平《再审事由规范的再调整》，《中国法学》2011 年第 3 期；李浩《再审的补充性原则与民事再审事由》，《法学家》2007 年第 6 期；潘剑锋《程序系统视角下对民事再审制度的思考》，《清华法学》2013 年第 4 期。

② 参见［日］松本博之、上野泰男《民事诉讼法》，弘文堂 2012 年版，第140 页。

③ 在采行三审终审的国家与地区，第三审为法律审，当事人提起再审之诉必须主张判决违反法令，且错误解释宪法或法律（违反法令）对判决结果造成影响，但对于审判组织不合法、该回避的审判人员未回避、代理权不合法三类重大瑕疵，一旦出现无论其是否对裁判结果造成影响，均可启动上告审程序，所以被称为"绝对上告理由"，各国民事诉讼立法在上告理由与再审事由的条文中均涉及这三种审判程序违法事由。

（一）原判决、裁定认定的主要证据未经质证的

在案件审理过程中间，何为认定事实的主要证据与案件争点的整理、当事人自认等情况直接相关，属于受诉法院诉讼指挥权的范畴，由原审法院依据案件审理情况自主确定认定案件事实的主要证据。二审法院欲考察一审程序中的质证情况，确定一审认定的主要证据，理论上讲，仅能凭借庭审笔录等诉讼记录作出判断，但如此一来，相当于将证据调查的权力赋予二审法院进行事后书面审查，显然有悖于证据调查程序应当奉行的直接言词原则。也即在判断何为案件的主要证据本来仅能由受理案件的原审法院作出判断，而不能在判决已经作出后由二审法院作出何为案件主要证据，是否已经过质证的判断和裁量。一言以蔽之，对何种证据展开证据调查以及何为认定案件事实的主要证据宜由对案件进行言词审理的一审法院根据案件之争点独立作出判断，不宜由再审法院根据庭审笔录等案卷材料作出事后审查和判断。

（二）对审理案件需要的主要证据，当事人因客观原因不能自行收集，书面申请人民法院调查收集，人民法院未调查收集的

如前文所述，对何种证据方法进行证据调查是专属受案法院的权限，对于当事人的证据调查申请，法院以认为具备调查该证据方法的必要性时方启动证据调查程序，诉讼程序规范不对法官响应当事人的证据申请启动证据调查程序作强行要求。① 如前所述，对何为审理案件的主要证据存在一个由受诉法院先行判断的问题。而且，为求得程序推进的安定迅捷，对于当事人的证据申请，法院可以不为证据调查的默示方式予以驳回，不必单独作出驳回证据申请的书面裁定，仅需在裁判理由里作出说明即可。② 因此，法院不回应证据申请启动证据调查程序不是审判程序违法。本条再审事由与"原判决、裁定认定的主要证据未经质证的"一条再审事由所犯相同错误在于把证据调查必要性的判断委诸再审法院的事后的书面审查，有悖于证据调查当遵循直接言词原则的一般法理。此外，法

---

① 通常而言，法院如果认为存在下列情形之一即被认为欠缺"证据调查必要性"而不启动证据调查程序：（1）作为证明主题的待证明的事实不具有裁判重要性；（2）法院进行证据调查存在不能确定期间的障碍；（3）应证明的事实为免证事实；（4）在自由心证范围内，法院认为已不必要进行证据调查。参见［日］门口正人《民事证据大系》（第二卷），青林书院 2004 年版，第 143 页。

② 参见占善刚《证据协力义务之比较法研究》，中国社会科学出版社 2009 年版，第 45 页。

院没有调查收集当事人提出的证据方法必不能使其呈现于质证程序之中，在设置适用上与"原判决、裁定认定的主要证据未经质证的"存在一定的重叠。

（三）违反法律规定，剥夺当事人辩论权利

与前文述及的二审发回重审的审判程序违法事由"违法剥夺当事人辩论权利"相同，此再审事由在识别与界定上面临模糊与不确定，需要法官结合具体违反程序规范的诉讼行为的后果进行裁量，有悖于再审事由的不允许裁量的特质，存在滥用再审的风险。[①]与此同时，"违法剥夺当事人辩论权利"的表现形式不一，司法界定面临模糊与不确定，本质上可谓是诸多违反程序规范的诉讼行为所造成的客观后果而非具体可见的违反程序规范的诉讼行为本身，受诉法院需要在认定违反程序规范的诉讼行为后，评估其是否构成违法剥夺当事人辩论权利。所以，将违法缺席判决作为严重审判程序违法的例示，面临着对应的违法情形众多，存在着不具有典型性和例示意义的问题，可能导致法院在裁量确定哪一种违反程序规范的诉讼行为导致当事人辩论权利受损时，未遵循统一明确的标准，引发裁量权的滥用，造成"同案不同判"的不良现象。在该条再审事由的认定与适用中间，在判断违反程序规范的诉讼行为是否导致当事人辩论权利被剥夺时，法官必须运用一定的裁量权，与再审事由的法定性和不允许裁量的性质相悖。

（四）未经传票传唤，缺席判决的

由于当事人先承接传票，而后参加庭审的程序流程极具刚性与透明度，实践中恐怕没有任何一个法院敢于不发传票就径行作出判决。笔者发现，在实务操作中间，当事人以本条事由申请再审的，多表达了未收到传票的意思，法院对于当事人所提出的以该条作为再审事由的审查也多集中于对当事人填报的送达地址是否准确、有无证据表明当事人确以收悉传票这两项内容的审查。[②]如此一来，本条的审查适用实际上转化为对送达合

---

① 再审事由应当具体，且限定于立法明确列举的几种，参见［日］贺集唱、松本博之、加藤新太郎《民事诉讼》（Ⅲ），日本评论社2012年版，第121页。通观德国、日本及我国台湾地区民事诉讼立法上的再审事由，也都是明确具体的，几乎没有法官解释适用的空间，这是由再审程序的补充性和谦抑性决定的。尽管《民事诉讼法解释》第三百九十一条对违法剥夺当事人辩论权利的表现进行了细化列举，但"其他情形"的认定中依然存在法官自由裁量的空间。

② 参见湖北省高级人民法院（2017）鄂民申字109号民事裁定书、广州铁路运输中级法院（2015）广铁中法立民申字第2号民事裁定书。

法性的审查。而如前所述，送达的主要功能在于达到"告知"效果，让当事人知悉相关的诉讼程序的存在，有参与诉讼的机会。换言之，即便送达的方式方法略有瑕疵，但只要送达达到了"告知"的效果，送达行为的程序瑕疵不至于导致当事人丧失参与诉讼的机会，可能致使整个诉讼程序推倒重来，因为关于送达的方式方法的程序规范多属于任意规范，多数情况下即便未予遵守也并不导致程序无效，① 以此类任意规范是否违反作为启动再审的考察标尺显然不妥，即违背此类规范的诉讼行为并不足以导致再审程序的启动。当然，如果瑕疵送达行为未达到"告知"效果，导致当事人无法参与到诉讼程序中来则另当别论了。在此情形下，接受再审申请的法院启动再审程序的真正缘由可能并不在于"未经传票传唤，缺席判决"，而是因为当事人未参与到诉讼程序中来，接受再审申请的法院启动再审的事由可能是"违反法律规定，剥夺当事人辩论权利"这一条了。

（五）原判决或裁定遗漏或超出诉讼请求的

遗漏诉讼请求指，受诉法院没有针对当事人全部的诉讼请求作出裁判。由于民事诉讼采行处分权主义，针对当事人提出的诉讼请求，受诉法院都应作出回应，作出或支持或不支持的裁判，既不能超出当事人诉讼请求作出裁判也不能遗漏当事人的诉讼请求不为裁断。不过，笔者认为，针对遗漏诉讼请求的判决不必通过再审予以纠正，因为就遗漏部分的请求内容而言，并没有发生既判力的生效判决可以作为再审对象，既然未经过审判，又何来"再审"？如果撤销原判决，针对原案的诉讼请求整体上进行重审，又明显违反诉讼经济与程序安定的原理，因为原审针对未被遗漏诉讼请求所作出的判决未必有误。就比较法上的经验而言，对于遗漏的诉讼请求，受诉法院负有作出判决的义务，应当依当事人申请或依职权作出追加判决即可，② 不必将整个案件进行重审。同理，如果判决内容超出诉讼请求，即出现"无诉有判"的现象，也有违处分权主义，这部分判决内容天然是无效的，也没有可以针对的再审

---

① 在比较法上，送达方式合不合法是程序异议权的规制对象，如果送达方式不合法未影响到"告知"效果，当事人不及时提出责问，则送达行为自始合法有效。当然，如果法院因违法送达未达到"告知"效果，程序自然应当推倒重来。

② 参见占善刚《我国民事判决脱漏应然救济途径之探究》，《法商研究》2009 年第 3 期。

对象。① 从诉讼法理上讲，案件一旦处于诉讼系属的状态下，法院即负担作出实体裁判的义务。所谓诉讼系属，指特定诉讼上的请求处于法院审判之状态，在此状态下产生一系列拘束当事人和受诉法院的效力，诸如禁止二重起诉、管辖恒定、当事人恒定等皆是诉讼系属效力的体现。诸般效力源自受诉法院针对处于诉讼系属中的诉讼请求不能拒绝裁判，担负着作出实体裁判的法定义务。可以通过禁止二重起诉规则予以说明。之所以确立诉讼系属中禁止二重起诉规则乃是基于避免重复判决矛盾判决之考量，因为前一诉讼仍处于诉讼系属中，法院针对被遗漏的诉讼请求，当事人若再次向受诉法院或其他管辖法院提起诉讼，若两个案件均因法院受理而进入诉讼系属，则同一受诉法院或两个不同法院都负担作出实体裁判之义务，两份重复或矛盾的判决实难避免，则违反诉讼系属所发生的禁止二重起诉规则。

我国民事诉讼法及其司法解释虽未明定"诉讼系属"概念，但一些条文确立了禁止二重起诉、管辖恒定等诉讼系属效力之规则。② 可见，案件一旦为法院受理，进入审判状态，则其对案件的管辖便不能因为确定管辖因素的变化而变化，管辖恒定规则在我国规范层面已经有了明文体现。另外，在规范层面，我国也确立有禁止二重起诉规则。③ 是以，从这些民事诉讼规范条文中，我们能得出诉讼系属的一些效力规则已经确立的结论，尽管民事诉讼立法中无"诉讼系属"之概念，但从功能意义上讲，这些条文亦发挥着诉讼系属效力的作用，所以在诉讼系属的状态下法院不得拒绝裁判，不仅在诉讼法理上不言自明，在我国规范层面亦有所体现。对于被遗漏的诉讼请求来讲，由于其尚处于诉讼系属中，受诉法院必须针对其作出实体裁判，现受诉法院未针对被遗漏的诉讼请求作出裁判，也就意味着没有判决作出，其他管辖法院或该受诉法院不能受理当事人的再次

---

① 可能在实务运行层面，对超请求判决的识别存在一定困难与争议。但从理论上讲，因为民事诉讼采行处分权主义，无诉即无审判，超请求判决应当是无效的。

② 如《民事诉讼法解释》第三十七条规定，案件受理后，受诉人民法院的管辖权不受当事人住所地、经常居住地变更的影响。《民事诉讼法解释》第三十八条规定，有管辖权的人民法院受理案件后，不得以行政区域变更为由，将案件移送给变更后有管辖权的人民法院。

③ 《民事诉讼法解释》第二百四十七条规定，当事人就已经提起诉讼的事项在诉讼过程中或者裁判生效后再次起诉，同时符合下列条件的，构成重复起诉：（一）后诉与前诉的当事人相同；（二）后诉与前诉的诉讼标的相同；（三）后诉与前诉的诉讼请求相同，或者后一诉讼的诉讼请求实质上否定前诉裁判结果。当事人重复起诉的，裁定不予受理；已经受理的，裁定驳回起诉，但法律、司法解释另有规定的除外。

起诉，否则便违背一事不再理。是以，当受诉法院遗漏诉讼请求时，针对该请求未有判决作出，也即未有生效判决作为再审对象，将遗漏诉讼请求作为再审事由显然不符合诉讼法理，在此情形下启动的再审程序无非是对已经审理过的诉讼请求再一次启动审判程序，就被遗漏的诉讼请求而言，并未有"再审"发生。

综合以上分析，可以见得，《民事诉讼法》第二百条所涉及的审判程序违法再审事由各自的性质、所违背的程序规范的强行效力分属不同层次，除审判组织构成不合法、应当回避的审判人员未回避、代理权不合法三项符合再审事由之法定性和明确性要求，其余的审判程序违法再审事由均不合要求。并且，除了此三项符合条件的再审事由外，第二百条所列举的审判程序违法情形未达到足以引发再审的违法程度，与可以引发再审的"严重审判程序违法"情形在审判程序违法类型化作业中并不属于同一类型和序列。笔者认为，以上五种审判程序违法情形不符合再审事由应当满足的特质和要件，应当从再审事由中予以删除。引发再审程序启动的审判程序违法情形应当仅限于审判组织构成不合法，应当回避的审判人员未回避、代理权不合法此三项。

二　再审审判程序违法事由的修正

一如前文所析，《民事诉讼法》第二百条申请再审程序的审判程序违法事由所涉审判程序违法的情形和范围过于宽泛，且缺乏"形式非理性"的特质。[①] 这或许根源于我国历来对于再审制度的定位和认识与比较法中所体现的原理不尽相同，我国再审制度的设计既未遵循再审程序的补充性以及再审事由的法定性特质，也未显现再审程序乃特殊救济程序的基本法理。[②] 自恢复法科教育以来，历经四十余年的曲折探索，我国民事诉讼的理论已经进行了极大完善，对再审补充性以及再审事由的法定性特质已经基本形成共识。在此基础上，笔者认为，因应前文述及的审判程序违法救济制度体系化的设计思路和方法，我国的再审程序有必要朝着再审补充性

---

① 参见吴英姿《"再审之诉"的理论悖论与实践困境——申请再审权性质重述》，《法学家》2018 年第 3 期。
② 从 1982 年《民事诉讼法（试行）》出台至今，我国再审程序的功能有别于大陆法系国家再审程序的功能，具有鲜明的中国特色，有点接近常规救济程序。但这仅是特殊时期的产物，因特殊历史时期的一些客观及主观的因素导致再审程序的功能被"异化"。参见孙翔壮《民事再审程序：从立法意图到司法实践》，法律出版社 2016 年版，第 1—17 页。

和再审事由的法定性之方向进行改革。① 从比较立法上来看，再审程序乃特殊的事后救济程序，通过消除人民法院及诉讼参与人非法所为、存有恶性状态的错误确定判决和恢复当事人原应受保护的正当权利，从而实现公平正义。② 大陆法系国家及地区民事诉讼立法皆以此为前提设置再审事由，③ 这些再审事由均是在绝对的上诉理由的范围内进行更加严格、明确的限定，④ 即在法院与诉讼参与人的主体资格存在程序错误时，方可申请再审程序予以救济。因主体资格的欠缺会使当事人彻底丧失获取公正裁判的机会，动摇所有已进行诉讼程序的正当性，在这种状况下仍强迫败诉的当事人因为既判力的要求而忍受错误的判决结果显然不妥当。大陆法系国家及地区大多实行三审终审制，除再审程序以外，还存有第二审程序（控诉审）和第三审程序（上告审或称作法律审）作为救济审判程序违法的途径，而反观我国，由于实行两审终审，再审程序在某种意义上吸纳了大陆法系国家及地区上告审（法律审）的功能，因此将我国再审事由的设定完全照搬大陆法系国家及地区之规定难免显得过于严苛，不合时宜。但不可否认的是，大陆法系国家和地区的再审程序之开启与我国的再审程序之开启，均是以冲破判决既判力的束缚和牺牲程序稳定性的要求为代价。在此意义上，我国再审事由明列大陆法系国家及地区再审程序的审判程序违法事由则显得尤为必要，结合部分绝对的上告理由则更显合理。这样不仅能平衡我国再审程序与二审程序之间的内在关系，也能因应"严重违反法定程序"之识别标准，将构成再审事由的审判程序违法与构成二审发回重审的审判程序违法事由区分开来，符合审判程序违法类型化处

---

① 参见王亚新《"再审之诉"的再辨析》，《法商研究》2006 年第 4 期。

② 参见陈荣宗、林庆苗《民事诉讼法》（下），台湾三民书局 2014 年版，第 117 页。

③ 德国《民事诉讼法》第五百七十九条规定的无效之诉，确定了申请再审程序的审判程序违法事由：（1）为判决的法院不是依法组成的；（2）依法不得执行法官职务的法官参与裁判；（3）法官有偏颇的危险应进行回避；（4）当事人一方在诉讼中未经合法代理。日本《民事诉讼法》第三百三十八条之一、二、三项的规定乃是申请再审程序的审判程序违法事由：（1）未依法组成判决法院；（2）未能参与法律判决的法官参与判决；（3）法定代理人或委托代理人在诉讼中未经合法授权。我国台湾地区"民事诉讼法"第四百九十六条之二、三、四、五项规定乃是申请再审程序的审判程序违法事由：（1）判决理由与主文显有矛盾；（2）判决法院之组织不合法；（3）依法律或裁判应回避之法官参与裁判；（4）当事人于诉讼未经合法代理。除了表述上的差异，上述国家和地区关于审判程序违法的再审事由基本一致。

④ 绝对的上告理由乃是法院毋庸考量特定事由与裁判结果之间的因果关系而可直接开启上告审。德国《民事诉讼法》第五百四十七条、日本《民事诉讼法》第三百一十二条、我国台湾地区"民事诉讼法"第四百六十九条都是关于绝对上告理由的规定。

理的命题构造和目标。因此，笔者认为，再审程序的审判程序违法事由应明确列举如下：（1）审判组织的组成不合法；（2）应回避的法官未回避；（3）当事人一方在诉讼中未经合法代理。与此同时，《民事诉讼法》第二百条中的其他审判程序违法再审事由应予删除。

结　　论

　　《民事诉讼法》明确规定了当事人和受诉法院实施诉讼行为应当遵循的要件、方式，当事人与受诉法院违背法定要件和方式实施诉讼行为即构成审判程序违法。为维护程序法规范的效力和权威，追求诉讼程序进行的合法及正当，对审判程序违法进行规制自无疑义。又因民事诉讼程序乃是由当事人和受诉法院互动、层层递进的诉讼行为所构成，程序推进中的每一诉讼行为既以先前所实施的诉讼行为为前提，又构成其后所实施的诉讼行为的基础。因此，已实施的诉讼行为如果因为违反程序法规范被评价为无效，则以此为前提和基础的后续诉讼程序乃至整个诉讼程序都可能被评价为无效而遭废弃。循此而言，民事诉讼程序在推进和展开过程中即昭示了强烈的程序安定要求，也即为了维持程序安定，违反程序法规范的诉讼行为也可被评价为有效。区分审判程序违法的不同性质和形态，在此基础上对其作相应的规则构成了审判程序违法类型化处理的核心命题。在评价违反程序规范的诉讼行为的效力时，对程序合法与程序安定两种相互冲突的理念和价值如何进行平衡与取舍，成为审判程序违法类型化处理的深层考量。

　　实体判决乃诉讼程序运行的最终结果，只有诉讼程序合法才能保障正当的裁判结果，这是诉讼程序合法的另一层内涵。它旨在强调诉讼程序合法具有实现裁判结果正当意义的同时，也将审判程序违法与实体裁判结果挂钩，因此如何处置审判程序违法，需要考察违反程序规范的诉讼行为与实体裁判结果错误之间是否存在因果关系。对于诸如审判组织组成不合法、应当回避的审判人员未回避等危及诉讼程序正当性根基的审判程序违法，应拟制其与实体裁判结果错误之间存在因果关系，进而废弃原来的诉讼程序与判决结果；除此以外的审判程序违法，则需要具体考察违反程序规范的诉讼行为与实体裁判结果错误之间是否存在因果关系，只有认定了违反程序规范的诉讼行为导致裁判结果错误后，方可废弃原来诉讼程序与裁判结果。审判程序违法与裁判结果错误因果关系的满足从另一层面演绎了程序正当与程序安定之平衡原理。

在解释论上，民事程序法规范效力的层次成为审判程序违法类型化处理的另一个考虑因素。违背训示规范的诉讼行为仍然发生诉讼法上的效果，违背效力规范中的强行规范的诉讼行为即引致的诉讼程序应归于无效，违背任意规范的诉讼行为则必须等待当事人是否合法地行使了程序异议权方能确定其效力。当然，违背强行规范的诉讼程序应归于无效，根本上还是因为强行规范维系诉讼程序的正当性根基，在严重违反强行规范场合，法律拟制其与裁判结果错误之间存在因果关系；违背任意规范的审判程序违法并不必然遭受废弃的前提是此类审判程序违法与裁判结果错误之间不存在因果关系。

遵循审判程序违法类型化处理的基本原理，审判程序违法的性质和类型在外观上呈现出与规制方式或救济路径呈一一匹配的对应关系，审判程序违法的不同性质和类型也可以透过救济方式的差异获得反向确定。本书以此为依据将审判程序违法划分为作为程序异议权规制对象的一般性审判程序违法、作为二审发回重审事由的审判程序违法、作为再审事由的审判程序违法，得出以下结论性认识：

程序异议权以诉讼行为的要件、方式为规制对象，主要针对违背任意规范的一般性审判程序违法，当事人应不迟延地行使程序异议权，迟延行使与舍弃程序异议权具有相同的诉讼法效果。程序异议权的运行机制在实现诉讼程序合法妥当推进的同时，也保障了程序安定与诉讼经济。

在继续审理制构造下，引发二审发回重审的审判程序违法事由应当满足侵害当事人审级利益、存在续行言词辩论必要之要件。当然，如果二审法院认定一审中的审判程序违法导致判决结果错误，为维护当事人的审级利益，也当发回重审继续进行言词辩论。

再审事由具有法定性，引发再审的审判程序违法仅限于违背强行规范的"审判组织组成不合法""应当回避的审判人员未回避""诉讼代理权不合法"三种最为严重的审判程序违法情形。

总体而言，我国民事诉讼立法并没有贯彻审判程序违法类型化处理的基本原理和内在要求。主要体现在两个方面：一者，针对审判程序违法未确立程序异议权制度；二者，在对审判程序违法的事后救济上，未区分引发二审发回重审的审判程序违法事由与启动再审的审判程序违法事由。因此，我国《民事诉讼法》将来进一步完善时，应当立足于审判程序违法的性质与形态科学设定救济体系。

我国向来具有"重实体、轻程序"的法律传统，实体公正在司法过程中具有不言而喻的正当性和正统性，程序合法居于实现实体公正的辅助工具地位之观点为司法界和理论界普遍接受。笔者认为，实现判决结果公正固然是诉讼程序的重要价值，但并不意味着可以忽视与裁判结果错误不存在因果联系的审判程序违法。近年来伴随我国法治建设的加快推进，正当程序的理念和要求日益深入人心，"程序工具论"遭受一定挑战，"程序本位论"日益彰显。对此，笔者认为，我们不应满足于宏大叙事式的"程序工具论"还是"程序本位论"之论争，更应致力于合乎诉讼法理的先进诉讼制度的探究与构建，如此方能理解、理顺实体法与程序法之间的应有关系。审判程序违法的类型化处理的命题设定、展开与证成，正是以此为鹄的之初步尝试。

参考文献

一 中文著作类

毕玉谦:《民事诉讼判例实务研究——程序公正的理性思考》,中国法制出版社 1999 年版。

曹云吉:《日本民事诉讼法典》,厦门大学出版社 2017 年版。

柴发邦、常怡、江伟:《民事诉讼法学新编》,法律出版社 1992 年版。

陈桂明:《诉讼公正与程序保障》,中国法制出版社 1996 年版。

陈计男:《民事诉讼法论》(下),台湾三民书局 2017 年版。

陈荣宗:《民事程序法与诉讼标的理论》,台湾大学法学丛书编辑委员会 1984 年版。

陈荣宗、林庆苗:《民事诉讼法》(上),台湾三民书局 2006 年版。

陈荣宗、林庆苗:《民事诉讼法》(下)(修订六版),台湾三民书局 2015 年版。

陈瑞华:《程序性制裁理论》,中国法制出版社 2005 年版。

陈瑞华:《刑事审判原理论》,北京大学出版社 1997 年版。

丁启明:《德国民事诉讼法》,厦门大学出版社 2016 年版。

付子堂:《法理学初阶》,法律出版社 2013 年版。

顾培东:《社会冲突与诉讼机制》,四川人民出版社 1991 年版。

黄川:《民事诉讼管辖研究》,中国法制出版社 2001 年版。

江必新主编:《新民事诉讼法解释法义精要与实务指引》,法律出版社 2015 年版。

江必新主编:《新民事诉讼法理解适用与实务指南》,法律出版社 2012 年版。

江必新等编著：《新民事诉讼法司法解释修改要点及争议问题解读》，中国法制出版社 2015 年版。

江平、陈桂明：《民事审判方式改革与发展》，中国法制出版社 1998 年版。

姜启波、李玉林：《案件受理》，人民法院出版社 2005 年版。

姜世民：《民事诉讼法基础论》，台湾元照出版社 2006 年版。

姜世明：《民事诉讼法》（下），台湾新学林出版股份有限公司 2015 年版。

李惠宗：《案例式法学方法论》，台湾新学林出版股份有限公司 2009 年版。

李淑明：《民事诉讼法 特殊与救济程序》，台湾元照出版社 2017 年版。

林家祺：《例解民事诉讼法》，台湾五南图书出版公司 2012 年版。

林家祺、刘俊麟：《民事诉讼法》，台湾书泉出版社 2014 年版。

刘学在：《民事诉讼辩论原则研究》，武汉大学出版社 2007 年版。

罗传贤：《立法程序与技术》，台湾五南图书出版有限公司 2012 年版。

骆永家：《法院的诉讼指挥权和当事人的声明权、异议权》，台湾三民书局 1998 年版。

骆永家：《新民事诉讼法》（Ⅱ），台湾三民书局 2011 年版。

强世功：《调解、法制与现代性：中国调解制度研究》，中国法制出版社 2001 年版。

邱联恭：《程序选择权论》，台湾三民书局 2000 年版。

全国人大常委会法制工作委员会民法室编：《中华人民共和国民事诉讼法条文说明、立法理由及相关规定》，北京大学出版社 2012 年版。

全国人大常委会法制工作委员会民法室编：《中华人民共和国民事诉讼法解读》，中国法制出版社 2012 年版。

沈德咏主编：《最高人民法院民事诉讼法司法解释理解与适用》，人民法院出版社 2015 年版。

"台湾民事诉讼法研究基金会"：《民事诉讼法之研讨》（二），台湾三民书局 1987 年版。

汤维建：《美国民事诉讼规则》，中国检察出版社 2003 年版。

王甲乙、杨建华、郑建才：《民事诉讼法新论》，台湾三民书局 2002 年版。

王胜明：《中华人民共和国民事诉讼法释义》，法律出版社 2012 年版。

王亚新：《对抗与判定——日本民事诉讼的基本结构》，清华大学出版社 2010 年版。

王亚新、陈杭平、刘君博：《中国民事诉讼法重点讲义》，高等教育出版社 2017 年版。

吴明轩：《民事诉讼法》（下册），台湾三民书局 2016 年版。

奚晓明：《最高人民法院〈关于审理民事案件适用诉讼时效制度若干问题的规定〉的理解与适用》，人民法院出版社 2015 年版。

谢佑平：《刑事司法程序的一般理论》，复旦大学出版社 2003 年版。

许士宦：《民事诉讼法（下）——口述讲义　民事及家事程序法　第一卷》，台湾新学林出版股份有限公司 2017 年版。

许士宦：《民事诉讼法》（下），台湾新学林出版股份有限公司 2017 年版。

许士宦：《新民事诉讼法》，北京大学出版社 2013 年版。

杨建华：《大陆民事诉讼法比较与评析》（增订版），台湾三民书局 1994 年版。

杨建华：《民事诉讼法要论》，北京大学出版社 2013 年版。

姚瑞光：《民事诉讼法论》，中国政法大学出版社 2011 年版。

占善刚：《证据协力义务之比较法研究》，中国社会科学出版社 2009 年版。

张卫平：《民事诉讼法》，法律出版社 2016 年版。

张卫平：《最高人民法院民事诉讼法司法解释要点解读》，中国法制出版社 2015 年版。

章武生：《司法现代化与民事诉讼制度的建构》，法律出版社 2000 年版。

赵钢、占善刚、刘学在：《民事诉讼法》（第二版），武汉大学出版社 2012 年版。

周枏：《罗马法原论》（下），商务印书馆 1994 年版。

最高人民法院民事审判第一庭编：《最高人民法院〈关于确定民事侵

权精神损害赔偿责任若干问题的解释〉的理解与适用》，人民法院出版社2001 年版。

最高人民法院立案庭编：《最高人民法院关于登记立案司法解释理解与适用》，人民法院出版社 2016 年版。

最高人民法院民事审判第一庭编：《民事审判指导与参考》（2005 年第 3 辑），法律出版社 2006 年版。

最高人民法院民事审判第一庭编：《民事审判指导与参考》（2011 年第 3 辑），人民法院出版社 2011 年版。

二 译著类

［日］棚濑孝雄：《纠纷的解决与审判制度》，王亚新、刘荣军译，中国政法大学出版社 2004 年版。

［日］谷口安平：《程序正义与诉讼》，刘荣军译，中国政法大学出版社 1996 年版。

［英］梅因：《古代法》，沈雁深译，商务印书馆 1997 年版。

［日］穗积陈重：《法律进化论》，黄尊三等译，中国政法大学出版社1997 年版。

［日］中村英郎：《新民事诉讼法讲义》，陈刚、林剑锋、郭美松译，法律出版社 2001 年版。

［日］高桥宏志：《民事诉讼法——制度与理论的深层分析》，林剑锋译，法律出版社 2003 年版。

［德］尧厄尼希：《民事诉讼法》，周翠译，法律出版社 2003 年版。

［德］汉斯-约阿希姆·穆泽拉克：《德国民事诉讼法基础教程》，周翠译，中国政法大学出版社 2005 年版。

［德］米夏埃尔·施蒂尔纳：《德国民事诉讼法学文萃》，赵秀举译，中国政法大学出版社 2005 年版。

［日］高木丰三：《日本民事诉讼法论纲》，陈与年译，中国政法大学出版社 2006 年版。

［日］高桥宏志：《重点讲义民事诉讼法》，张卫平、许可译，法律出版社 2007 年版。

［日］新堂幸司：《新民事诉讼法》，林剑锋译，法律出版社 2008年版。

　　［日］伊藤真：《民事诉讼法》（第四版补订版），曹云吉译，北京大学出版社 2019 年版。

三　期刊论文类

　　陈瑞华：《程序价值理论的四个模式》，《中外法学》1996 年第 2 期。

　　陈瑞华：《程序性制裁制度的法理学分析》，《中国法学》2005 年第 6 期。

　　陈瑞华：《程序正义论》，《中外法学》1997 年第 2 期。

　　陈瑞华：《论程序正义价值的独立性》，《法商研究》1998 年第 2 期。

　　邓辉辉：《既判力视角下民事再审制度的进一步改革与完善》，《广西社会科学》2011 年第 11 期。

　　段文波：《我国民事庭审阶段化构造再认识》，《中国法学》2015 年第 2 期。

　　傅郁林：《论民事上诉审程序的功能与结构》，《法学评论》2005 年第 4 期。

　　郭伟林：《简论民事诉讼当事人的辩论权》，《南京大学法律评论》1994 年秋季号。

　　韩静茹：《错位与回归：民事再审制度之反思——以民事程序体系的新发展为背景》，《现代法学》2013 年第 2 期。

　　黄松有：《程序独立价值理论与中国民事审判实践》，《法学评论》2000 年第 5 期。

　　黄松有：《诉讼指挥权：正当性基础与制度建构》，《中国社会科学》2003 年第 6 期。

　　江伟：《民事再审程序的价值取向与申请再审程序的完善》，《法商研究》2006 年第 4 期。

　　江伟：《市场经济与民事诉讼法学的使命》，《现代法学》1996 年第 3 期。

　　李浩：《论法律中的真实——以民事诉讼为例》，《法制与社会发展》2004 年第 3 期。

　　李浩：《事实认定再审事由的比较与分析——兼析〈民事诉讼法修正案（草案）〉的相关规定》，《江海学刊》2007 年第 6 期。

　　李浩：《再审的补充性原则与民事再审事由》，《法学家》2007 年第

6 期。

李相波：《关于〈民事诉讼法〉司法解释第二审程序修改内容的理解与适用》，《法律适用》2015 年第 4 期。

刘学在：《民事上诉审中亟待完善的问题之思考》，《河南财经政法大学学报》2012 年第 1 期。

刘学在、刘鋆：《诉前约定送达地址问题研究》，《河北法学》2019 年第 1 期。

潘剑锋：《程序系统视角下对民事再审制度的思考》，《清华法学》2013 年第 4 期。

潘勇锋：《论新〈民事诉讼法〉对二审案件处理方式的完善》，《清华法律评论》2013 年第 1 期。

齐树洁：《民事程序法与实体法关系的省思》，《法学杂志》1999 年第 1 期。

孙笑侠：《两种程序法的纵向比较》，《法学》1992 年第 8 期。

汤维建：《市场经济与民事诉讼法学的展望》（上），《政法论坛》1997 年第 1 期。

汤维建、毕海燕、王鸿燕：《评再审制度的修正案》，《法学家》2007 年第 6 期。

滕艳军：《民事行政审判违法行为监督实证研究》，《中国检察官》2019 年第 7 期。

田平安、杜睿哲：《程序正义初论》，《现代法学》1998 年第 2 期。

王杏飞：《论释明的具体化——兼评〈买卖合同解释〉第 27 条》，《中国法学》2014 年第 3 期。

王亚新：《"再审之诉"的再辨析》，《法商研究》2006 年第 4 期。

翁晓斌、周翠：《辩论原则下的法官实质指挥诉讼与收集证据的义务》，《现代法学》2011 年第 4 期。

吴杰：《辩论主义与协同主义的思辩——以德、日民事诉讼为中心》，《法律科学》2008 年第 1 期。

吴英姿：《"再审之诉"的理论悖论与实践困境——申请再审权性质重述》，《法学家》2018 年第 3 期。

杨杰辉：《基于程序违法的发回重审研究》，《中国刑事法杂志》2013 年第 3 期。

姚佳：《民事诉讼二审发回重审制度的重新审视——兼评〈民事诉讼法修正案〉第 40 条之规定》，《福建警察学院学报》2013 年第 2 期。

袁锦凡：《我国刑事程序违法发回重审制度研究——反思与重构》，《现代法学》2015 年第 3 期。

占善刚：《略论民事诉讼管辖恒定原则》，《法学评论》2001 年第 6 期。

占善刚：《民事诉讼发回重审的理由比较研究》，《比较法研究》2015 年第 6 期。

占善刚：《民事诉讼法与民事实体法之关系探析——从法院裁判之生成角度分析》，《法制与社会发展》2000 年第 5 期。

占善刚：《我国民事判决脱漏应然救济途径之探究》，《法商研究》2009 年第 3 期。

占善刚：《我国民事诉讼中当事人缺席规制之检讨》，《法商研究》2017 年第 6 期。

占善刚：《证据法定与法定证据——兼对我国〈民事诉讼法〉第 63 条之检讨》，《法律科学》2010 年第 1 期。

占善刚、刘芳：《程序违法与发回重审——〈民事诉诉讼法〉第一百七十条之检讨》，《江西财经大学学报》2014 年第 5 期。

占善刚、刘洋：《民事程序规范层次论》，《河北法学》2020 年第 4 期。

占善刚、刘洋：《我国民事诉讼中"严重违反法定程序"的识别与界定》，《法学论坛》2020 年第 2 期。

占善刚、欧力为：《论民事发回重审的应有程序违法事由》，《时代法学》2020 年第 2 期。

占善刚、熊洋：《关于二审程序中诉之追加问题的思考》，《甘肃政法学院学报》2007 年第 3 期。

占善刚、杨宇铮：《基于程序违法事由的民事案件发回重审探析——以湖北省武汉市中级人民法院 2014 年—2017 年二审案件为样本》，《西部法学评论》2019 年第 2 期。

占善刚、张博：《我国民事审判程序违法救济之初步检讨》，《南大法学》2020 年第 4 期。

张卫平：《我国民事诉讼辩论原则重述》，《法学研究》1996 年第

6 期。

张卫平：《有限纠错——再审制度的价值》，《法律适用》2006 年第
7 期。

张卫平：《再审事由规范的再调整》，《中国法学》2011 年第 3 期。

张卫平：《重复诉讼规制研究：兼论"一事不再理"》，《中国法学》
2015 年第 2 期。

赵泽君：《民事诉讼发回重审的反思与重构——以民事诉讼法修正案
草案为视角》，《政法论坛》2012 年第 4 期。

郑肖肖：《案件质量评估的实证检视与功能回归——以发回重审率、
改判率等指标为切入点探讨》，《法律适用》2014 年第 1 期。

朱金高：《再审事由的深度透析》，《法律科学》2013 年第 5 期。

四 裁判文书类

（一）裁定书

深圳市中级人民法院（2017）粤 03 民终 10606 号二审民事裁定书。

深圳市中级人民法院（2017）粤 03 民终 18504 号二审民事裁定书。

深圳市中级人民法院（2017）粤 03 民终 2743 号二审民事裁定书。

北京市第一中级人民法院（2018）京 01 民终 4661 号二审民事裁
定书。

贵州省高级人民法院（2018）黔民终字第 644 号二审民事裁定书。

湖北省高级人民法院（2018）鄂民终字第 681 号二审民事裁定书。

河南省高级人民法院（2017）豫民终字第 374 号二审民事裁定书。

江西省高级人民法院（2016）赣民终字第 519 号二审民事裁定书。

云南省高级人民法院（2019）云民终字第 1244 号二审民事裁定书。

吉林省高级人民法院（2019）吉民终字第 124 号二审民事裁定书。

海南省高级人民法院（2015）琼民终字第 21 号二审民事裁定书。

河南省高级人民法院（2014）豫民终字第 92 号二审民事裁定书。

安徽省高级人民法院（2019）皖民终字第 699 号二审民事裁定书。

湖南省高级人民法院（2019）湘民终字第 236 号二审民事裁定书。

山东省高级人民法院（2017）鲁民终字第 1009 号二审民事裁定书。

陕西省高级人民法院（2019）陕民终字第 16 号二审民事裁定书。

广东省高级人民法院（2017）粤民终字第 574 号二审民事裁定书。

云南省高级人民法院（2019）云民终字第 1082 号二审民事裁定书。

江西省高级人民法院（2019）赣民终 260 号二审民事裁定书。

广东省高级人民法院（2017）粤民终字第 393 号二审民事裁定书。

贵州省高级人民法院（2018）黔民终字第 148 号二审民事裁定书。

辽宁省高级人民法院（2017）辽民终字第 528 号二审民事裁定书。

江西省高级人民法院（2018）赣民终字第 435 号二审民事裁定书。

云南省高级人民法院（2018）云民终字第 703 号二审民事裁定书。

河北省高级人民法院（2017）冀民终字第 210 号二审民事裁定书。

河南省高级人民法院（2016）豫民终字第 1246 号二审民事裁定书。

江苏省高级人民法院（2018）苏民终字第 1123 号二审民事裁定书。

湖南省高级人民法院（2018）湘民终字第 801 号二审民事裁定书。

吉林省高级人民法院（2017）吉民终字第 399 号二审民事裁定书。

海南省高级人民法院（2018）琼民终字第 47 号二审民事裁定书。

浙江省高级人民法院（2012）浙民终字第 42 号二审民事裁定书。

云南省高级人民法院（2019）云民终字第 118 号二审民事裁定书。

江苏省高级人民法院（2016）苏民终字第 5741 号二审民事裁定书。

山东省高级人民法院（2014）鲁民终字第 436 号二审民事裁定书。

最高人民法院（2007）民二终字第 210 号民事判决书。

最高人民法院（2017）民终 643 号民事裁定书。

浙江省高级人民法院（2013）浙民终字第 36 号民事裁定书。

辽宁省高级人民法院（2016）辽民终 86 号民事裁定书。

新疆维吾尔自治区高级人民法院（2018）新民终 262 号二审民事裁定书。

山东省高级人民法院（2018）鲁民终 1102 号二审民事裁定书。

陕西省高级人民法院（2016）陕民终 491 号二审民事裁定书。

重庆市高级人民法院（2018）渝民终 606 号二审民事裁定书。

最高人民法院（2020）最高法民申 4871 号民事裁定书。

最高人民法院（2020）最高法民申 42 号民事裁定书。

贵州省高级人民法院（2018）黔民终字第 644 号民事裁定书。

湖北省高级人民法院（2018）鄂民终字第 681 号民事裁定书。

河南省高级人民法院（2017）豫民终字第 374 号民事裁定书。

江西省高级人民法院（2016）赣民终字第 519 号民事裁定书。

云南省高级人民法院（2019）云民终字第 1244 号民事裁定书。

吉林省高级人民法院（2019）吉民终字第 124 号民事裁定书。

海南省高级人民法院（2015）琼民终字第 21 号民事裁定书。

河南省高级人民法院（2014）豫民终字第 92 号民事裁定书。

安徽省高级人民法院（2019）皖民终字第 699 号民事裁定书。

湖南省高级人民法院（2019）湘民终字第 236 号民事裁定书。

山东省高级人民法院（2017）鲁民终字第 1009 号民事裁定书。

陕西省高级人民法院（2019）陕民终字第 16 号民事裁定书。

广东省高级人民法院（2017）粤民终字第 574 号民事裁定书。

云南省高级人民法院（2019）云民终字第 1082 号民事裁定书。

江西省高级人民法院（2019）赣民终 260 号民事裁定书。

广东省高级人民法院（2017）粤民终字第 393 号民事裁定书。

贵州省高级人民法院（2018）黔民终字第 148 号民事裁定书。

辽宁省高级人民法院（2017）辽民终字第 528 号民事裁定书。

江西省高级人民法院（2018）赣民终字第 435 号民事裁定书。

云南省高级人民法院（2018）云民终字第 703 号民事裁定书。

河北省高级人民法院（2017）冀民终字第 210 号民事裁定书。

河南省高级人民法院（2016）豫民终字第 1246 号民事裁定书。

江苏省高级人民法院（2018）苏民终字第 1123 号民事裁定书。

湖南省高级人民法院（2018）湘民终字第 801 号民事裁定书。

吉林省高级人民法院（2017）吉民终字第 399 号民事裁定书。

海南省高级人民法院（2018）琼民终字第 47 号民事裁定书。

浙江省高级人民法院（2012）浙民终字第 42 号民事裁定书。

云南省高级人民法院（2019）云民终字第 118 号民事裁定书。

江苏省高级人民法院（2016）苏民终字第 5741 号民事裁定书。

山东省高级人民法院（2014）鲁民终字第 436 号民事裁定书。

（二）判决书

河北省廊坊市中级人民法院（2015）廊民终字第 676 号民事判决书。

最高人民法院（2013）民二终字第 52 号民事判决书。

最高人民法院（2007）民二终字第 210 号民事判决书。

武汉市中级人民法院（2017）鄂 01 民终 4895 号二审民事判决书。

广东省广州市中级人民法院（2017）粤 01 民终 17193 号民事判决书。

福建省高级人民法院（2015）闽民终字第 750 号民事判决书。

重庆市第一中级人民法院（2015）渝一中法民终字第 01455 号民事判决书。

山东省高级人民法院（2016）鲁民终 1676 号民事判决书。

四川省高级人民法院（2014）川民终字第 833 号民事判决书。

最高人民法院（2016）最高法民终 135 号民事判决书。

吉林省长春市中级人民法院（2015）长民一终字第 208 号民事判决书。

江苏省扬州市中级人民法院（2017）苏 10 民终 3206 号民事判决书。

河北省廊坊市中级人民法院（2018）冀 10 民终 474 号民事判决书。

上海市第一中级人民法院（2012）沪一中民一（民）终字第 745 号民事判决书。

新疆维吾尔自治区高级人民法院伊犁哈萨克自治州分院（2015）伊州民三终字第 470 号民事判决书。

重庆市第四中级人民法院（2015）渝四中法民终字第 00156 号民事判决书。

武汉市中级人民法院（2017）鄂 01 民终 4721 号二审民事判决书。

武汉市中级人民法院（2017）鄂 01 民终 3669 号二审民事判决书。

武汉市中级人民法院（2017）鄂 01 民终 3210 号二审民事判决书。

武汉市中级人民法院（2017）鄂 01 民终 7249 号二审民事判决书。

山东省高级人民法院（2018）鲁民终字第 989 号二审民事判决书。

安徽省高级人民法院（2016）皖民终字第 987 号二审民事判决书。

广东省高级人民法院（2017）粤民终字第 591 号二审民事判决书。

黑龙江省高级人民法院（2015）黑民终字第 61 号二审民事判决书。

广东省高级人民法院（2018）粤民终字第 921 号二审民事判决书。

辽宁省高级人民法院（2018）辽民终字第 266 号二审民事判决书。

湖北省高级人民法院（2018）鄂民终字第 574 号二审民事判决书。

浙江省高级人民法院（2019）浙民终字第 1504 号二审民事判决书。

河南省高级人民法院（2018）豫民终字第 1379 号二审民事判决书。

贵州省高级人民法院（2017）黔民终字第 43 号二审民事判决书。

广东省高级人民法院（2014）粤民终字第 576 号二审民事判决书。

河北省高级人民法院（2017）冀民终字第 505 号二审民事判决书。

上海市高级人民法院（2017）沪民终字第 237 号二审民事判决书。

安徽省高级人民法院（2020）皖民终 317 号二审民事判决书。

北京市高级人民法院（2019）京民终 33 号二审民事判决书。

辽宁省高级人民法院（2015）辽民一终字第 00075 号二审民事判决书。

辽宁省高级人民法院（2018）辽民终 266 号二审民事判决书。

河北省高级人民法院（2017）冀民终 505 号二审民事判决书。

江苏省高级人民法院（2015）苏商外终字第 00051 号二审民事判决书。

四川省高级人民法院（2016）川民终 1056 号二审民事判决书。

浙江省高级人民法院（2014）浙商终字第 50 号二审民事判决书。

广东省高级人民法院（2014）粤高法民三终字第 576 号二审民事判决书。

湖北省高级人民法院（2019）鄂民终 803 号二审民事判决书。

宁夏回族自治区高级人民法院（2018）宁民终 308 号二审民事判决书。

河北省高级人民法院（2017）冀民终 717 号二审民事判决书。

甘肃省高级人民法院（2018）甘民终 601 号二审民事判决书。

江西省高级人民法院（2020）赣民终 141 号二审民事判决书。

湖北省高级人民法院（2014）鄂民一终字第 00028 号二审民事判决书。

新疆维吾尔自治区高级人民法院（2020）新民终 38 号二审民事判决书。

吉林省高级人民法院（2020）吉民终 119 号二审民事判决书。

山东省高级人民法院（2020）鲁民终 260 号二审民事判决书。

浙江省高级人民法院（2019）浙民终 1504 号二审民事判决书。

四川省高级人民法院（2019）川民终 245 号二审民事判决书。

云南省高级人民法院（2019）云民终 182 号二审民事判决书。

吉林省高级人民法院（2019）吉民终 283 号二审民事判决书。

五　外文参考文献

（一）德文类

Musielak，GrundkursZPO，5. Aufl.，1997.

Zeiss, Zivilprozessrecht, 9. Aufl. , 1997.

Gehrlein, Zivilprozessrecht Nach der ZPO-Reform 2002, 2001.

Rosenberg /Schwab /Gottwald, Zivilprozessrecht, 18. Aufl. , 2018.

Thomas/Putzo, ZPO, 31. Aufl. , 2010.

Zimmermann, ZPO, 9. Aufl. , 2011.

Baumbach/Lautbach/Albers/Hart, ZPO, 69. Aufl. , 2011.

Saenger, ZPO, 5. Aufl. , 2013.

Musielak, ZPO, 11. Aufl. , 2014.

Beck'scher Online-Kommentar ZPO, 12. Aufl. , 2014.

Musielak, ZPO, 11. Aufl. , 2014.

Rimmelspracher, Münchener Kommentar zur ZPO, 5. Aufl. , 2016.

Saenger, ZPO, 8. Aufl. , 2019.

Musielak/ Voit, ZPO, 17. Aufl. , 2020.

Wieczorek/Schütze, ZPO, 3. Aufl. , 2010.

Zöller/ Greger, ZPO, 28. Aufl. , 2010.

Prütting, Münchner Kommentar zur Zivilprozessordnung, 3. Aufl., 2008.

Eberhard Schilken, Zivilprozessrecht, 7. Aufl. , 2014.

Saenger, ZPO, 3. Aufl. , 2009

Vgl. Stein/Jonas/Leipold, ZPO, 22. Aufl. , 2007.

Musielak/Huber, ZPO, 10. Aufl. , 2013.

BGH NJW 2007, 370.

BGH NJW-RR, 2010, 1048.

BGH NJW-RR, 2012, 1201.

BGH NJW-RR 2003, 131.

BGH NJW 2008, 1672.

BGH NJW2000, 2508.

BGH NJW-RR1990, 480.

BGH NJW 2011, 769.

BGH NJW-RR, 2006, 60.

NJW 1989, 722.

NJW 1983, 822.

NJW-RR 1989, 221.

BGH NJW 2001, 3480.

NJW-RR 1995, 512.

BGH NJW 2008, 1672.

BGH NJW-RR2007, 1678.

NJW 2011, 1001.

BGH NJW-RR 2006, 1678.

NJW 1968, 1111.

BGH NJW 1999, 363, 364.

NJW-RR, 1999, 1251.

GH NJW 1958, 1042.

BGH NJW 1960, 766, 767.

BGHZ, 1922, 254, 257.

BGHZ 1986, 43.

BGH NJW 1993, 600, 601.

BGH NJW-RR 1992, 1152.

BGH NJW-RR 2000, 1664, 1665.

NJW 1964, 108.

NJW 1983, 1793.

BGH NJW-RR, 1997, 506.

NJW 1985, 1158.

BGH NJW-RR 1987, 445.

BGH NJW-RR 2007, 1624, 1627.

NJW 1976, 108；NJW 1978, 1；NJW 1987, 771.

BGH NJW1952, 1934.

（二）日文类

［日］兼子一：《条解民事诉讼法》，弘文堂1955年版。

［日］小室直人：《上诉制度の研究》，有斐阁1961年版。

［日］兼子一：《民事诉讼法体系》，酒井书店1965年版。

［日］我妻荣：《民法研究》（第二卷），有斐阁1966年版。

［日］菊井维大、松村俊夫：《法律学体系コンメンタール民事诉讼法》（Ⅱ），日本评论社1971年版。

［日］小岛武司：《要论民事诉讼法》，中央大学出版社1977年版。

〔日〕小山升:《民事诉讼法》,青林书院新社 1979 年版。

〔日〕三月章:《民事诉讼法》,有斐阁 1979 年版。

〔日〕大须贺虔:《民事诉讼法 394 条の再检讨》,《民事诉讼杂志》1979 年第 25 期。

〔日〕小室直人:《上告理由书提出强制》,《小室直人＝小山昇还历纪念裁判と上诉》(中),有斐阁 1980 年版。

〔日〕中村宗雄:《民事诉讼要论》,敬文堂 1982 年版。

〔日〕斋藤秀夫:《注解民事诉讼法》(6),第一法规出版株式会社 1982 年版。

〔日〕斋藤秀夫:《民事诉讼法概论》,有斐阁 1982 年版。

〔日〕斋藤秀夫:《注解民事诉讼法》(3),第一法规出版株式会社 1982 年版。

〔日〕吉村德重、竹下守夫、谷口安平:《讲义民事诉讼法》,青林书院新社 1982 年版。

〔日〕新堂幸司:《讲座民事诉讼》(7),弘文堂 1985 年版。

〔日〕铃木正裕、铃木重胜、福永有利、井上治典:《注释民事诉讼法》,有斐阁 1985 年版。

〔日〕兼子一、松浦馨、新堂幸司、竹下守夫:《条解民事诉讼法》,弘文堂 1986 年版。

〔日〕新堂幸司:《民事诉讼中的一事不再理》,《诉讼标的与争点效》(上),有斐阁 1988 年版。

〔日〕新堂幸司、铃木正裕、竹下守夫:《注解民事诉讼法》(6),有斐阁 1995 年版。

〔日〕铃木正裕、铃木重胜、福永有利、井上治典:《注释民事诉讼法》(8),有斐阁 1998 年版。

〔日〕园尾隆司:《注解民事诉讼法》(Ⅱ),青林书院 2000 年版。

〔日〕小林秀之、小林学:《基本讲义民事诉讼法》,信山社 2003 年版。

〔日〕小室直人、贺集唱、松本博之、加藤新太郎:《新民事诉讼法》(Ⅰ),日本评论社 2003 年版。

〔日〕上田彻一郎:《民事诉讼法》,法学书院 2004 年版。

〔日〕新堂幸司:《新民事诉讼法》,弘文堂 2005 年版。

［日］小林秀之：《ポロブレム・メソッド新民事诉讼法》，判例タイムズ社 2005 年版。

［日］河野正宪：《民事诉讼法》，有斐阁 2009 年版。

［日］山本弘：《民事诉讼法》，有斐阁 2009 年版。

［日］松本博之、上野泰男：《民事诉讼法》（第 6 版），弘文堂 2010 年版。

［日］兼子一、松浦馨、新堂幸司、竹下守夫等：《条解民事诉讼法》（第 2 版），弘文堂 2011 年版。

［日］上田徹一郎：《民事诉讼法》（第 7 版），法学书院 2011 年版。

［日］中野贞一郎、松浦馨、铃木正裕：《新民事诉讼法讲义》，有斐阁 2011 年版。

［日］藤田广美：《讲义民事诉讼》，东京大学出版会 2011 年版。

［日］贺集唱、松本博之、加藤新太郎编：《基本法コンメンタール民事诉讼法》（Ⅱ），日本评论社 2012 年版。

［日］安西明子、安达容司：《民事诉讼法》，有斐阁 2012 年版。

［日］笠井正俊、越山和广：《新·コンメンタール 民事诉讼法》（第 2 版），日本评论社 2013 年版。

［日］秋山幹男、伊藤真等：《コンメンタール民事诉讼法》（Ⅲ），日本评论社 2013 年版。

［日］川嶋四郎：《民事诉讼法》，日本评论社 2013 年版。

［日］秋山幹男、伊藤真等：《コンメンタール民事诉讼法》（Ⅳ），日本评论社 2014 年版。

［日］小岛武司：《民事诉讼法》，有斐阁 2014 年版。

［日］秋山幹男、伊藤真等：《コンメンタール民事诉讼法》（Ⅶ），日本评论社 2016 年版。

［日］伊藤真：《民事诉讼法》，有斐阁 2016 年版。

［日］斋藤秀夫：《注解民事诉讼法》（2），第一法规出版株式会社 1982 年版。

［日］新堂幸司：《新民事诉讼法》（第 6 版），弘文堂 2019 年版。

［日］兼子一、松浦馨、新堂幸司、竹下守夫等：《条解民事诉讼法条》（第 2 版），弘文堂 2014 年版。

［日］小林秀之：《法学讲义民事诉讼法》，弘文堂 2018 年版。

　　［日］高桥宏志：《重点讲义民事诉讼法》（下）（第 2 版补订版），有斐阁 2014 年版。

　　［日］伊藤真：《民事诉讼法》（第 4 版补订版），有斐阁 2014 年版。

　　［日］小山昇：《民事诉讼法》，青林书院 1979 年版。

　　［日］中野贞一郎、松浦馨、铃木正裕：《新民事诉讼法讲义》（第 3 版），有斐阁 2018 年版。

　　［日］松本博之、上野泰男：《民事诉讼法》，弘文堂 2012 年版。

　　［日］小室直人、贺集唱、松本博之、加藤新太郎：《民事诉讼法》（Ⅱ），日本评论社 2003 年版。

　　［日］门口正人：《民事证据大系》（第二卷），青林书院 2004 年版。

　　［日］贺集唱、松本博之、加藤新太郎：《民事诉讼》（Ⅲ）。

　　日本大审院昭和 12 年（1937 年）10 月 4 日判例。

　　日本最高法院昭和 29 年（1954 年）4 月 27 日判例。

　　日本大审院昭和 15 年（1940 年）12 月 24 日判例。

　　日本最高法院昭和 31 年 6 月 19 日判例。

　　日本大审院昭和 11 年 3 月 13 日判例。

　　日本东京地方法院昭和 36 年 4 月 26 日判例。

　　日本大审院昭和 7 年 6 月 29 日判例。

　　日本大审院昭和 4 年 5 月 23 日判例。

　　日本大审院昭和 17 年 11 月 5 日判例。

　　日本最高法院昭和 28 年 12 月 24 日判例。

　　日本大审院昭和 8 年 7 月 4 日判例。

　　日本最高法院昭和 37 年 10 月 14 日判例。

　　日本最高法院昭和 26 年 3 月 29 日判例。

　　日本大审院昭和 15 年 2 月 27 日判例。

　　日本大审院昭和 11 年 10 月 6 日判例。

　　日本最高法院昭和 30 年 6 月 24 日判例。

　　日本最高法院昭和 50 年 1 月 17 日判例。

　　日本东京高等法院昭和 41 年 10 月 31 日判例。

　　日本最高法院昭和 45 年 12 月 25 日判例。

　　日本东京高等法院昭和 34 年 9 月 3 日判例。

　　日本最高法院昭和 27 年 11 月 18 日判例。

日本最高法院昭和 48 年 11 月 29 日判例。

日本东京高等法院昭和 56 年 12 月 10 日判例。

日本山形地方法院昭和 38 年 12 月 18 日判例。

日本东京高等法院昭和 41 年 10 月 31 日判例。

日本大阪高等法院昭和 41 年 12 月 22 日判例。

日本东京高等法院昭和 57 年 2 月 22 日判例。

日本仙台地方法院昭和 42 年 10 月 5 日判例。

日本最高法院昭和 27 年 11 月 18 日判例。

日本大审院昭和 12 年 10 月 4 日判例。

日本最高法院昭和 29 年 4 月 27 日判例。